わかる！書ける！

0・1・2歳児の指導計画書き方サポート

CD-ROMつき

川原佐公／監修・編著

ひかりのくに

はじめに

0・1・2歳児保育にとっての指導計画の重要性

0・1・2歳児の保育は、日々乳児、低年齢児の生活の世話に追われますので、保育者が5歳までの発達の見通しを持っていないと、同じことの繰り返しで、マンネリに陥ったり、意欲をなくし発展性が持てなくなったりする現実があります。年間や月の保育の指導計画を立案することによって、保育者自身が、0・1・2歳児の発達段階や、課題を把握することができ、子どもにとっての適切なねらい・内容を選ぶことが可能となります。保育の長期的かつ具体的な見通しを持つことにより、子どもに今必要な経験がバラバラに分断されたり、子どもの興味や保育者の好みにまかせて、偏った体験になったりすることを防ぎ、バランスの取れた発達が目ざされるのではないでしょうか。

保育という営みは、適切なねらいを持つことによってこそ、目の前の子どもが生き生きと輝き、成長・発達するねらいの具現化、保育の効果がわかり、保育の楽しさを実感できるのです。その結果自分のプランに対する評価や反省ができ、保育者自身、日々新たにみずからを高め、保育内容の質を高めていくことができるのですから、いかに重要であるかがわかります。

また、指導計画は、保育者個人のものだけではなく、園全体の保育方針とかかわり、専門性を明確に自覚することによって、保護者や地域の人々との共育てを目ざす系統的な積み重ねが期待でき、保護者の自己実現を図ることにつながります。

この図書の企画にあたって

指導計画が保育を支える大切なものであり、運営にとって必須のものだと理解していても、いざ立案するとなるとイメージを表現する適切な言葉が思い浮かばず、時間だけが過ぎてしまうという悩みを保育者の方々から聞く機会があります。そうしたご苦労を共に背負い、いっしょに考え、みずから創造する意欲を持っていただけることを目ざして、この書を上梓《じょうし》することとなりました。少しでも指導計画作成の具体化の支えになりましたら、このうえない幸せでございます。

川原佐公

もくじ

はじめに …… 2

本書の特長と見方 …… 8

指導計画の基本講座 …… 10

NG→OK言い換え文例講座 …… 12

- 基本ルール …… 12
- 前月末(今月初め)の子どもの姿 …… 13
- ねらい …… 14
- 内容 …… 15
- 環境づくり …… 16
- 援助・配慮 …… 16
- 反省・評価 …… 17
- 保育士等のチームワーク …… 18
- 家庭・地域との連携(保護者への支援も含む) …… 18
- 健康・食育・安全への配慮 …… 18
- 延長保育を充実させるために …… 18

0・1・2歳児の指導計画 19

0歳児

0歳児の発達は …… 20
0歳児の年の計画 …… 21

4月
書き方解説つき！ 月案 …… 22
遊びの展開 …… 24
多職種との協働を！ …… 25

5月
書き方解説つき！ 月案 …… 26
遊びの展開 …… 28
多職種との協働を！ …… 29

6月
書き方解説つき！ 月案 …… 30
遊びの展開 …… 32
多職種との協働を！ …… 33

7月
書き方解説つき！ 月案 …… 34
遊びの展開 …… 36
多職種との協働を！ …… 37

8月
書き方解説つき！ 月案 …… 38
遊びの展開 …… 40
多職種との協働を！ …… 41

9月
書き方解説つき！ 月案 …… 42
遊びの展開 …… 44
多職種との協働を！ …… 45

10月
書き方解説つき！ 月案 …… 46
遊びの展開 …… 48
多職種との協働を！ …… 49

11月
書き方解説つき！ 月案 …… 50
遊びの展開 …… 52
多職種との協働を！ …… 53

12月
書き方解説つき！ 月案 …… 54
遊びの展開 …… 56
多職種との協働を！ …… 57

1月
書き方解説つき！ 月案 …… 58
遊びの展開 …… 60
多職種との協働を！ …… 61

2月
書き方解説つき！ 月案 …… 62
遊びの展開 …… 64
多職種との協働を！ …… 65

3月
書き方解説つき！ 月案 …… 66
遊びの展開 …… 68
多職種との協働を！ …… 69

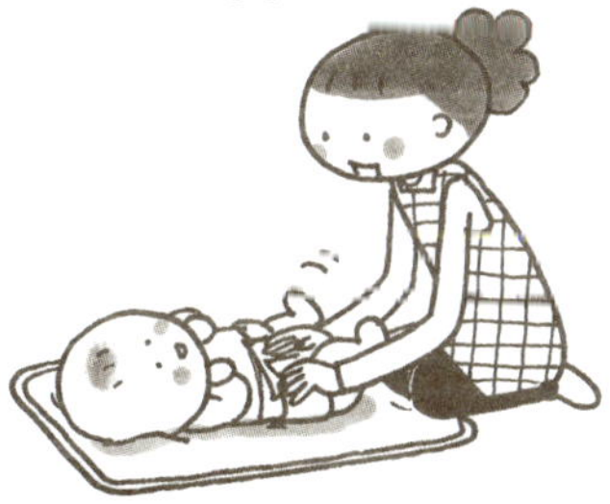

もくじ

1歳児

1歳児の発達は …… 70

1歳児の年の計画 …… 71

4月
書き方解説つき！ 月案 …… 72
遊びの展開 …… 74

5月
書き方解説つき！ 月案 …… 76
遊びの展開 …… 78

6月
書き方解説つき！ 月案 …… 80
遊びの展開 …… 82

7月
書き方解説つき！ 月案 …… 84
遊びの展開 …… 86

8月
書き方解説つき！ 月案 …… 88
遊びの展開 …… 90

9月
書き方解説つき！ 月案 …… 92
遊びの展開 …… 94

10月
書き方解説つき！ 月案 …… 96
遊びの展開 …… 98

11月
書き方解説つき！ 月案 …… 100
遊びの展開 …… 102

12月
書き方解説つき！ 月案 …… 104
遊びの展開 …… 106

1月
書き方解説つき！ 月案 …… 108
遊びの展開 …… 110

2月
書き方解説つき！ 月案 …… 112
遊びの展開 …… 114

3月
書き方解説つき！ 月案 …… 116
遊びの展開 …… 118

2歳児

2歳児の発達は …… 120

2歳児の年の計画 …… 121

4月
書き方解説つき！ 月案 …… 122
遊びの展開 …… 124

5月
書き方解説つき！ 月案 …… 126
遊びの展開 …… 128

6月
書き方解説つき！ 月案 …… 130
遊びの展開 …… 132

7月
書き方解説つき！ 月案 …… 134
遊びの展開 …… 136

8月
書き方解説つき！ 月案 …… 138
遊びの展開 …… 140

9月
書き方解説つき！ 月案 …… 142
遊びの展開 …… 144

10月
書き方解説つき！ 月案 …… 146
遊びの展開 …… 148

11月
書き方解説つき！ 月案 …… 150
遊びの展開 …… 152

12月
書き方解説つき！ 月案 …… 154
遊びの展開 …… 156

1月
書き方解説つき！ 月案 …… 158
遊びの展開 …… 160

2月
書き方解説つき！ 月案 …… 162
遊びの展開 …… 164

3月
書き方解説つき！ 月案 …… 166
遊びの展開 …… 168

CD-ROMの使い方 170

CD-ROMをお使いになる前に …… 170

指導計画をつくろう …… 171

データを開く・保存・印刷する …… 172

文字を打ち換える …… 173

枠を調整する …… 174

本書の特長と見方

本書には、指導計画を理解し、よりよく書けるようになるための5つのサポートポイントがあります！

サポート1 書き方解説つき 月案

3つの視点で書かれた書き方解説で重要なところを理解できるから、「書く」ことにつながります！

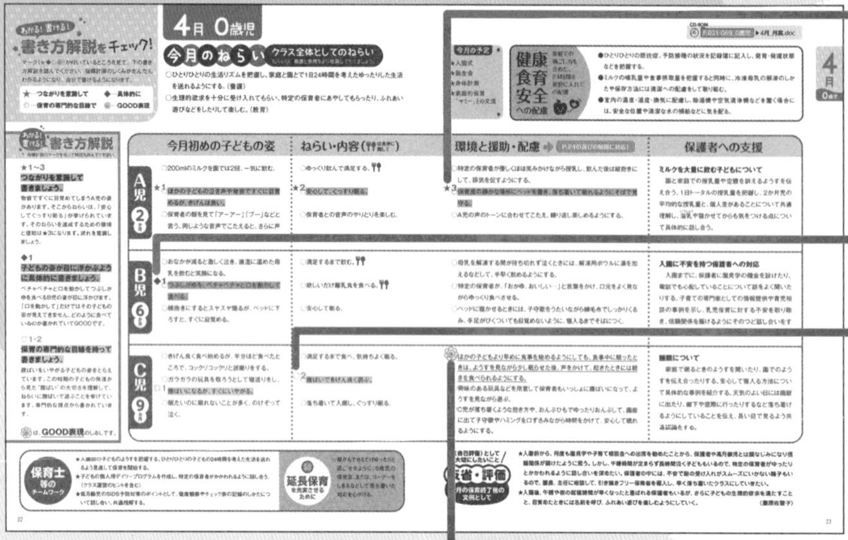

3色のマーカーが付いている重要な部分をまずはチェックしましょう。
→3つの視点とリンクしています。

特によい表現を、このアイコンで示しています。

3つの視点を示す!!

このアイコンは…

★ つながりを意識して書きましょう

指導計画には、「子どもの姿」→「ねらい」→「内容」→「環境・援助」→「反省・評価」とつながりがあります。その連続性を意識できるアイコンです。

◆ 子どもの姿が目に浮かぶように具体的に書きましょう

指導計画を作成するうえで、子どもの姿をきっちりととらえることは重要です。子どもの姿を具体的に書き表した箇所を示すアイコンです。

◎ 保育の専門的な目線を持って書きましょう

保育のプロとして、専門的な目線で書かなければなりません。専門的な目線で書かれた箇所を特に示しています。

サポート2 遊びの展開

環境づくりと援助がイラストでわかるから具体的に書くことにもつながります！

指導計画の環境づくりと援助の部分がイラスト付きでわかる遊びの展開。視覚的に理解できるので、すぐに日々の保育で実践することができ、書くときにイメージしやすくなります。月案とセットで必ず見ておきましょう！

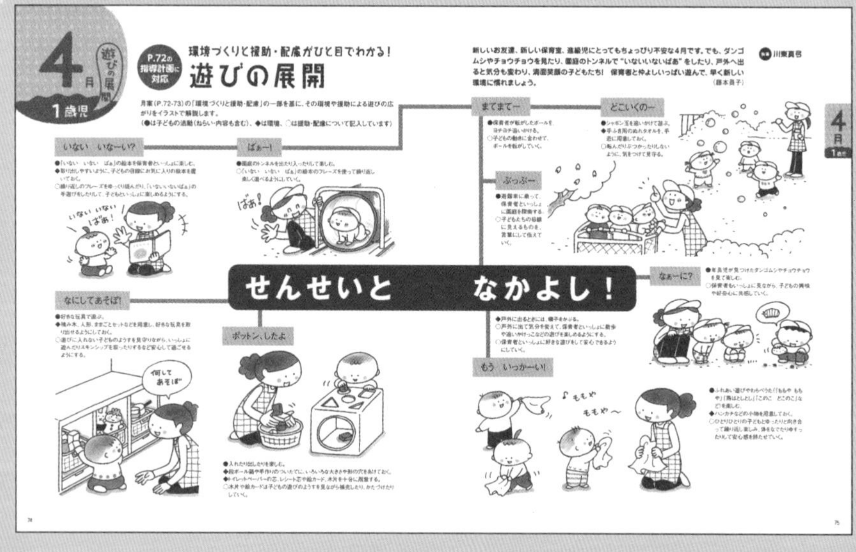

※0歳児には、「多職種との協働を！」というページがあり、看護師、管理栄養士との連携もわかります。

サポート3

指導計画の基本講座 → NG→OK言い換え文例講座

0・1・2歳児の指導計画で特徴的なところ、また各項目を記入するうえで覚えておきたい基本的な考え方を掲載しています。

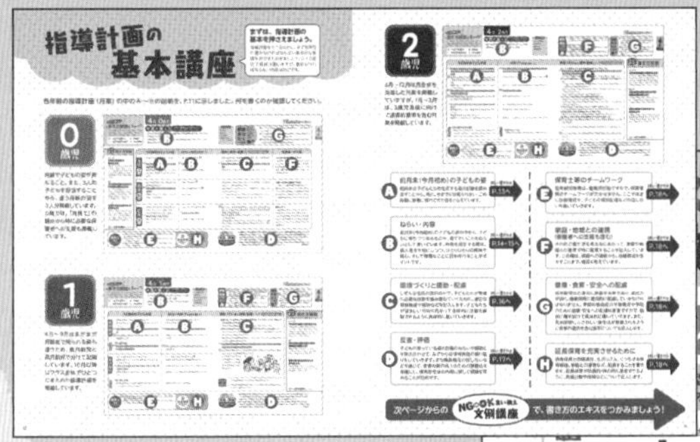

NG→OKな文章例がひと目でわかります！ よりよい文章が書けるように！

ねらいや内容など、それぞれの項目を記入するうえで、押さえておくとスラスラ書けるようになるポイントを文例・イラスト付きでわかりやすく紹介しています。

見出し
まずはどういったことに気をつければよいのか、確認しましょう。

NG→OK文例
「NG」な書き方を「OK」な書き方に変えます。どこが違うのかチェックしましょう。

解説 どこがNGで、どこがOKなのか詳しく解説。
考え方を理解し、さまざまな場面で応用しましょう。

サポート4

年の計画

月案作成の基礎となるため、常に見返しましょう。

保育所保育指針を踏まえたうえで、1年間の発達を見通し、それぞれの発達の時期にどのような保育内容を考えていくか、仮説を示しています。月案作成のよりどころとなる重要なものです。

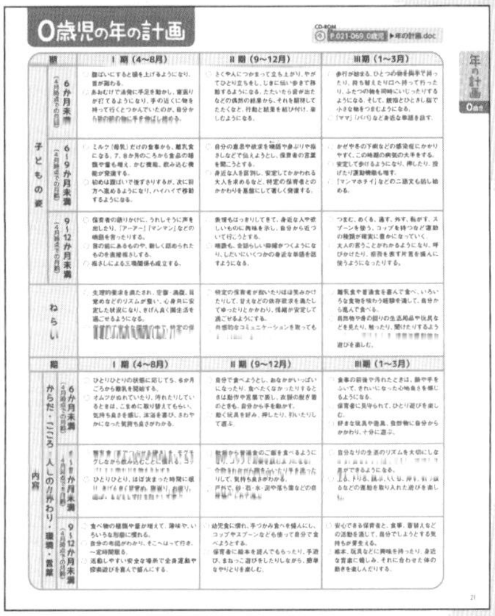

サポート5

CD-ROM

Wordデータで収録しているから使いやすい！

本書に掲載している、年の計画と月案をMicrosoft Wordのデータで収録しています。書き方解説が入っていない元データです。

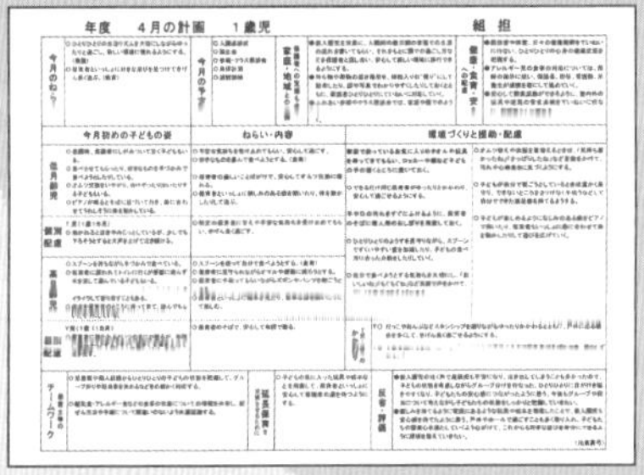

（1歳児の月案の例です）

指導計画の基本講座

まずは、指導計画の基本を押さえましょう。

指導計画をたてるために、まず各項目に書かなければならない基本的な事項を押さえておきましょう。0･1･2歳児で表組は違いますが、書かなければならない内容は同じです。

各年齢の指導計画（月案）の中のⒶ～Ⓗの説明を、P.11に示しました。何を書くのか確認してください。

0歳児

月齢で子どもの姿が異なること、また、3人の子どもを担当することから、違う月齢の姿を3人分掲載しています。0歳では、「共育て」の観点から特に必要な保護者への支援も掲載しています。

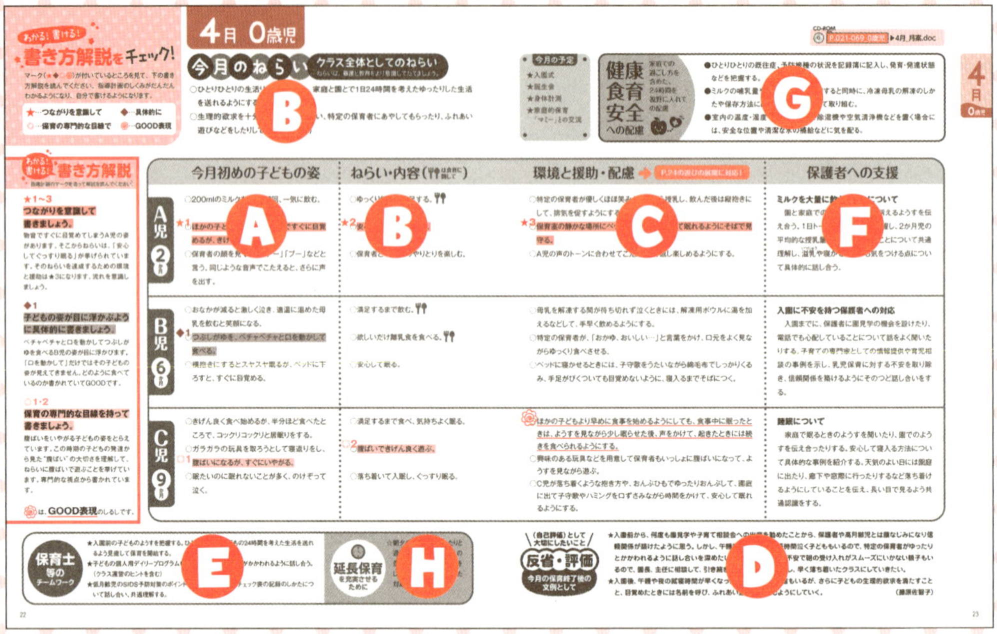

1歳児

4月～9月はまだまだ月齢差で見られる姿も違うため、低月齢児と高月齢児で分けて記載しています。10月以降はクラス全体でひとつにまとめた指導計画を掲載しています。

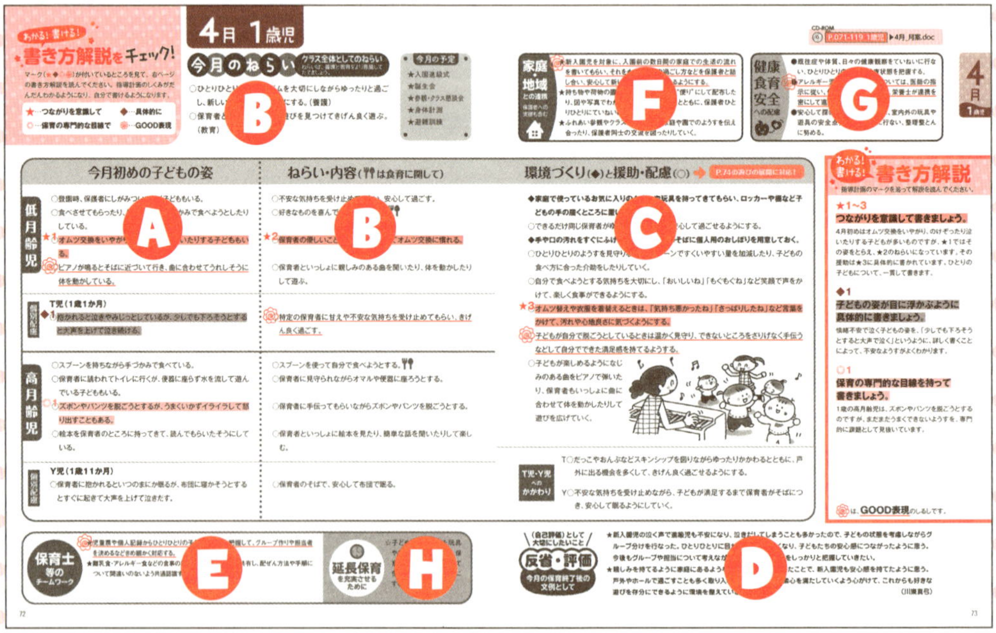

2 歳児

4月～12月は月全体を見渡した月案を掲載していますが、1月～3月は、3歳児進級に向けて週案的要素を含む月案を掲載しています。

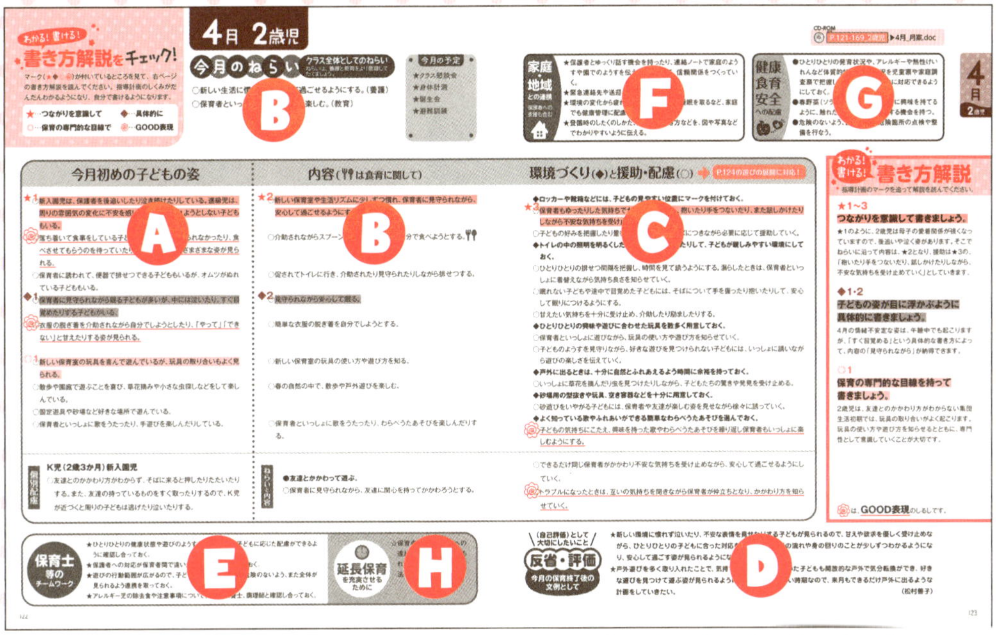

A 前月末（今月初め）の子どもの姿

前月末の子どもたちの生活する姿の記録を読み返すことから、特に、今までには見られない、この時期に顕著に現れてきた姿をとらえています。

詳しい書き方は P.13へ

B ねらい・内容

前月末（今月初め）の子どもの姿の中から、子どもに育ちつつあるものや、育てたいことをねらいとして書いています。内容を設定する際は、個人差を大切にしつつ、ひとりひとりの興味や関心、そして得意なことに目を向けることがポイントです。

詳しい書き方は P.14-15へ

C 環境づくりと援助・配慮

しぜんな生活の流れの中で、子どもたちが発達に必要な経験を積み重ねていくために、適切な環境構成や援助などを記入します。子どもたちが望ましい方向に向かって主体的に活動を展開できるように具体的に書いていきます。

詳しい書き方は P.16へ

D 反省・評価

子どもの育っている姿と計画のねらいや援助とを突き合わせて、みずからの保育実践の振り返りをしていきます。また職員相互の話し合いなどを通じて、保育の質の向上のための課題点を明確にし、保育所全体の内容に関して認識を深めることが目的です。

詳しい書き方は P.17へ

E 保育士等のチームワーク

低年齢児保育は、複数担任制ですので、保育者間のチームワークが欠かせません。ここでは主に役割確認や、子どもの個別配慮などの話し合いを書いていきます。

詳しい書き方は P.18へ

F 家庭・地域との連携（保護者への支援も含む）

その月の園生活を考えるにあたって、家庭や地域との連携で特に留意することを記入しています。この欄は、家庭への連絡から、地域環境を生かすことまで、幅広く考えています。

詳しい書き方は P.18へ

G 健康・食育・安全への配慮

低年齢児は心身共に発達が未熟であり、抵抗力が弱く、健康保持に重点的に配慮していかなければなりません。季節の感染症の早期発見や予防のために健康・安全への配慮は重要ですので、個別に欄を設けて具体的に書いていきます。また、乳幼児期にふさわしい食生活が展開されるように食事の提供を含む食育についても記入します。

詳しい書き方は P.18へ

H 延長保育を充実させるために

通常保育との関連性、生活リズム、くつろげる保育環境、家庭との連携など、配慮することを書きます。延長保育が計画的・弾力的に運営できるように、実施日数や時間などについて記入します。

詳しい書き方は P.18へ

次ページからの NG⇨OK言い換え文例講座 で、書き方のエキスをつかみましょう！

NG→OK言い換え文例講座

このコーナーで書き方のエキスを学びましょう！

NG→OK文例を掲載しています。対比ができるのでどこが違うのかわかりやすい！　さらに、なぜよい書き方なのか解説付きなので、しっかり学べます。

基本ルール

指導計画の、基本的な書き方のルールをまとめました。

保育者が主体の誘導型ではなく子ども主体の言葉を使う

例：ねらい

NG 友達とつもり遊びを楽しませる

↓

OK **保育者や友達といっしょにいろいろなつもり遊びを楽しむ**

楽しませるの言葉は、保育者を主体とした考え方であり、保育者が教えて型にはめる、強く誘導して従わせる姿勢が見えてきます。保育者に誘導の意図があると、子どもが受け身の保育ととられてしまいます。

指導計画は現在形で書く

例：内容

NG 簡単な衣服はひとりで脱ぎ、手伝ってもらいながら着ようとするだろう

↓

OK **簡単な衣服はひとりで脱ぎ、手伝ってもらいながら着ようとする**

指導計画は、その月の評価・反省を踏まえて、次の月の未来を想定しつつ書くものですが、未来形では書かず、現在形で書きます。

「～できない」と否定語を使うのではなく、肯定的に書く

例：子どもの姿

NG 嫌いな食材は小さく刻んで好きなものと混ぜたものでしか食べようとしない

↓

OK **嫌いな食材でも小さく刻み好きなものと混ぜると食べようとしている**

子どもが身につけている段階の生活習慣や運動などの技能を要する活動は、発達の個人差が大きいものです。子どもを、できる、できないという目で見ず、肯定的に書きましょう。

子どもの発達の姿が目に浮かぶように書く

例：子どもの姿

NG 寝返りをする子どもが見られるようになった

↓

OK **あおむけの姿勢から、うつぶせに寝返って、玩具に手を伸ばして取ろうとしている**

子どもの前月の姿を書くにあたっても、内容を書くにしても、子どもが示している発達の姿を目に見えるように詳しく書くことが大切です。

前月末（今月初め）の子どもの姿

子どもたちの生活の姿を振り返り、これまで見られなかった姿や、顕著に現れた姿などを特に記します。

P.10・11参照

子どもの意欲も見逃さず書く

NG パンツを自分で脱ぐ子どもがでてきた

↓

OK **パンツやズボンを自分で脱いだりはいたりする気持ちが芽生え、自分でしようとする子どもがいる**

衣服の着脱の自立の中で、比較的早くに自分でしようとする姿が見られるのが排せつに関連するパンツ、ズボンの脱ぎ着です。その姿を客観的に書くだけでなく、子どもの意欲を書くことによって、着眼点が見えてきます。

子どもの姿の一側面だけでなく、いろいろな姿をとらえる

NG 段差を上ったり下りたりして遊んでいる

↓

OK **狭い場所に入ったり、物の陰に隠れて遊んだりしている。また少しの段差を上ったり下りたりして楽しんでいる**

上れそうな段差を好む姿が見られるようになると、例えば、机の下などの狭い場所やカーテンの後ろなどの物の陰で好んで遊ぶ姿も見られることが多いです。その時期の子どもの発達を広い視野で見て記述することが大切です。

友達に関心を持ち始めた姿を書く

NG 友達に関心を持ち始め、かかわろうとする

↓

OK **友達の存在に関心を持ち、登園して来た友達に喜んで寄っていったり、隣に座り同じ遊びをしようとしたりする姿が見られる**

友達に関心を持ち始めるということは、自分以外の存在を認めるようになったとともに、共有関係を持てる力が育ったことを表している望ましい姿です。目に見えるよう詳しく表すことでねらい・内容、援助が書きやすくなります。

ねらい

子どもの姿から、まさに育ちつつあるもの、
育てたいものを書きましょう。

P.10・11参照

保育者の願いを込めて書く

NG 新しい環境に慣れ、好きなように遊ぶ

↓

OK **保育者と十分にふれあいながら、好きな遊びを楽しむ**

まだまだ大人に依存している状態では、新しい環境に不安を持つものです。保育者に受け入れてもらい、ふれあいながら情緒的に安定し、徐々に好きな遊びを楽しんでほしいという願いを込めて書きましょう。

ねらいに養護の側面をきっちり書く

NG ひとりひとりの体調に気をつけ健康に過ごす

↓

OK **ひとりひとりの生活リズムを大切にしながら、ゆったりとした雰囲気の中で過ごし、情緒の安定を図りつつ、健康に過ごすようにする**

各家庭の生活リズムを抱えて入園した子どもの、それぞれの生活リズムをまず大切にし、情緒の安定を図ることが、健康の基礎になります。体調に気をつけることは重要ですが、生活リズムについて書いていないところがNGです。

発達の節や保育の時期を押さえて

NG 戸外で体を動かして遊ぶ

↓

OK **保育者や友達といっしょに、戸外で体を動かして遊ぶことを楽しむ**

保育者に安全を見守られる安心や、友達といっしょという心の励みを伴い、積極的に体を動かして遊ぶようになります。それぞれの時期の発達を踏まえてねらいをたてましょう。

内容

「ねらい」を身につけていくために、
どのような経験を積み重ねることが必要か考え、記します。

P.10・11参照

子どもの主体的な立場で具体的に書く

NG ひとりひとりの健康状態を把握し、健康に過ごせるようにする

↓

OK **ひとりひとりの体調を確認しながら、気温や活動に応じて衣服の調整を行なったり、肌や衣服を清潔にしたり、健康で安全に過ごせるようにする**

養護の側面は、保育者側から書くものですが、季節に応じてこの時期、どのようにして健康に過ごせるかを子どもの主体的な視点から具体的に書きましょう。

現在の発達段階がよくわかるように、詳しく書く

NG オマルやトイレで排尿する

↓

OK **保育者に促されてオマルやトイレで排尿したり、オムツがぬれたことを知らせたりする**

生活習慣にかかわる自立の過程は、個人差が大きいので、内容にはそれぞれの段階がわかるように具体的に書きます。

どのような経験をするのか詳細に記す

NG 好きな絵本を見て楽しむ

↓

OK **保育者や友達といっしょに絵本を見たり、言葉のやりとりをしたりして楽しく遊ぶ**

絵本をひとりで見る段階だとしても、繰り返しのある言葉を喜ぶ経験の内容を詳しく書くことによって、保育者の援助のあり方が変わってきます。

環境づくり

子どもが自分からかかわることができ、発達を助長するような環境を具体的に記しましょう。

P.10・11参照

みずからかかわりたくなるような興味・関心に沿った場や雰囲気を考えて書く

NG 水遊びに必要な用具をそろえておく

↓

OK **プールなどで水が顔にかかるのをいやがる子どもには、小さいバケツやタライなどを用意し、怖がらずに水遊びが楽しめるような環境を工夫する**

水遊びに必要な用具については、子どもがかかわりたくなるような環境を思い浮かべながら、「バケツ」や「浮き玩具」というように具体的に書きます。特に、水遊びは、水を怖がったり顔にかかるのをいやがったりする子どもがいますので、個別に配慮した環境づくりが大切になります。

だれにでもわかるように具体的に書く

NG 室温、湿度の管理にも注意する

↓

OK **暑さが厳しくなっているので、エアコンをかけ、室温、湿度の調節をしたり、窓を開けて風を通したりして、涼しくゆったり過ごせるような環境を整える**

低年齢児は暑さに伴う体温調節機能が発達していませんので、健康管理のために、室温や湿度の調節が重要です。どのように調節するのかさまざまな工夫を考え、具体的に書きます。

援助・配慮

子どもが発達に必要な経験を積み重ねるために、適切な保育者による援助を具体的に記します。

P.10・11参照

個別の援助・配慮も書く

NG 手遊びやふれあい遊びをいっしょに楽しむ

↓

OK **スキンシップができるタッチング遊びや手遊びでいっしょに遊び、楽しさを共有する。喜びの表情や身ぶりをよく観察し、反応の硬い子どもには、ぎゅっと抱き締めるなどして心を解きほぐしていく**

探索操作活動が盛んですが、中には動きがゆっくりしている子もいます。外の世界に積極的に適応するには、子どもの心の中に安全基地となる大人との愛着関係が形成されていなければなりません。そのような個別の援助・配慮も記述します。

だれにでもわかるように具体的に書く

NG 指さしや身ぶりを受け止める

↓

OK **指さしや身ぶりで伝えようとしている子どもの気持ちを受け止め、「～なのね」「～したいのね」などと言葉にしてこたえたり、しっかり抱き締めたりする**

社会的言語が未発達な低年齢児は、指さしやしぐさで思いや欲求を伝達しようとしますが、それらを受け止めるだけでは、どのように応答すればいいのか、読んだ第三者にはわかりません。応答の方法まで詳しく書くようにします。

反省・評価

保育の質の向上のために、課題点を明確にして、保育実践を振り返りましょう。

P.10・11参照

特定の活動だけを取り上げて評価しないように

NG 夏の水遊びを十分に楽しめた

↓

OK **夏の健康管理に注意しつつ、水遊びなど夏ならではの遊びを十分に楽しめるような環境構成の工夫や援助ができ、元気に過ごせた**

いろいろな活動を日々しているのですから、水遊びなど、特定の活動の評価だけをするのはやめましょう。例えば、夏は夏かぜや感染症結膜炎、あせもなどで体調を崩すことがあり、水遊びの是非について、家庭との連携などさまざまな健康管理をして乗り越えてきたと思います。それらすべてのことの反省・評価をきっちり書きましょう。

子どもの活動だけの評価にならないように

NG 友達とのふれあい遊びが十分にできたのでよかった

子どもの育ちを見る視点を忘れずに

↓

OK **保育者や友達とのふれあい遊びや体を十分に動かして遊べる環境づくりをしつつ、発達を踏まえた的確な援助ができたので、楽しめた**

NG 生活リズムを整え、健康に過ごすことができた

保育者の行なった保育の振り返りから

↓

OK **自分でしようとする思いや欲求を受け止め、体調や生活リズムに合わせてゆったりと保育を進め、快適に過ごせる環境づくりや援助ができた**

子どもがどのような生活や遊びができたかどうかも、具体的に書くことはもちろんですが、保育者側からの評価・反省、環境づくりはどうだったか、適切な援助ができたかの視点でも忘れずに書きましょう。

保育士等のチームワーク

P.10・11参照

複数担任制の低年齢児クラスには、欠かせない役割分担の確認等を記します。

子どもへの対応を共通認識しておく

NG 自我の主張が激しくなることを話し合う

↓

OK 「自分でする」という自己主張が激しくなる時期なので、ひとりひとりに応じた援助のあり方を話し合い、共通認識しておく

大人への依存を脱却すると、介助を拒み、「イヤイヤ」と自己主張を始めます。そのような場面での対応を、保育者全員が自我の芽生えを受け止めるなど、同じ姿勢で接するように話し合いをします。そこをきっちり書きましょう。

家庭・地域との連携（保護者支援を含む）

P.10・11参照

家庭や、地域と連携する中で特に留意することを書きます。

家庭と園との共育てがポイント

NG 感染症の広まる時期なので、家庭にも知らせる

↓

OK 時期的な感染症の情報を掲示したり、文書を配布したりして伝え、家庭でも予防のためのうがい・手洗いを励行してもらうよう、確認する

園での生活や遊びのようすをていねいに伝えると、保護者からも家庭でのようすを話してもらえるようになります。例えば、子どもを病気から守るには、園と家庭との連携が重要になってきます。この場合も家庭への知らせ方などを具体的に書くようにしましょう。

健康・食育・安全への配慮

P.10・11参照

子どもに重要な健康・安全面への配慮、食で大切にしたいことなどを書きます。

だれが見てもわかるように具体的に書く

NG 感染症流行の時期なので、早期発見に努める

↓

OK 冬の感染症流行の時期であり、患児が登園することもあるので、下痢・嘔吐の処理は使い捨て手袋・マスクを使用し、次亜塩素酸ナトリウム液で処理する。鼻水をふいたあとの紙は、ふた付きゴミ箱に始末するなど、二次感染予防に努める

例えば感染症予防について記述するときは、その対策を具体的に書くことが大切です。そうすることで全職員が意識し、徹底することができるのです。

延長保育を充実させるために

P.10・11参照

通常保育との関連性や、生活リズム、また保育環境等について、配慮事項を書きましょう。

ホッとくつろげる雰囲気で楽しく遊べるように

NG 室内の照明を明るくし、たくさんの玩具を用意する

↓

OK 室内の照明を明るくし、床暖房で暖かくホッとできる環境を整え、ひとりひとりの興味のある玩具や遊びを用意してかかわる

保護者の就労を支える延長・預かり保育は園の重要な機能ですが、子どもは長時間家庭外で過ごす負担がかかっています。心身共にストレスにならないように室内を明るくするなど、温かい環境になるように配慮が大切です。そのように記述しましょう。

0・1・2歳児の指導計画

ここからは、0・1・2歳児の年の計画、月案を掲載しています。

「わかる！ 書ける！ 書き方解説」

をチェックして、指導計画の作成にお役だてください。月案の一部をイラストで解説した遊びの展開、0歳児は多職種との協働を！ もご覧ください。

0歳児

● 年の計画……P.21
● 4月…………P.22〜
● 5月…………P.26〜
● 6月…………P.30〜
● 7月…………P.34〜
● 8月…………P.38〜
● 9月…………P.42〜
● 10月…………P.46〜
● 11月…………P.50〜
● 12月…………P.54〜
● 1月…………P.58〜
● 2月…………P.62〜
● 3月…………P.66〜

0歳児の発達は…

特定の保育者との情緒的なきずなが形成され、寝返りやお座りができるようになる。周囲の環境に自発的に興味を示すようになり、手を伸ばして触り、口に持って行くようになる。また自分の気持ちを、表情や喃語《なんご》などで表現する。

0歳児の年の計画

CD-ROM P.021-069_0歳児 ▶年の計画.doc

期		Ⅰ期（4～8月）	Ⅱ期（9～12月）	Ⅲ期（1～3月）
子どもの姿	6か月未満（4月時点での月齢）	○ 腹ばいにすると頭を上げるようになり、首が据わる。 ○ あおむけで活発に手足を動かし、寝返りが打てるようになり、手の近くに物を持って行くとつかんでいたのが、自分から目の前の物に手を伸ばし始める。	○ さくや人につかまって立ち上がり、やがてひとり立ちをし、じきに伝い歩きで移動するようになる。たたいたら音が出たなどの偶然の結果から、それを期待してたたくなど、行動と結果を結び付け、楽しむようになる。	○ 歩行が始まる。ひとつの物を両手で持ったり、持ち替えたり口へ持って行ったり、ふたつの物を同時にいじったりするようになる。そして、親指とひとさし指で小さな物をつまむようになる。 ○「ママ」「パパ」など身近な単語を話す。
子どもの姿	6～9か月未満（4月時点での月齢）	○ ミルク（母乳）だけの食事から、離乳食になる。7、8か月のころから食品の種類や量も増え、かむ機能、飲み込む機能が発達する。 ○ 初めは腹ばいで後ずさりするが、次に前方へ進めるようになり、ハイハイで移動するようになる。	○ 自分の意思や欲求を喃語《なんご》や身ぶりや指さしなどで伝えようとし、保育者の言葉を聞こうとする。 ○ 身近な人を区別し、安定してかかわれる大人を求めるなど、特定の保育者とのかかわりを基盤にして著しく発達する。	○ かぜや冬の下痢などの感染症にかかりやすく、この時期の病気の大半をする。 ○ 安定して歩けるようになり、押したり、投げたり運動機能も増す。 ○「マンマホチイ」などの二語文も話し始める。
子どもの姿	9～12か月未満（4月時点での月齢）	○ 保育者の語りかけに、うれしそうに声を出したり、「アーアー」「マンマン」などの喃語を言ったりする。 ○ 目の前にあるものや、新しく認められたものを直接指さしする。 ○ 指さしによる三項関係も成立する。	○ 表情もはっきりしてきて、身近な人や欲しいものに興味を示し、自分から近づいて行こうとする。 ○ 喃語も、会話らしい抑揚がつくようになり、しだいにいくつかの身近な単語を話すようになる。	○ つまむ、めくる、通す、外す、転がす、スプーンを使う、コップを持つなど運動の種類が確実に豊かになっていく。 ○ 大人の言うことがわかるようになり、呼びかけたり、拒否を表す片言を盛んに使うようになったりする。
ねらい		○ 生理的要求を満たされ、空腹・満腹、目覚めなどのリズムが整い、心身共に安定した状況になり、きげん良く園生活を過ごせるようになる。 ○ 保健的で安全な環境の中で、特定の保育者とふれあい心地良く過ごす。	○ 特定の保育者が抱いたりほほ笑みかけたりして、甘えなどの依存欲求を満たしてゆったりとかかわり、情緒が安定して過ごせるようにする。 ○ 共感的なコミュニケーションを取ってもらい、発語の意欲を持つ。	○ 離乳食や普通食を喜んで食べ、いろいろな食物を味わう経験を通して、自分から進んで食べる。 ○ 自然物や身の回りの生活用品や玩具などを見たり、触ったり、聞けたりするような豊かな環境の中で、感覚や運動的な遊びを楽しむ。
期		Ⅰ期（4～8月）	Ⅱ期（9～12月）	Ⅲ期（1～3月）
内容 からだ・こころ・人とのかかわり・環境・言葉	6か月未満（4月時点での月齢）	○ ひとりひとりの状態に応じて5、6か月ころから離乳を開始する。 ○ オムツがぬれていたり、汚れたりしているときは、こまめに取り替えてもらい、気持ち良さを感じ、沐浴を喜び、さわやかになった気持ち良さがわかる。	○ 自分で食べようとし、おなかがいっぱいになったり、食べたくなかったりするときは動作や言葉で表し、衣服の脱ぎ着のときも、自分から手を動かす。 ○ 動く玩具を好み、押したり、引いたりして遊ぶ。	○ 食事の前後や汚れたときは、顔や手をふいて、きれいになった心地良さを感じるようになる。 ○ 保育者に見守られて、ひとり遊びを楽しむ。 ○ 好きな玩具や遊具、自然物に自分からかかわり、十分に遊ぶ。
内容 からだ・こころ・人とのかかわり・環境・言葉	6～9か月未満（4月時点での月齢）	○ 離乳食（舌でつぶせる硬さ）を、モグモグしながら飲み込むことに慣れる。コップからお茶などを飲もうとする。 ○ ひとりひとり、ほぼ決まった時間に眠り、きげん良く目覚め、寝返り、お座り、高ばいなどをして体を動かして遊ぶ。	○ 軟飯から普通食のご飯を食べるようになり、コップでお茶を飲むようになる。 ○ 介助されながら顔をふいたり手を洗ったりして、気持ち良さがわかる。 ○ 戸外で、砂・石・水・泥や落ち葉などの自然物にふれて遊ぶ。	○ 自分なりの生活のリズムを大切にしながら、安心して午睡などをし、適切な休息ができるようになる。 ○ 上る、下りる、跳ぶ、くぐる、押す、引っ張るなどの運動を取り入れた遊びを楽しむ。
内容 からだ・こころ・人とのかかわり・環境・言葉	9～12か月未満（4月時点での月齢）	○ 食べ物の種類や量が増えて、薄味や、いろいろな形態に慣れる。 ○ 自分の布団がわかり、そこへはって行き、一定時間眠る。 ○ 活動しやすい安全な場所で全身運動や探索遊びを喜んで盛んにする。	○ 幼児食に慣れ、手づかみ食べを盛んにし、コップやスプーンなども使って自分で食べようとする。 ○ 保育者に絵本を読んでもらったり、手遊び、まねっこ遊びをしたりしながら、簡単なやりとりを楽しむ。	○ 安心できる保育者と、食事、着替えなどの活動を通じて、自分でしようとする気持ちが芽生える。 ○ 絵本、玩具などに興味を持ったり、身近な音楽に親しみ、それに合わせた体の動きを楽しんだりする。

4月　0歳児

今月のねらい　クラス全体としてのねらい

ねらいは、養護と教育をより意識してたてましょう。

○ひとりひとりの生活リズムを把握し、家庭と園とで1日24時間を考えたゆったりした生活を送れるようにする。（養護）

○生理的欲求を十分に受け入れてもらい、特定の保育者にあやしてもらったり、ふれあい遊びなどをしたりして楽しむ。（教育）

わかる！書ける！

書き方解説をチェック！

マーク（★◆◎🏵）が付いているところを見て、下の書き方解説を読んでください。指導計画のしくみがだんだんわかるようになり、自分で書けるようになります。

★…つながりを意識して　◆…具体的に
◎…保育の専門的な目線で　🏵…GOOD表現

	今月初めの子どもの姿	ねらい・内容（は食育に関して）
A児 2か月	○200mlのミルクを園では2回、一気に飲む。	○ゆっくり飲んで満足する。
	★1 ○ほかの子どもの泣き声や物音ですぐに目覚めるが、きげんは良い。	★2 ○安心して、ぐっすり眠る。
	○保育者の顔を見て「アーアー」「ブー」などと言う。同じような音声でこたえると、さらに声を出す。	○保育者との音声のやりとりを楽しむ。
B児 6か月	○おなかが減ると激しく泣き、適温に温めた母乳を飲むと笑顔になる。	○満足するまで飲む。
	◆1 ○つぶしがゆを、ペチャペチャと口を動かして食べる。	○欲しいだけ離乳食を食べる。
	○横抱きにするとスヤスヤ眠るが、ベッドに下ろすと、すぐに目覚める。	○安心して眠る。
C児 9か月	○きげん良く食べ始めるが、半分ほど食べたところで、コックリコックリと居眠りをする。	○満足するまで食べ、気持ちよく眠る。
	○ガラガラの玩具を取ろうとして寝返りをし、◎1 腹ばいになるが、すぐにいやがる。	◎2 ○腹ばいできげん良く遊ぶ。
	○眠たいのに眠れないことが多く、のけぞって泣く。	○落ち着いて入眠し、ぐっすり眠る。

わかる！書ける！書き方解説

指導計画のマークを追って解説を読んでください。

★1～3
つながりを意識して書きましょう。

物音ですぐに目覚めてしまうA児の姿があります。そこからねらいは、「安心してぐっすり眠る」が挙げられています。そのねらいを達成するための環境と援助は★3になります。流れを意識しましょう。

◆1
子どもの姿が目に浮かぶように具体的に書きましょう。

ペチャペチャと口を動かしてつぶしがゆを食べるB児の姿が目に浮かびます。「口を動かして」だけではその子どもの姿が見えてきません。どのように食べているのか書かれていてGOODです。

◎1・2
保育の専門的な目線を持って書きましょう。

腹ばいをいやがる子どもの姿をとらえています。この時期の子どもの発達から見た“腹ばい”の大切さを理解して、ねらいに腹ばいで遊ぶことを挙げています。専門的な視点から書かれています。

🏵は、**GOOD表現**のしるしです。

保育士等のチームワーク

★入園前の子どものようすを把握する。ひとりひとりの子どもの24時間を考えた生活を送れるよう見直して保育を開始する。

★子どもの個人用デイリープログラムを作成し、特定の保育者がかかわれるように話し合う。（クラス運営のヒントを含む）

★低月齢児のSIDS予防対策のポイントとして、健康観察やチェック表の記録のしかたについて話し合い、共通理解する。

延長保育を充実させるために

☆朝夕もできるだけゆったりと過ごせるように、0歳児の保育室、または、コーナーをしきるなどして落ち着いた対応を心がける。

今月の予定

★入園式
★誕生会
★身体計測
★家庭的保育
「マミー」との交流

健康 食育 安全への配慮

家庭での過ごし方を含めた、24時間を視野に入れての配慮

- ひとりひとりの既往症、予防接種の状況を記録簿に記入し、発育・発達状態などを把握する。
- ミルクの哺乳量や食事摂取量を把握すると同時に、冷凍母乳の解凍のしかたや保存方法には清潔への配慮をして取り組む。
- 室内の温度・湿度・換気に配慮し、除湿機や空気清浄機などを置く場合には、安全な位置や清潔な水の補給などに気を配る。

環境と援助・配慮 ➡ P.24の遊びの展開に対応！

○特定の保育者が優しくほほ笑みかけながら授乳し、飲んだ後は縦抱きにして、排気を促すようにする。

★3 ○保育室の静かな場所にベッドを置き、落ち着いて眠れるようにそばで見守る。

○A児の声のトーンに合わせてこたえ、繰り返し楽しめるようにする。

○母乳を解凍する間が待ち切れず泣くときには、解凍用ボウルに湯を加えるなどして、手早く飲めるようにする。

○特定の保育者が、「おかゆ、おいしい…」と言葉をかけ、口元をよく見ながらゆっくり食べさせる。

○ベッドに寝かせるときには、子守歌をうたいながら綿毛布でしっかりくるみ、手足がぴくついても目覚めないように、寝入るまでそばにつく。

◎ほかの子どもより早めに食事を始めるようにしても、食事中に眠ったときは、ようすを見ながら少し眠らせた後、声をかけて、起きたときには続きを食べられるようにする。

○興味のある玩具などを用意して保育者もいっしょに腹ばいになって、ようすを見ながら遊ぶ。

○C児が落ち着くような抱き方や、おんぶひもでゆったりおんぶして、園庭に出て子守歌やハミングを口ずさみながら時間をかけて、安心して眠れるようにする。

保護者への支援

ミルクを大量に飲む子どもについて

園と家庭での授乳量や空腹を訴えるようすを伝え合う。1日トータルの授乳量を把握し、2か月児の平均的な授乳量と、個人差があることについて共通理解し、溢乳《いつにゅう》や寝かせてからも気をつける点について具体的に話し合う。

入園に不安を持つ保護者への対応

入園までに、保護者に園見学の機会を設けたり、電話でも心配していることについて話をよく聞いたりする。子育ての専門家としての情報提供や育児相談の事例を示し、乳児保育に対する不安を取り除き、信頼関係を築けるようにそのつど話し合いをする。

睡眠について

家庭で眠るときのようすを聞いたり、園でのようすを伝え合ったりする。安心して寝入る方法について具体的な事例を紹介する。天気のよい日には園庭に出たり、廊下や窓際に行ったりするなど落ち着けるようにしていることを伝え、長い目で見るよう共通認識をする。

反省・評価

（自己評価）として大切にしたいこと
今月の保育終了後の文例として

★入園前から、何度も園見学や子育て相談会への出席を勧めたことから、保護者や高月齢児とは顔なじみになり信頼関係が築けたように思う。しかし、午睡時間が定まらず長時間泣く子どももいるので、特定の保育者がゆったりとかかわれるように話し合いを深めたい。保護者の中には、不安で朝の受け入れがスムーズにいかない親子もいるので、園長、主任に相談して、引き続きフリー保育者を導入し、早く落ち着いたクラスにしていきたい。
★入園後、午睡や夜の就寝時間が早くなったと喜ばれる保護者もいるが、さらに子どもの生理的欲求を満たすことと、目覚めたときには名前を呼び、ふれあい遊びを楽しむようにしていく。（藤原佐智子）

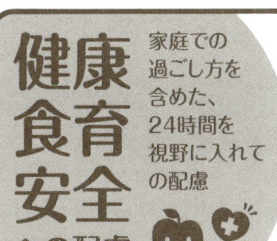

4月 遊びの展開
0歳児

P.22の指導計画に対応

養護的側面と一体化された
遊びの展開

執筆 安井恵子

今月の月案（P.22-23）に出てくるA児（2か月）とB児（6か月）についての遊びへの広がりについて、養護的側面も含め、考えてみましょう。

きげん良く目覚めた子どもに、保育者も「アーアー」「ブー」と繰り返し楽しもう

目覚めたら…
あやし遊びでごきげん（A児）

首を支えて、「Aちゃんおはよう」「ほっぺ　スリスリ…」とほおずりしたり手を握ったりして、睡眠と覚醒のめりはりをつけましょう。

だっこで散歩
（B児）

落ち着く姿勢でだっこしてもらい、園庭を散歩しましょう。年長児に名前を聞かれたり、話しかけられたりすることで、社会性の芽生えにつながるでしょう。

おしゃべり大好き

きげんの良いときに、「アーアー」と子どもの音声にこたえて、繰り返し楽しみましょう。愛着関係の第一歩です。

特定の保育者のかかわりが安心・安定へ

授乳、オムツ交換や眠るときなど、できるだけ特定の保育者がかかわるようにしましょう。

教育的側面を意識すると…

- あやし遊び『ほっぺ　スリスリ』
- 絵本『これなあに?』・だっこで散歩

養護的側面を意識すると…

- 個別生活リズムの把握
- 担当保育者との愛着形成

多職種との協働を！

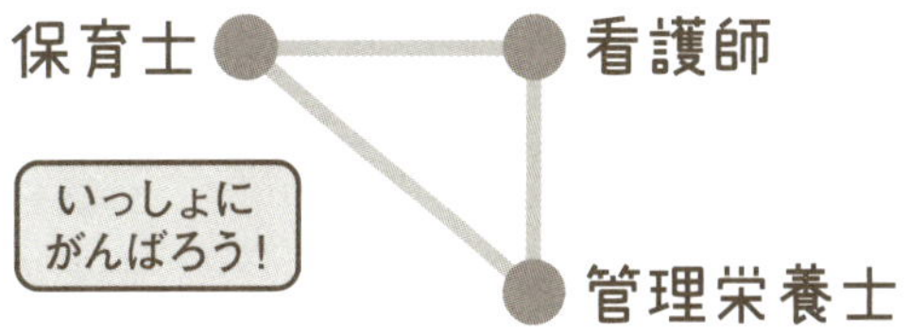
保育士
看護師
管理栄養士
いっしょに
がんばろう！

執筆 志船美香（看護師）
藤井直美（管理栄養士）

0歳児の**健康・保健・食育**に関する**4月**に気をつけたいこと

健康・保健など…看護師より

乳幼児突然死症候群（SIDS）について

※それまで元気だった赤ちゃんが眠っている間に突然死亡してしまう病気です。生後2か月から6か月に多く、2011（平成23）年には全国で148人が亡くなっています。原因は不明です。

予防に努めましょう

○あおむけ寝

硬めの布団に寝かせ、うつぶせでないと寝ない時には、寝入ったら、あおむけにする。

○観察記録

5〜10分ごとに、顔色、呼吸などのチェックをし、睡眠中も観察しやすいように部屋は明るくしておく。

zzz…

入園直後は特に注意しましょう

○新しい環境での発生率が高いので新入園児からは睡眠中も目を離さない。

○部屋は暖めすぎないようにして、薄着で寝かしましょう。

もしものときは…

○直ちに救急車を呼び、到着するまでは蘇生を試み救命に全力を注ぐ。

○発見時の体位、室温、保育者等の行動を時系列で記録し検証に役立てます。

食育など…管理栄養士より

おなかがすいたら食べようね！

不安な気持ちを受け止めましょう

4月は、不安でなかなか食事のとれない子どももいます。“好きな物を、好きなだけ食べよう!”といった気持ちでようすを見ましょう。

空腹リズムを整えましょう

おなかがすく前に食事を与えると、食べることに集中できません。空腹感を覚えるリズムを形成して、食べる幸せを味わわせましょう。

おなか
すいたね

保護者との連携をしっかり取りましょう

家庭での離乳食の進みぐあい（食べたことのある食材や調理形態 など）を確認します。食物アレルギーがある場合は医師の指示を求めましょう。

おかゆ
始めました

わかる！書ける！
書き方解説をチェック！

マーク（★◆◎🏵）が付いているところを見て、下の書き方解説を読んでください。指導計画のしくみがだんだんわかるようになり、自分で書けるようになります。

★…つながりを意識して　◆…具体的に
◎…保育の専門的な目線で　🏵…GOOD表現

5月 0歳児

今月のねらい

クラス全体としてのねらい
ねらいは、養護と教育をより意識してたてましょう。

○初めて集団生活を経験するので、感染症にかかりやすいため、ひとりひとりの子どもの体調をよく見て、心地良く過ごせるようにする。（養護）
○特定の保育者と散歩したり、玩具を触ったり、体を動かしたりして楽しむ。（教育）

わかる！書ける！書き方解説

指導計画のマークを追って解説を読んでください。

★1～3
つながりを意識して書きましょう。

★1のようにひとりひとりの体調を把握し、その月の具体的な問題の姿として取り上げ、内容として★2のようにゆっくりミルクを飲むことを挙げています。援助は★3に抱き方や、背中をなでるなどとして詳しく書かれています。

◆1
子どもの姿が目に浮かぶように具体的に書きましょう。

母乳をどのように与えるか、どのくらい飲んだか、詳しく書くことによって、個別計画の重要性がわかるでしょう。

◎1
保育の専門的な目線を持って書きましょう。

10か月児の発達の姿を、専門的な視点で、目の配り方、目と手の協応性、運動の段階が書かれており、記録としても大切です。

🏵は、GOOD表現のしるしです。

	前月末の子どもの姿	ねらい・内容（🍴は食育に関して）
A児 3か月	○首が据わり、縦抱きにすると周りを見回す。 ★1 ○鼻汁やせきが出て、ミルクを飲むのに時間がかかり、時折吐きそうになる。 ○満腹になると2～3時間ぐっすり眠る。 ○手作りの布製玩具（ゾウの形）を握らせると、じっと見つめたり、振ったものを口に入れたりする。	○特定の保育者にだっこしてもらい、満足する。 ★2 ○ゆっくり、ミルクを飲む。🍴 ○眠たいときに、ぐっすり眠る。 ○見守られながら、きげん良く過ごす。
B児 7か月	○10時前に登園し、離乳食は、キョロキョロしていて、あまり食べない。 ◆1 ○解凍して適温に温めた母乳を160ml飲み、2時間近く眠る。 ○腹を床に付けて移動することを楽しみ、床と畳の5cmほどの段差を下りたり、上ったりする。🏵	○おいしく、離乳食を食べさせてもらう。🍴 ○満たされて、安心して眠る。 ○体を動かして遊ぶことを楽しむ。
C児 10か月	○離乳食は手づかみでよく食べるが、ミルクは途中で哺乳瓶を手で押して離し、飲むのをやめる。 ◎1 ○腹ばいになると、周りをキョロキョロ見て、ガラガラを見つけると手を伸ばしたり、両手で体を支え、前に進もうとしたりする。 ○「Cちゃん」と名前を呼ばれるとニコッと笑う。	○自分のテンポで、食べたり飲んだりして満足する。🍴 ○腹ばいできげん良く遊んだり、移動したりすることを楽しむ。 ○名前を呼ばれることを喜び、話しかけてもらうことを楽しむ。

保育士等のチームワーク

★ひとりひとりの前月のようすや、保護者からの情報は常に伝え合い、きげん良く過ごせるように話し合う。（クラス運営のヒントを含む）
★ミルクの飲み方・量、離乳食の食べ方・調理方法などを調理の担当者と細かく伝え合い、無理なく進めていくようにする。
★ひとりひとりの発達の過程を共通理解して、できるだけ特定の保育者がかかわれるよう連携を取る。（クラス運営のヒントを含む）

延長保育を充実させるために

☆伝達ノートなどを活用し、引き継ぎを十分に行なう。特に睡眠は、ゆったりと眠れるようにかかわり、信頼関係をつくっていく。

今月の予定

★誕生会
★クラス懇談会
★身体計測

健康 食育 安全への配慮
家庭での過ごし方を含めた、24時間を視野に入れての配慮

●体調の変化が起きやすい時期なので、健康観察をていねいに行ない、水分補給や、睡眠を十分にとれるようにする。
●連休後は特に、授乳や離乳食の内容・量などについて、家庭と連携を密に取りながら進めていく。
●お座りやハイハイを始める子どももいるので、室内の整とんをして安全な環境を確保する。また玩具は洗ったり、日光消毒をしたりして清潔に保つ。

環境と援助・配慮 ➡ P.28の遊びの展開に対応！	保護者への支援
○「Aちゃん、ごきげんね」と首や背中を支えながら、ゆったり抱いて話しかけるようにする。 ★3 ○せき込むときには縦抱きにして、背中をなでて落ち着かせてから授乳をするが、ようすを見て休んだり中止したりする。 ○あおむけに寝かせ、睡眠中の観察がしやすいようにそばで見守る。 ○布製の玩具を口にするようなときには、特によく洗って、日光消毒をして、清潔なものを与えるようにする。	**せきや鼻汁が出るときは…** 体調の変化には早く気づくように、園と日ごろから家庭のようすを伝え合う。園でせきをしているときは、縦抱きにすると呼吸が楽になるようすや、鼻汁の優しいふき方について話し合う。熱がなくても受診をするポイントについて情報提供する。
○家庭での授乳や睡眠時間などを確認し、空腹を感じたころ、ゆったり食べられるようにする。 ○授乳後は縦抱きにして排気をさせた後、静かな環境で眠れるようそばで見守る。 ○段差にはマットを置くなど安全に配慮して、上ったり下りたりする遊びを見守ったり、いっしょに遊んだりする。	**食欲と生活リズムについて** 「眠っていると家事が進む」という理由から朝起こさず、登園時間が遅くなることについて話し合う。仕事と育児の両立の大変さを共感し、保護者の意向を受け止めたうえで、離乳食を自分から食べる意欲が出てくる時期であり、生活リズムとの関係について共通理解する。
○離乳食を食べた量や、日ごろの授乳量を考え、ミルクはその日のようすによって加減する。 ○危険のないように場所を広くして、保育者も腹ばいになっていっしょに遊ぶ。 ○「Cちゃん、遊ぼうね」と名前を呼んだり、手遊びをしたりして、ゆったりとかかわるようにする。	**冷凍母乳の有効利用について** 冷凍母乳を園に持参する努力に敬意を払いつつ、離乳食の喫食量と母乳の授乳量について話し合う。日によって差があるが、授乳量が減ってきたことを共通認識して、母乳パックへの保存量を少量にするよう提案して、母乳をむだにしないよう共通理解する。

反省・評価
（自己評価）として大切にしたいこと
今月の保育終了後の文例として

★連休後、体調に変化が見られた子どもが複数いた。保育者などで対応のしかたを話し合い、特定の保育者がかかわるよう心がけたが、授乳や睡眠の時間が重なり困難であった。フリー保育者の協力で、落ち着きを取り戻した。今後も、授乳や睡眠は同じ保育者がかかわれるよう努力したい。
★5月中ごろから、ハイハイで移動したり、玩具を触って遊んだりする姿が見られたので、安全に留意して広い空間をつくるようにしたところ、より探索活動が活発になった。来月は、いっそう安全面に気をつけ、楽しい遊びにつながるよう考えていきたい。

（0歳児研究グループ）

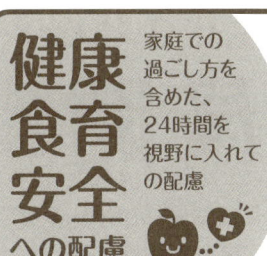

5月 遊びの展開 0歳児

P.26の指導計画に対応

養護的側面と一体化された 遊びの展開

執筆 三浦正子

今月の月案（P.26-27）に出てくるB児（7か月）とC児（10か月）の遊びを楽しむ姿から遊びへの広がりについて、養護的側面も含め、考えてみましょう。

腹ばいになって遊ぼ!

手が届きそうな所にガラガラやぬいぐるみを置いて、保育者もいっしょになって腹ばい遊びを楽しみましょう。

段差を上ったり下りたり…

おなかを床に付けて移動するころには、5cmくらいの段差を上ったり、そのまま後ろに下りたりする動作を楽しみます。繰り返すことで、足腰の筋力や腹筋がつきます。

教育的側面を意識すると…

・ハイハイ遊び
・だっこで、園庭を散歩

養護的側面を意識すると…

・特定の保育者と外気浴
・紫外線予防に帽子を着用

特定の保育者と…

玩具で相手してもらったり
園庭で気分転換を
楽しんだりしましょう

散歩・外気浴で気分転換しよう

テラスや木陰で過ごしたり、だっこやベビーカーでの散歩を楽しんだりしましょう。つばの広い帽子や長そで、長ズボンを着用し、紫外線防止に気を配りましょう。

散歩・外気浴の後は…

汗ばんだ顔や手をおしぼりでふき、着替えが終わったら、水分補給もしましょう。

ぐっすり眠ったら 目覚めもさわやかに…

よく飲み、食べて、ぐっすり眠り目覚めたら、名前を呼んでもらったり「ばあ!」と、あやされたりして、ごきげん!

多職種との協働を！

執筆
志船美香（看護師）
藤井直美（管理栄養士）

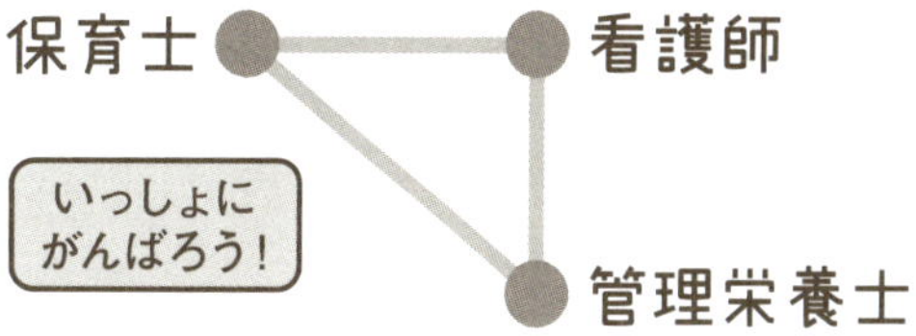
保育士
看護師
管理栄養士
いっしょに
がんばろう！

0歳児の健康・保健・食育に関する5月に気をつけたいこと

健康・保健など…看護師より　食物アレルギーへの対応について

原因物質を食べて（触って）しまったとき

口の中に残っているときは、吐き出させて、うがいまたはガーゼなどで口内をふき取り、皮膚や目に付着したときは、洗い流しましょう。

食物アレルギーの症状

○皮膚粘膜症状
（発赤、かゆみ、発疹　など）

○消化器症状
（腹痛、吐き気、下痢　など）

○呼吸器症状
（せき、ゼーゼー、
ヒューヒュー　など）

○全身症状
（ぐったりして意識がない）
→アナフィラキシーショック

症状が出たときの対応

保護者から薬（抗ヒスタミン薬など）を預かっていれば飲ませるようにしますが、呼吸器症状などは、すぐに救急車を呼びましょう。

ゼーゼー

食育など　管理栄養士より　離乳食のすすめ方

離乳食の開始は

スプーンを口に入れても、押し出さず、食べ物に興味を示し、よだれが出るなど条件が整えば開始しましょう。（およそ5～6か月）

食べて
みようか

手作りのよさ

新鮮な旬の食材は、味付けしなくてもおいしいです。毎回微妙に味が異なるのも、手作りのよいところです。味覚の発達を促します。

その子の発達に沿って

食物の咀嚼《そしゃく》、嚥下《えんげ》ができない、極端な偏食などのトラブルが増えています。発達の過程に合わせて無理なく進めることが、問題を防ぎます。

ごっくん
したかな？

わかる！書ける！
書き方解説をチェック！

マーク（★◆◎❁）が付いているところを見て、下の書き方解説を読んでください。指導計画のしくみがだんだんわかるようになり、自分で書けるようになります。

★…つながりを意識して　◆…具体的に
◎…保育の専門的な目線で　❁…GOOD表現

6月 0歳児

今月のねらい
クラス全体としてのねらい
ねらいは、養護と教育をより意識してたてましょう。

○ひとりひとりの子どもの体調に合わせ、沐浴や着替えをこまめにして、気持ち良く過ごせるようにする。（養護）
○雨の晴れ間には、特定の保育者に抱かれて外気浴を楽しんだり、かかわってもらいながら遊んだりする。（教育）

わかる！書ける！書き方解説
指導計画のマークを追って解説を読んでください。

★1～3
つながりを意識して書きましょう。
★1で4か月児になり寝返りをしようとする姿が見えますが、おなかに挟まった腕が抜けず泣く発達段階となります。そこで★2のように、横向きになるなどの内容を押さえています。援助では★3で苦痛を取り除き、安全に留意してあおむけに戻す個別対応が書かれています。

◆1
子どもの姿が目に浮かぶように具体的に書きましょう。
野菜が食べられるようになった子どもが、「首を縦に小さく振って」と書くことで、かもうとしていたり、おいしそうにしていたりする姿が読み取れます。また野菜が手に付くと振り払うという表現から、手づかみの課題が見えてきます。

◎1
保育の専門的な目線を持って書きましょう。
11か月児はハイハイができるのですが、腹ばいの姿勢から座る姿勢になるのは、大きな発達の節を乗り越えたことになります。子どもにとってもうれしいことであり、ニッコリと笑うところを、専門性の視点で書いています。

❁は、**GOOD表現**のしるしです。

	前月末の子どもの姿	ねらい・内容（🍴は食育に関して）
A児 4か月	○手足をよく動かし、ミルクを飲んだ後に吐くことが多い。 ★1 ○体を横向きにするなどして、寝返りをしようとするが、腕がおなかに挟まって抜けずに泣く。 ○手作りのつり玩具を口元に持って行こうとする。	○吐いたミルクでの窒息が起こらないように注意してもらい、安心して過ごす。🍴 ★2 ○横向きになったり、寝返りをしようとしたりする。 ○見守られながら、きげん良く過ごす。
B児 8か月	❁ ○豆腐や野菜のつぶしたものを、もぐもぐとよく食べ、適温に解凍した母乳もよく飲む。 ○下腹を床に付けてはって移動し、手作りマラカスに手を伸ばす。 ○名前を呼ばれると、保育者の顔をじっと見つめて、ニッコリ笑う。	○いろいろな食材を食べて、満足する。🍴 ○はって移動して、玩具などに興味を持つ。 ❁ ○名前を呼ばれると、喜んで反応する。
C児 11か月	◆1 ○野菜を口に入れてもらうと、首を縦に小さく振っておいしそうに食べるが、持とうとして野菜などが手に付くと振り払う。 ◎1 ○ハイハイから座った状態になると、両手を振ってニッコリ笑う。 ○他児が玩具で遊んでいるようすをじっと見ていて、移動するとついて行こうとする。	○食べさせてもらったり、手づかみで食べたりする。🍴 ○自分で座り、きげん良く遊ぶ。 ○他児のすることに興味を持ち、まねをする。

保育士等のチームワーク
★沐浴や清拭などは、特定の保育者が行なえるように手順や役割を決めておき、ゆったりと安全に役割を果たせるよう調整しておく。（クラス運営のヒントを含む）
★梅雨の晴れ間には短時間でも園庭に出るようにして、外気浴などで気分転換を図るように共通理解しておく。（クラス運営のヒントを含む）
❁★雨の日の室内での過ごし方や、共同で使う場所などの環境の工夫や使い方を話し合っておく。（クラス運営のヒントを含む）

延長保育を充実させるために
☆室内でも湿度が高くなる時期だが、0歳児は体温調節の機能が未熟なために、水分補給をこまめに行なうようにする。

今月の予定

★誕生会
★乳歯の検診
★避難訓練（地震）
★赤ちゃんサロン
★身体計測

健康 食育 安全への配慮
家庭での過ごし方を含めた、24時間を視野に入れての配慮

●乳歯の検診を受け、口の中の清潔や虫歯予防に努めるようにする。
●蒸し暑さから食欲がなくなる子もいるので、冷たいスープなど口当たりのよいものを献立作成の過程から配慮する。（クラス運営のヒントを含む）
●湿度が高く細菌が繁殖しやすいので、食材の取り扱いに細心の注意を払い、玩具の消毒、晴れ間に午睡用布団の日光消毒などを行ない、清潔や安全面に気を配る。（クラス運営のヒントを含む）

環境と援助・配慮 ➡ P.32の遊びの展開に対応！	保護者への支援
○授乳後は排気を行ない、しばらく縦抱きにして、注意深く見守る。 ★3 ○うつぶせになり腕がおなかに挟まったときは、優しく抜き、ようすを見ながらあおむけに戻すようにする。 ○清潔な玩具を与えて、「Aちゃん、ごきげんね」と、言葉をかけながらひとり遊びを見守る。	**ミルクを吐くことについて** 園では授乳後、手足を活発に動かしミルクをよく吐くことを伝え、家庭でのようすも聞き、授乳後、気をつけることを話し合う。授乳後はしばらく縦抱きにして落ち着かせることと、吐いたことによる窒息の危険性について共通理解しておく。
○「豆腐おいしいね」など言葉をかけながら、食べるようすを見てゆっくり進める。 ○床は常に清潔にしておき、お気に入りの玩具を置き、はって遊びが楽しめるようにする。 ○「Bちゃーん」「にこにこちゃーん」など優しく語りかけ、繰り返し楽しさを共感する。	**母乳にこだわる保護者への対応** 離乳食の食べ方や哺乳量について家庭と園のようすを話し合う。離乳食を食べた後も母乳をよく飲み、持参の冷凍母乳だけでは夕方は不足ぎみと共通認識する。母乳で育てたい母親の意向を理解し、今後の離乳食や持参する母乳量や与え方についていっしょに考える。
○野菜はスティック状など、持ちやすい大きさのものを用意して、自分から食べたくなるように、保育者もパクッと口を大きく開けながら介助する。 ○「お座りうれしいね」と保育者もC児のすぐ横に座って、手遊びなどをして楽しさを共感する。 ○「楽しそうね」と、他児との遊びを共有したり、保育者もいっしょにハイハイしたりして遊ぶ。	**乳歯の虫歯予防について** 虫歯予防と口腔内の清潔の関係性や、乳歯が生えたら、歯の手入れをすることの大切さについて話し合う。乳歯の虫歯は進行が早いうえに、永久歯への影響について情報提供する。口の中をよく観察する習慣をつけ、早期発見に努めるように共通理解しておく。

反省・評価
（自己評価）として大切にしたいこと
今月の保育終了後の文例として

★園で沐浴したことを保護者に伝えると、家庭では入浴をしない子どもがいたので、沐浴と家庭での入浴の違いを理解してもらうよう保護者と話し合っていきたい。
★雨降りの日の過ごし方を保育者などでは共通理解をしていたが、蒸し暑さからきげんの悪い子どもが多く、同時に泣きだすことがあった。あやしたりだっこをしたりして落ち着くよう努めたが、除湿や冷房の使用には消極的であったので、来月は効率よく利用していきたい。
★外気浴したときは気分転換が図られたが、発達に沿った遊びや玩具の提供も必要と反省する。　（三浦正子）

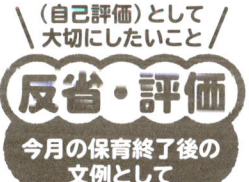

6月 遊びの展開

0歳児

P.30の指導計画に対応

養護的側面と一体化された

遊びの展開

執筆 安井恵子

今月の月案（P.30-31）に出てくる子どもたち（4か月、8か月、11か月）の寝返りやハイハイをする姿から遊びへの広がりについて、養護的側面も含め、考えてみましょう。

寝返りゴロン
（A児4か月）

「Aちゃん」など、ぬいぐるみを見せながら呼びかけてみましょう。手を伸ばしたり寝返りしようとしたりするでしょう。キルティングマットなどを敷いて、安全面へ配慮しましょう。

腕で前進ハイハイ？
（B児8か月）

おなかを床に付けて前へ2、3m進んではひと休み。疲れたようなときには、だっこして、疲れを癒し安心させましょう。保育者との愛着が形成されます。

教育的側面を意識すると…

- 「まてまて遊び」
- 「クローバー遊び」

養護的側面を意識すると…

- 保育者との愛着形成
- 個別の安全面への配慮

寝返りや「まてまて遊び」を楽しもう

ハイハイをする子どもの後ろを保育者は、「まてまて…Bちゃん、まてまて…」と追いかけて楽しみましょう。

腹ばいで楽しく「クローバー遊び」
（C児11か月）

子どもたちが、顔を合わせて「こんにちは」。起き上がりこぼしなどを前に置き、保育者が転がして音を出して楽しむなどの遊びは、他児の存在を意識する機会になります。

見守られているから安心！

ハイハイや歩きながら、ふっと振り向いたとき、保育者と目が合うとニコッと笑い、安心すると、また前進します。よく遊んで心地良く疲れた子どもは、よく食べ、よく眠ります。

多職種との協働を！

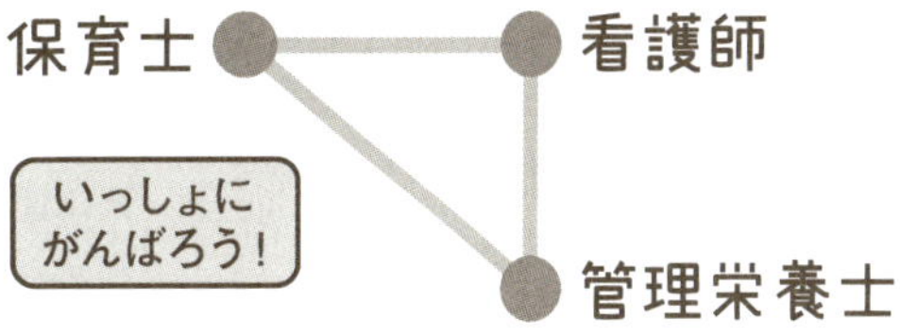
保育士
看護師
管理栄養士
いっしょに
がんばろう！

執筆
志船美香（看護師）
藤井直美（管理栄養士）

0歳児の**健康・保健・食育**に関する**6月**に気をつけたいこと

健康・保健など…看護師より

しあげみがきのコツ！

どの歯が虫歯になりやすい？

○1～2歳ごろ…上の前歯中央のくっついている所
○3～5歳ごろ…上の奥歯と、奥歯のくっついている所
●下の前歯は唾液が常に出ているので虫歯になりにくい

歯が生える前

歯茎に触れるときは、肩→ほほ→唇などから順に優しく触れていくとよいでしょう。生えてきたら、ガーゼなどで優しくふきます。

口の中がよく見える体勢で！

保育者のおなかに頭を付けて、あおむけに寝かせましょう。歯ブラシはえんぴつ持ちで少し力を入れ、奥歯、上の前歯の隣接部分に特に注意します。

食育など…管理栄養士より

湿度や気温が高くなる時期には食中毒に気をつけよう！

離乳食は特に気をつけて！

薄味で水分も多い離乳食は特に、いろいろな食中毒を起こす菌が繁殖しやすいので、食べる時間に合わせて調理し、喫食時間2時間を守りましょう。

2時間以内に
食べま
しょう

保育者もこまめに手洗いを！

調理担当者は、作業の区切りに必ず手洗い消毒をしています。保育者も食事を運ぶ前、食事介助の前などには手洗い消毒をしましょう。

保育室で使う器具にも注意を！

子どものようすによって保育者が刻んだりつぶしたりするときは、必ず消毒済みの包丁やまな板を使い、食中毒を起こす菌が付かないようにしましょう。

わかる！書ける！

書き方解説をチェック！

マーク（★◆◎）が付いているところを見て、下の書き方解説を読んでください。指導計画のしくみがだんだんわかるようになり、自分で書けるようになります。

★…つながりを意識して　◆…具体的に
◎…保育の専門的な目線で　…GOOD表現

7月 0歳児

今月のねらい

クラス全体としてのねらい
ねらいは、養護と教育をより意識してたてましょう。

○暑い日は、すだれやテント、エアコンなどで気温の調節を行ない、快適な環境の下、元気に過ごせるようにする。（養護）
○保育者といっしょに湯水遊びを楽しむ。（教育）

	前月末の子どもの姿	ねらい・内容（は食育に関して）
A児 5か月	○重湯《おもゆ》を口に持って行くと、舌を動かしてペチャペチャ音を立てながら押し出す。 ★1 ○初めは体を硬くして手を握り締めているが、湯につかると少しずつ表情が和らぐ。 ○手足口病にかかり、1週間休む。 ◆1 ○寝返りをした後、目の前の玩具に手を伸ばす。	○ミルクを満足するまで飲む。 ★2 ○沐浴をしてもらい、気持ち良さを味わう。 ○体調の変化に気をつけてもらい、安心して過ごす。 ○見守られながら、きげん良く過ごす。
B児 9か月	○適温に解凍した母乳を飲み終わっても、保育者のエプロンを吸っている。 ○沐浴のとき、シャワーを喜びニコニコして、じっと座っている。 ◎1 ○腹ばいからお座りになり、手に持ったプラスチックのカップを打ち合わせている。	○満足するまで、冷凍母乳を飲む。 ○沐浴を喜び、心地良く過ごす。 ○お座りで遊ぶことを楽しむ。
C児 12か月	ジャガイモを口に入れてもらうとモグモグ食べるが、ニンジンはべっと出す。 ○ベビーバスにつかまり立ちをして、湯をピチャピチャとたたいて笑う。 ○他児が持っているぬいぐるみなど、何でも取りに行く。	○いろいろな野菜を少しずつ食べる。 ○湯水遊びを楽しみ、快適に過ごす。 ○好きな玩具を見つけ、満足するまで遊ぶ。

わかる！書ける！

書き方解説

指導計画のマークを追って解説を読んでください。

★1～3
つながりを意識して書きましょう。

暑い夏は肌を清潔にして血流をよくするためにも、沐浴が欠かせませんが、★1の子どものように、緊張することがあります。沐浴をしてもらい、気持ち良さを味わうことが★2の内容になります。体を硬くしたときの対応として、★3にあるようにタオルを体に巻き不安を取り除いていきます。

◆1
子どもの姿が目に浮かぶように具体的に書きましょう。

5か月になると寝返りができるようになりますが、その後の行動をこのように書くことによって、運動と視覚の協応性がわかります。

◎1
保育の専門的な目線を持って書きましょう。

9か月になると、投げ座りの姿勢で両手にカップを持ち、打ち合わせる発達の節が見られます。このように表現されていると、発達を見逃すことなくきちんと見ている専門性がわかります。

は、**GOOD表現**のしるしです。

保育士等のチームワーク

★室内での快適に過ごせる環境について話し合い、室温の目安は28℃、換気は1時間に1回、5分～10分間することを共通理解しておく。（クラス運営のヒントを含む）
★園庭では、テントやすだれなどの効率のよい使い方、散水のしかたを話し合っておき、水分補給についても必要に応じてするように役割分担を決めておく。
★沐浴や湯水遊びでは、できるだけ特定の保育者がかかわれるような工夫のしかたについて話し合い、その重要性について共通認識をする。（クラス運営のヒントを含む）

延長保育を充実させるために

☆暑さや湯水遊びの疲れから、夕方眠くなったときにはいつでも寝られるように担当保育者と話し合っておく。

今月の予定

★離乳食試食会
★七夕祭り
★湯水遊び開放日
★誕生会
★身体計測
★避難訓練

健康 食育 安全への配慮

家庭での過ごし方を含めた、24時間を視野に入れての配慮

●熱中症、夏かぜ、あせもなど早期発見に努め適切に対応して、必要に応じて受診を勧める。
●離乳食は食中毒に注意して取り扱いに気をつける。喫食時間は2時間以内とし、衛生面に十分に配慮する。（クラス運営のヒントを含む）
●湯水遊びでは紫外線予防に努め、水遊び玩具（プリンカップの空き容器など）にひびがないか安全点検する。（クラス運営のヒントを含む）

環境と援助・配慮

P.36の遊びの展開に対応！

○舌で押し出したときには無理には食べさせず、口元の汚れはそっとふき取り、ミルクを満足するまで与える。
○病後は特に授乳量に気をつけてようすを見るようにする。
★3 ○不安がらないようにタオルで体を巻き、ゆっくり湯につけるようにして、首やわきの下などをていねいに洗う。
○寝返りしやすいように、畳やマットの上に寝かすようにして、玩具をそばに置き見守る。

○朝持参した冷凍母乳の量を確認し、食事や補食の量や内容を考慮し、満腹感を味わえるようにする。
○特定の保育者が沐浴するようにして、「Bちゃん、ゆっくり入ろうね…」と安心するよう言葉をかけながら洗う。
○お座りしたときは、周りにクッションを置き、安全に配慮しながら、保育者もいっしょに遊ぶ。

○「ジャガイモおいしいね」「ニンジン、きれいな色だね」といろいろな野菜に興味を持って食べられるようにことばがけをしながら、保育者も食べたり食べるまねをしたりする。
○滑りやすい場所にはマットを敷いて、安全に湯水遊びを楽しめるようにして見守る。
○他児のものを欲しがる気持ちを受け止め、人形や布製の積み木など好きな玩具をそろえ、ゆったり遊べるようにする。

保護者への支援

離乳食を早い時期から食べる子には…

2か月のころから授乳量も大量なので、早くから離乳食を進めたい保護者の気持ちを受け止める。園や家庭での食に関するようすを伝え合い、口の機能の発達が離乳食を進める目安であることなど情報提供し、共通理解していく。

転倒を心配する保護者への支援

お座りした成長の喜びを共感する。転倒を心配する保護者の気持ちを受け止め、園では、危険防止にクッションなどを置き、保育者が必ずそばで見守っていることを伝え、家庭でのようすも聞き、安全保育について共通理解する。

湯水遊びについて

湯水遊びの楽しみ方について、家庭と園で工夫している温度や玩具などを伝え合う。安全面については具体的に情報提供する。転倒防止のマットの敷き方、湯水は少量でも溺死する可能性について話し合い、安全で楽しい遊びを確認し合う。

反省・評価

（自己評価）として大切にしたいこと
今月の保育終了後の文例として

★熱中症対策として、冷房と扇風機（微風）の併用や水分補給に努めたが、A児など低月齢児は、暑さのため少量しか飲めなかったり、寝汗をかいたりしたので飲む回数を増やした。
★沐浴・湯水遊びでは、衛生面や安全面に気をつけながら、特定の保育者とかかわれるよう工夫したことにより、安定して楽しくゆったりと過ごすことができた。
★乳児に夏かぜがはやったので全クラスにも情報を掲示したが広がったため、保護者にも感染する旨を伝え、早期の受診を勧めるようにした。引き続き健康観察をていねいにしていきたい。

（塩田智香子）

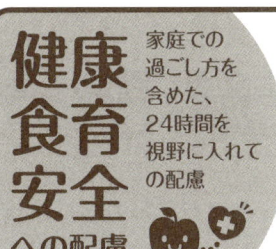

7月 遊びの展開 0歳児

P.34の指導計画に対応

養護的側面と一体化された
遊びの展開

執筆 三浦正子

今月の月案（P.34-35）に出てくるB児（9か月）とC児（12か月）の遊びへの広がりについて、養護的側面も含め、考えてみましょう。

ベビーバスで遊ぼ!

手作りジョウロでシャワー・浮かぶ玩具を捕まえよう。水を飲んだり、滑ったりしないように安全面には十分に注意しましょう。

お座りして遊ぼー!

お座りが安定した子どもには、目の前に車や動物などの玩具を置いて、「ブーブー自動車ね」など話しかけて遊びましょう。転倒防止にクッションなどを置く配慮をしましょう。

教育的側面を意識すると…

- 特定の保育者と湯水遊び
- 好きな玩具で遊ぶ

養護的側面を意識すると…

- 紫外線防止に配慮して
- 健康観察と水分補給を!

タライに入って、遊ぼ!

湯水を入れるといやがる子どもには、無理せず湯水を入れないで遊びましょう。

夏こそ、こまやかな健康観察を…

体温・皮膚の状態などをしっかり観察して、沐浴や水遊びをしてもよいかようすを見ましょう。また、家庭との連携も密にしましょう。

遊んだ後は…

汗をふいたり、着替えをしたり、水分補給をしたりしてもらい、ぐっすりと眠りましょう。

紫外線に気をつけて!

夏の日ざしは強烈です。すだれやテントの下で紫外線防止に努めましょう。涼しく快適な環境の下で遊びましょう。

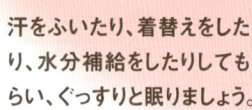

多職種との協働を！

執筆 志船美香（看護師）
藤井直美（管理栄養士）

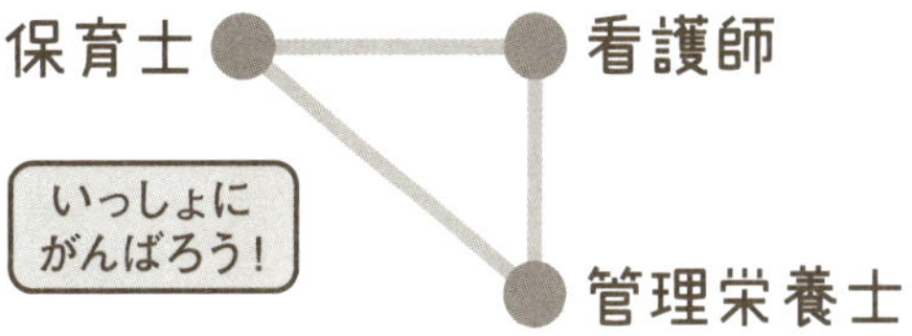
保育士
看護師
管理栄養士
いっしょに
がんばろう！

0歳児の健康・保健・食育に関する7月に気をつけたいこと

健康・保健など…看護師より　夏に多い感染症の拡大を防ぐために…

プール熱、手足口病、ヘルパンギーナなど…

鼻水や唾液（よだれ）の中にウイルスが多数存在し、また、回復した後も便中に約1か月もの間、ウイルスが排出されています。

保育者の手を介して感染することも

鼻水や唾液（よだれ）をふき取った後は、せっけんでの手洗いや速乾性の手指消毒剤で消毒しましょう。

消毒剤

普通の便でも注意が必要

便の取り扱いは、手袋を装着するか、もしくは取り扱い後に、しっかりとせっけんでの手洗いを行ないましょう。

食育など…管理栄養士より　水分補給について

乳児は特に必要です

乳児は大人よりも汗かきです。そのため水分不足により、熱中症になりやすくなってしまいます。こまめな水分補給を心がけましょう。

いやがる子どもには…

母乳やミルク以外を口にしたことがない場合、白《さ》湯《ゆ》もお茶も飲まないことがあります。スプーンで少しずつ回数を多く与えましょう。

イオン飲料の与え方に注意！

下痢や脱水が治まっても飲んでいると、食欲減退や虫歯、肥満の原因になります。元気なときには必要のないことを伝えましょう。

イオン飲料

わかる！書ける！

書き方解説をチェック！

マーク（★◆◎🏵）が付いているところを見て、下の書き方解説を読んでください。指導計画のしくみがだんだんわかるようになり、自分で書けるようになります。

★…つながりを意識して　◆…具体的に
◎…保育の専門的な目線で　🏵…GOOD表現

8月 0歳児

今月のねらい

クラス全体としてのねらい
ねらいは、養護と教育をより意識してたてましょう。

○暑い夏をひとりひとりの生活リズムや健康状態に合わせて、ゆったりときげん良く過ごせるようにする。（養護）
○湯水遊びでは、スポンジの魚やジョウロなどで楽しく遊ぶ。（教育）

わかる！書ける！書き方解説

指導計画のマークを追って解説を読んでください。

★1～3

つながりを意識して書きましょう。

個別な体調の変化に一貫して対応していくのが、計画の大切なところです。★1は、下痢によるオムツかぶれの姿があり、★2のねらいでは、おしりを清潔にして快適に過ごす、としています。★3の援助では、ぬるま湯で洗い、しっかり乾かすこと、ワセリンを塗ることなどを詳しく書いています。

◆1

子どもの姿が目に浮かぶように具体的に書きましょう。

8月の暑さは乳児には過酷ですが、ミストシャワーの下をハイハイで通ったり、ジョウロを持ったりして、どのように涼しく過ごさせているかを、詳しく書いていて8月らしい姿が表現されています。

◎1

保育の専門的な目線を持って書きましょう。

腹ばいになり、手足を浮かせて飛行機のポーズを取る姿をとらえるなどは、専門家ならではの、発達のようすを喜んで見ている視点でしょう。記録としても残せます。

🏵は、**GOOD表現**のしるしです。

	前月末の子どもの姿	ねらい・内容（🍴は食育に関して）
A児 6か月	★1 ○下痢便が続き、オムツかぶれになり、オムツを替えるたびに激しく泣いて痛がる。 ○沐浴すると、水面をペチャペチャたたいて、顔に水しぶきがかかっても笑っている。 ◎1 ○腹ばいになり、手足を浮かせて飛行機のポーズをしたり、足をバタバタと動かしたりする。	★2 ○おしりを清潔にしてもらい、快適に過ごす。 ○沐浴の気持ち良さを味わう。 ○得意のポーズをしたり手足を動かしたりして、きげん良く過ごす。
B児 10か月	○口の中の食べ物を飲み込むと大声で泣き、次の食べ物を口に入れてもらうと泣きやむ。 ○突発性発疹、ヘルパンギーナ、手足口病にかかり、そのたびに1週間前後休む。治癒して登園するときには、朝は泣いているが、だっこすると落ち着く。 🏵 ○お座りの姿勢から、腹ばいになっておしりや手足を前後に動かしたり、ハイハイで前に進んだりする。	○満足するまで、ゆっくり離乳食を食べる。🍴 ○安心するまで抱いてもらい、落ち着いて過ごす。 ○見守られながら、お座りやハイハイを楽しむ。
C児 13か月	○野菜を手づかみで口に入れたり床へ落としたりし、スプーンで軟飯をすくおうとする。 ○寝ついてから1時間ほどで寝ぼけて目覚め、布団の上に座り目をつぶりながら泣き続ける。 ◆1 ○ミストシャワーの下をハイハイで行ったり来たりしたり、水を含んだスポンジ（魚の形）を握ったり、ジョウロを持ったりして喜んでいる。	○手づかみで意欲的に食べる。🍴 ○安心して気持ち良く眠る。 ○ミストシャワーの涼しい感触や、湯水遊びを楽しみ、快適に過ごす。

保育士等のチームワーク

★病後児のようすについて情報を共有して、情緒の安定と感染症などが広がらないように、清潔について共通理解をしておく。（クラス運営のヒントを含む）
★沐浴や湯水遊びを安全に楽しく遊べるように、スポンジの手作り玩具は、十分な数が用意できるように協力して作る。
★担任が研修や休暇を取るときには、伝達ノートでひとりひとりの子どもの体調や生活リズムなどをていねいに伝え、子どもが安心して過ごせるようにする。（クラス運営のヒントを含む）

延長保育を充実させるために

☆室温調整とともに水分補給については、少量ずつ回数多く飲ませるよう、担当保育者に伝え、快適に過ごせるようにする。

今月の予定

★誕生会
★よっといデー（湯水遊び）
★身体計測
★避難訓練

健康 食育 安全への配慮

家庭での過ごし方を含めた、24時間を視野に入れての配慮

●虫刺され、あせもや手足口病から「とびひ」にかかることがあるので、シャワーを浴びるなど常に肌の清潔を保つように心がける。
●暑さから食欲不振の子には、汁物や冷やしおだまきなど口当たりのよいものを、冷ましてから与えるようにする。（クラス運営のヒントを含む）
●冷房や扇風機の冷風が直接子どもに当たらないよう工夫して涼しくし、床や腹ばいになる場所は清潔にしておく。（クラス運営のヒントを含む）

環境と援助・配慮 → P.40の遊びの展開に対応！	保護者への支援
★3 ○ぬるま湯で優しく洗い、しっかり乾かした後、保護者が持参したワセリンを塗って保護し、悪化しないようにていねいに介助する。 ○耳に水が入らないように気をつけながら沐浴をする。 ○「Aちゃん、ごきげんね」とそばで見守ったり、保育者もいっしょに腹ばいになって相手をしたりする。	**オムツかぶれになったら** おしりを痛がるA児を心配して、保護者が薬を持参することを受け止める。悪化しないように園と家庭で行なっているケアについて伝え合い、共に参考にしながら介助する。症状によっては、受診を勧めるようにする。
○食べ方をよく見ながら、硬さや量を考えて、「ゴックンしたの、いっぱい食べようね」と、もっと食べたい気持ちを受け止めて、ゆっくり言葉をかけながら介助する。 ○久しぶりに登園した不安な気持ちを受け止めて、安心できるまで抱き、落ち着いたらいっしょに遊ぶようにする。 ○安全な環境の中、ハイハイするようすを見守ったり、保育者も同じように腹ばいになって遊んだりする。	**病気が続く子どもの母親への両立支援** 勤務先からは「早くから保育園に入れたからでは…」などと言われ、落ち込む母親の気持ちを受け止める。同様の悩みを克服した先輩保護者の話を聞く機会を設けたり、子どもは病気をしながら免疫が身につき強く育つことを共通認識したりして、温かく励ましていく。
○自分で食べられることの喜びに共感しながら、野菜を落としたりスプーンにすくえなかったりするときは、適切に介助する。 ○寝ぼけて泣くときは、抱き上げて揺らしたり、うちわであおいだりして、もう一度寝つけるようにゆったりと接し、眠りに誘う。 ○ミストシャワーの気持ち良さや、湯水遊びが楽しめるように安全な玩具をそろえ、保育者もいっしょに遊んだり見守ったりする。	**意欲的に食べるには** 手づかみで食べたときはおおいに褒め、いやがるときにはスプーンにおかずを乗せて口に運ぶなどの介助のしかたについて話し合う。持って食べやすい形状、切り方などの工夫や、鶏ミンチとカボチャ団子スープなど、具体的に情報を提供する。

（自己評価）として大切にしたいこと

反省・評価

今月の保育終了後の文例として

★非常に暑い日が多かったが、こまめに水分補給をして、午前中の涼しい時間帯には中庭の日陰で湯水遊びを楽しんだりすることで、元気にきげん良く過ごす子どもが多かった。しかし、中には、虫刺されからのとびひや体調を崩す子どももいたので、家庭と連携しながら、早めに受診を勧めたことにより、ひとりひとりが快適に過ごせた。引き続き連携していく。
★研修などで担任が不在になる日があり、「手足口病」の伝達について、保育者などでの共有ができず、保護者に不安感を抱かせた。伝達方法を見直していきたい。

（安井恵子）

P.38の指導計画に対応

養護的側面と一体化された 遊びの展開

執筆 安井恵子

今月の月案（P.38-39）に出てくる子どもたち（6か月、10か月、13か月）の感触遊びの広がりについて、養護的側面も含め、考えてみましょう。

グライダーポーズでニコニコ（A児6か月）

手足を浮かせて手足をバタバタしていたら、保育者も腹ばいになってポーズを取りましょう。「Aちゃん ブーン ブーン」と目を見つめて楽しめば、愛着関係も深まります。

教育的側面を意識すると…

- シャワー、噴水遊び、スポンジを使った手作り玩具「金魚」で遊ぼう

湯水の感触を楽しもう 金魚さんと仲よし

スポンジの金魚を泳がしたり、水を絞ったりして楽しみましょう。

冷たくて気持ち良いな（C児13か月）

ミストシャワーや、手作り噴水の下で遊ぶと冷たーい！ 保育者といっしょに下を通ると楽しいね。

養護的側面を意識すると…

- シャワー：感染症への配慮
- 午睡：よく遊んで、よく眠る

シャワー 大好き 手足口病、あせもの子どもへの配慮

とびひにかからないように、また他児に感染しないように、個別にシャワーを浴びて、常に肌の清潔を心がけましょう。

心地良く疲れたら午睡で体力回復を！

早く目覚めた子どもは、抱き上げて揺らしたり、うちわであおいだりし、ゆったりと接していると、また寝つくことでしょう。

多職種との協働を！

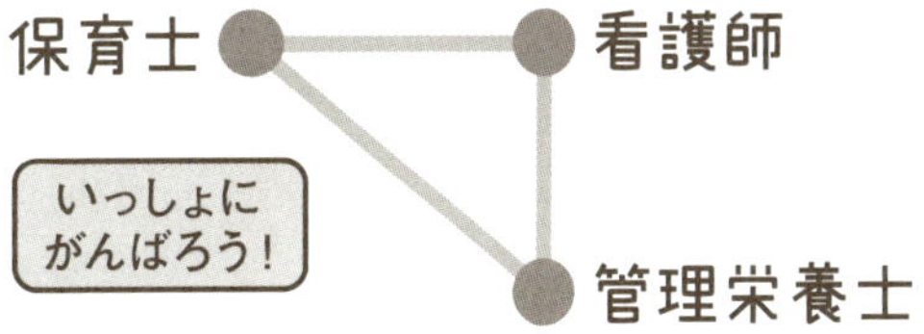

執筆 志船美香（看護師）
藤井直美（管理栄養士）

0歳児の健康・保健・食育に関する8月に気をつけたいこと

健康・保健など…看護師より　熱中症の予防について

**こまめに
水分補給をしよう！**

乳児は、のどが渇いても訴えることはできません。一度に飲める量は限られています。戸外遊びの前後など回数を多くして水を飲ませましょう。

**外気温・室温に
注意しましょう**

急な気温の上昇や、高い湿度、風のない日は特に気をつけて、帽子の着用や薄着、エアコン使用などで快適な環境にして過ごしましょう。

**健康観察を行ない、
無理をさせない**

病後や寝不足など体調のすぐれないときには、ゆっくり室内で過ごしましょう。外気浴は控えるか短時間にしましょう。

食育など…管理栄養士より　夏の食事

**食べられないときも
見守ろう**

暑いと水分摂取が多くなり、食欲が低下しがちです。食べる量が減るので、栄養価の高い内容を考えて、無理強いはやめましょう。

**食欲のないときの
メニュー**

食感のよい豆腐やゼリー、豆類やカボチャの冷スープなどを考えましょう。トマトやトウガンなどの夏野菜は、体を冷やす効果もあります。

楽しく食べよう

食事に興味を持ち、自分から食べたくなる工夫として、具材を手づかみや、スプーンに乗せやすい大きさに切ったり、寒天で固めたりしましょう。

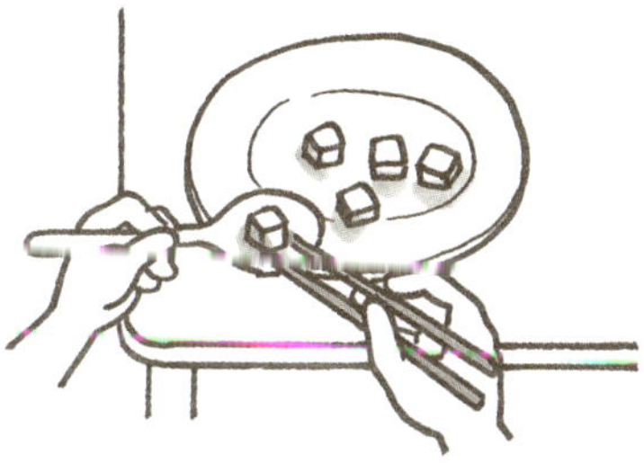

わかる！書ける！

書き方解説をチェック！

マーク（★◆◎❀）が付いているところを見て、下の書き方解説を読んでください。指導計画のしくみがだんだんわかるようになり、自分で書けるようになります。

★…つながりを意識して　◆…具体的に
◎…保育の専門的な目線で　❀…GOOD表現

9月 0歳児

今月のねらい

クラス全体としてのねらい
ねらいは、養護と教育をより意識してたてましょう。

○残暑が厳しく夏の疲れが出やすい時期なので、ゆったりと快適に過ごせるように、ひとりひとりの子どもの体調に合わせて対応する。（養護）

○保育者や他児といっしょに手遊びをしたり、手作り玩具で遊んだりして、好きな遊びを楽しむ。（教育）

	前月末の子どもの姿	ねらい・内容（🍴は食育に関して）
A児 7か月	★1 ○眠たくなると泣くが、だっこするとすぐ寝つき、あおむけに寝かせてもうつぶせに寝返る。 ○ペットボトルの玩具を取ろうとして手が触れると転がり、腹ばいになって追いかける。 ○実習生の顔を見ると激しく泣き、担任に抱かれると泣きやむ。	★2 ○あおむけの安全な姿勢で、ぐっすり眠る。 ○見守られながら、床をはってきげん良く遊ぶ。 ❀ ○特定の保育者に抱かれて、安心して過ごす。
B児 11か月	○10時ごろ登園して、離乳食は横を向いて食べようとしない。 ◆1 ○ベッドの下をハイハイで進み、保育者と目が合うと、バアと笑う。 ○カラーポリ袋やペットボトルに水やスパンコールを入れた手作り玩具を、手や顔に当てたりして喜んでいる。	○気に入った離乳食を自分から食べようとする。🍴 ○ハイハイで好きなところをはって楽しむ。 ○冷たい、心地良さなどの感触を味わう。
C児 14か月	◎1 ○スプーンで食べさせようとすると払いのけ、手でつまんで食べる。 ○保育者のまねをして、B児を寝かせようと頭をなでるなどして、起こしてしまう。 ○歌やピアノの音が聞こえると、体を揺らしている他児の姿を見て、笑ったり同じように体を揺らしたりする。	○手づかみで自分で食べる。🍴 ○保育者のすることに興味を持ってまねる。 ○音楽や他児の動きに関心を持つ。

わかる！書ける！

書き方解説

指導計画のマークを追って解説を読んでください。

★1～3
つながりを意識して書きましょう。

0歳の時期は突然死が恐ろしく★1の姿のうつぶせ寝は最重要注意項目です。内容では★2あおむけの安全な姿勢で、と安全の意識を書いています。それに伴い援助・配慮では★3睡眠観察記録、あおむけの姿勢の確認、そばでの見守りの3点を書いて、一貫性を持たせています。

◆1
子どもの姿が目に浮かぶように具体的に書きましょう。

11か月になると、ハイハイが盛んになりますが、どんな場所をはっているかをこのように具体的に書き、「保育者と目が合うと、バアと笑う」と書くことによって、子どもの喜びがわかります。よい書き方の文例です。

◎1
保育の専門的な目線を持って書きましょう。

スプーンで食べさせようとすると払いのけ、手でつまんで食べる食事の発達過程を、専門的な目で書くことが大切です。

❀は、**GOOD表現**のしるしです。

保育士等のチームワーク

★夏の疲れが出るころなので、受け入れ時や連絡帳では健康状態を詳しく伝え合い、ひとりひとりに合った対応ができるように役割分担をしておく。（クラス運営のヒントを含む）

❀★発達過程の個人差や、興味・関心や行動範囲の広がりについて共通認識し、その子どもに合った遊びを十分に楽しめるように話し合う。（クラス運営のヒントを含む）

★災害時に備え、避難経路と役割分担を確認する。また、0歳児クラスの非常持ち出し袋（紙オムツやミルク、おんぶひも、タオル　など）の再確認をする。（クラス運営のヒントを含む）

延長保育を充実させるために

☆残暑が厳しく、体力を消耗して夕方に眠くなる子どもには、ゆっくり眠れるように配慮する。

今月の予定

★誕生会
★プレママデー（手作り玉具作り）
★身体計測

健康・食育・安全への配慮
家庭での過ごし方を含めた、24時間を視野に入れての配慮

●残暑が厳しく疲れやすい時期なので、ひとりひとりの体調に合わせて十分な休息と睡眠が取れるようにする。（クラス運営のヒントを含む）
●食欲がないときは、空腹感を味わえるような活動や食事時間をずらすなどして、意欲的に食べられる工夫をする。（クラス運営のヒントを含む）
●地震や台風など災害時の送迎方法や、避難場所を保護者に再度知らせ、非常持ち出し袋の再確認をしておく。（クラス運営のヒントを含む）

環境と援助・配慮 ➡ P.44の遊びの展開に対応！	保護者への支援
★3 ○睡眠観察記録を定時に行ない、ぐっすり寝ついたらあおむけにして、安全な姿勢で眠るようそばで見守る。 ○はって移動しやすいように、玩具などは安全で遊びやすい位置に置いたり、A児の探索意欲にこたえたりするようにする。 ○特定の保育者が「Aちゃん、○○先生ね」と、実習生の名前を言いながら抱き上げ、落ち着くまで相手をする。	**うつぶせ寝について** 園では寝つくと、すぐうつぶせになることを伝え、家庭でのようすを聞くようにする。SIDS（乳幼児突然死症候群）について情報提供して睡眠観察について気をつけている内容の中でも、あおむけの姿勢で眠り、窒息防止に努めることについて共通理解するよう話し合う。
○保護者から朝食時間やようすを聞き、活発な遊びに誘ったり、昼食時間を遅らせたりして食欲が出るようにする。 ○ベッドや机の下などには物を置かないようにして、ハイハイを十分に楽しみながら保育者もはって追いかけるなどして活発に相手をする。 ○涼しい時間帯には戸外に出て、テントの中や木陰などで、ダイナミックに涼しい感触遊びを楽しめるように見守る。	**生活リズムと食欲について** 長時間保育にならないように配慮して、登園時間を遅くしている保護者の気持ちを受け止めたうえで、昼食が進まないことについて話し合う。起床や朝食時間など生活リズムと食欲の関係について話し、登園時間について考え合う。
○自分で食べたい気持ちを大切にして「ご飯も食べようね」と言葉をかけ、手づかみを見守ったり食べさせたりする。 ○保育者のまねをして世話したい気持ちを受け止めながら、扱いやすい人形やハンカチなどを用意し、抱いたり寝かせたりして世話をする遊びを保育者といっしょにして、B児からは離す。 ○音楽を聞いたり体を揺すったりする他児のまねや、体を動かすことの楽しさを共感し、他児とぶつからないようにする。	**楽しみを共有することについて** 手遊びや歌に興味が出てきている園でのようすと家庭でのようすを伝え合う。家庭の家事の大変さや仕事との両立の忙しさを共感し、短時間でも親子でいっしょに楽しめる手遊び（くすぐり遊び）や、子守歌などについて具体的に情報提供をする。

反省・評価
（自己評価）として大切にしたいこと
今月の保育終了後の文例として

★残暑が厳しく体調を崩した子どももいたので、十分な休息と睡眠を取れるように空調に気をつけた。また、10分ごとに睡眠観察を行ないながら、ぐっすり寝ついたらあおむけにしたり、すぐうつぶせになる子どもは、常に視野に入れたりして保育するよう注意した。
★ひとりひとりの発達過程を考慮した遊びが十分にできるように環境構成を話し合ったが、ベッドの下をハイハイするときに他児と頭をぶつけることがあった。ハイハイやひとり歩きの子どもが増えてくるので、ベッドやロッカーの位置を移動して広い床の面積を確保し、玩具の量や配置についても話し合っていきたい。（小山雅世）

9月 0歳児 遊びの展開

P.42の指導計画に対応

養護的側面と一体化された 遊びの展開

執筆 内藤幸枝

今月の月案（P.42-43）に出てくる子どもたち（7か月、11か月、14か月）の遊びを楽しむ姿から遊びへの広がりについて、養護的側面も含め、考えてみましょう。

いっぱい遊んでゆっくり休もう!

コロコロって、おもしろい!

ペットボトルを、手の届きそうな位置に置くと、触れたときに転がります。「コロコロね…」と、楽しさを共感しましょう。

キラキラ ピカピカ 不思議ね!

ペットボトルやポリ袋に、色水やスパンコールなどを入れると、不思議そうに見つめます。冷たい感触と不思議な光を保育者といっしょに楽しみましょう。

ふれあい遊びを楽しもう!

手遊び『♪一本橋こ～ちょこちょ』をまねして歌い「もう1回」と繰り返しふれあい遊びを楽しみましょう。

どこまでハイハイするの?

ベッドの下や狭いところへ入っていこう! 保育者が追いかけると振り向きます。「バア」と保育者と目が合うとビックリ!

遊んだ後は…

体も心も満足すると、午睡もぐっすり! 沐浴やシャワー、清拭などでさっぱりしてゆっくり休息を取りましょう。

教育的側面を意識すると…

- 歌『大きな太鼓』
- まねっこ遊び
- 手遊び『一本橋こちょこちょ』
- 感触遊び

養護的側面を意識すると…

- 残暑の疲れが出ないように
- 睡眠、休息を十分に取りましょう

多職種との協働を！

執筆 志船美香（看護師）
藤井直美（管理栄養士）

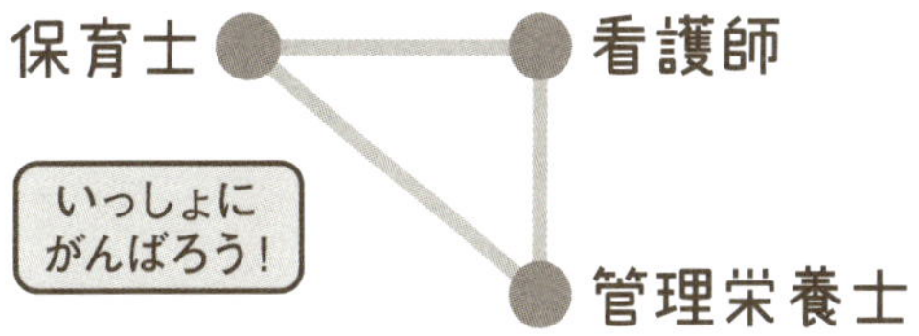
保育士
看護師
いっしょに
がんばろう！
管理栄養士

0歳児の**健康・保健・食育**に関する**9月**に気をつけたいこと

健康・保健など…看護師より　残暑と「とびひ」

原因の確認を!

あせもや虫刺されなどを、かゆがって引っ掛くと、そこにブドウ球菌などが入り、「とびひ」になります。

ポリ
ポリ…

早期に防止策を!

水疱やかさぶたをかくと体のあちこちに飛んだり、他児に広がったりします。つめは短く、せっけんで手洗いしましょう。

皮膚の回復を!

早めに皮膚科などの受診を勧め、ジュクジュクした患部はガーゼで覆い、薬を塗ったり服用したりしましょう。

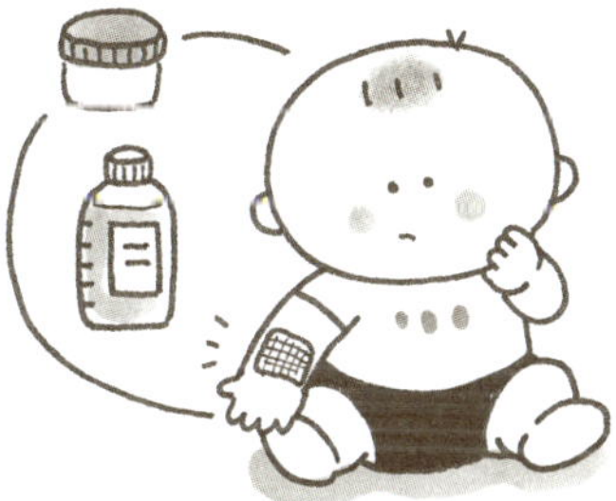

食育など…管理栄養士より　離乳期に偏食をつくらない

食欲がないときは切り上げよう

残暑が続き、食べられないときは、30分を目安に切り上げましょう。“涼しくなれば食べるだろう”くらいゆったりした気持ちが大切です。

偏食につながる言葉には注意

「これ、嫌いなのね」など決めつける言葉は禁句です。大きい声や、きつい口調もいやな経験と、食べることが結び付いてしまいます。

嫌いなのね

チームワークで何度でもチャレンジ!

いやがる原因を探り、舌触りや味付けなど調理担当者と話し合いましょう。切り方や、あんを掛けるなどの工夫から偏食も防げます。

わかる！書ける！
書き方解説をチェック！

マーク（★◆◎❀）が付いているところを見て、下の書き方解説を読んでください。指導計画のしくみがだんだんわかるようになり、自分で書けるようになります。

★…つながりを意識して　◆…具体的に
◎…保育の専門的な目線で　❀…GOOD表現

10月 0歳児

今月のねらい　クラス全体としてのねらい

ねらいは、養護と教育をより意識してたてましょう。

○動きが活発になり食欲も増してくる時期なので、和やかな雰囲気の中でゆったりと食事をして、健康に過ごせるようにする。（養護）

○保育者との安定したかかわりの中で、ハイハイで遊んだり探索活動や戸外遊びをしたりして楽しむ。（教育）

わかる！書ける！書き方解説

指導計画のマークを追って解説を読んでください。

★1～3
つながりを意識して書きましょう。

生後8か月にもなると、特定の保育者との愛着関係が強くなり、後追いが始まります。★1に激しく泣く姿が書かれています。★2では保育者のそばで安心して過ごすという内容を示していて、援助・配慮に特定の保育者が部屋を出るときは★3で抱いて連れて行ったり、戻ったらしっかり抱いたりするなどの具体的な対応を書いています。姿、内容、援助の流れがしっかり書かれています。

◆1
子どもの姿が目に浮かぶように具体的に書きましょう。

投げ座りからハイハイへの移行期の姿が、はったり座って玩具で遊んだりと、目に見えるように書かれていて、観察のこまやかさがわかります。このように書くとよいでしょう。

◎1
保育の専門的な目線を持って書きましょう。

片手でつかまり立ちをしつつ、片手で引き出しを引っ張り出すバランスの取れた運動発達の姿を、感動的な目でとらえて書かれています。

❀は、**GOOD表現**のしるしです。

	前月末の子どもの姿	ねらい・内容（🍴は食育に関して）
A児 8か月	❀○離乳食を食べるとき、ベビーラックに座ると「マンマンマン」と言って早く食べたがる。 ◆1 ○ハイハイをしているかと思うと、お座りになって玩具を持って遊んだり、またハイハイしたりを繰り返す。 ★1 ○特定の保育者が保育室を出ていくと、ハイハイで後追いをしながら激しく泣く。	○離乳食を、満足するまで食べる。🍴 ○見守られながら、ハイハイやお座りできげん良く遊ぶ。 ★2 ○保育者のそばで安心して過ごす。
B児 12か月	○食後抱いていると眠くなり、2時間ほど眠るようになる。 ○保育者にハイハイで追いかけてもらうと、振り向いてみては、急いでハイハイで進む。 ◎1 ○つかまり立ちをしながら、片手で、手作りの引き出しを全部引っ張り出して喜んでいる。	○満足するまで食べて、ぐっすり眠る。 ○ハイハイでの遊びを十分に楽しむ。 ○いろいろな玩具に興味を持って遊ぶ。
C児 15か月	○みそ汁のサツマイモをスプーンですくおうとするが、すくえず怒ってスプーンを差し出す。 ○大きいシャボン玉を追いかけて触ろうとする。 ❀○他児の後について園庭の入り口まで行き、大きい子どもたちが遊ぶ姿をジーッと見るが、中庭に戻ってくる。	❀○スプーンを使ったり手づかみしたりして意欲的に食べる。🍴 ○シャボン玉に興味を持って楽しむ。 ○自分が落ち着く場所でゆったりと遊ぶ。

保育士等のチームワーク

★離乳食や補食に取り入れたい旬の食材（サツマイモ、リンゴ　など）や、切り方、調理方法などについて栄養士など調理担当者と連携を取る。（クラス運営のヒントを含む）
★その日の気温やひとりひとりの体調に応じて、衣服の調節を適切に行なえるよう話し合い共通認識しておく。（クラス運営のヒントを含む）
★戸外遊びを楽しめるようにするが、子どもの発達や体調によって、室内・戸外と分かれて活動することもあるので、安全に過ごせるよう役割分担する。（クラス運営のヒントを含む）

延長保育を充実させるために

☆早朝や夕方に空腹を感じる子どもには、ミルクや軽いおやつを用意しておく。

今月の予定

★誕生会
★プレママセミナー（離乳食試食会）
★身体計測

健康・食育・安全への配慮
家庭での過ごし方を含めた、24時間を視野に入れての配慮

●朝夕は肌寒くなるので、衣服の調節をするとともにひとりひとりの体調の変化に気をつける。（クラス運営のヒントを含む）
●子どもが扱いやすい食器や食具を用意し、喜んで食事ができるようにする。（クラス運営のヒントを含む）
●戸外遊びが十分に楽しめるよう、砂場の衛生管理や玩具（スコップ、カップなど）の安全点検を行なう。（クラス運営のヒントを含む）

環境と援助・配慮 ➡ P.48の遊びの展開に対応！	保護者への支援
○食後、眠たそうにしているときには、オムツがぬれていないか確認してから抱いて寝かしつける。 ○ハイハイしやすいように安全で広い環境を整え、いっしょにハイハイを楽しんだり、そばで見守ったりする。 ★3 ○特定の保育者ができる限り抱いて連れて行くようにし、やむをえず連れて行けなかったときは、戻ったらしっかり抱いて落ち着くようにする。	**後追いについて** 園では入園時からかかわっている特定の保育者の後追いをしている姿を伝え、家庭でのようすも聞くようにする。後追いは愛着関係が形成されているからこそ起こる姿であり、順調に成長発達している表れであることを共通理解し、保護者が安心できるようにする。
○主食は、軟飯と幼児準備食用の両方を用意して、満腹感を味わえるようにする。 ○廊下やホールなど広いスペースの所で、追いかけるスピードを考えながら、ハイハイをいっしょに楽しむ。 ○手作りの引き出し玩具はしっかり固定しておき、出したり入れたりを繰り返し楽しめるようにする。	**牛乳への不安感を持つ保護者への対応** 1歳になり、牛乳に切り替わることへ不安を感じて、できれば飲ませたくない保護者の気持ちを受け止める。園で飲んでいる牛乳については、業者から協力を得て情報を提供し、体の反応に注意し少量を飲ませることを共通理解して、今後のことを話し合っていく。
○スプーンで食べようとする気持ちを受け止め、「いっしょにすくってみようか」と言葉をかけながら介助する。 ○つまずいて転ばないように、環境を整え、シャボン玉が膨らんだり消えたりする変化のおもしろさを共感する。 ○大きい子どもの遊びに興味を持っている気持ちを受け止めて、C児が落ち着いて過ごせる場所を見つけるようすを気長に見守る。	**食具の使い方について** ●スプーンなど食具に興味が出てきたことについて、家庭と園でのようすを話し合う。思うように口に入らないときの工夫のしかたについて情報を交換する。スプーンに乗せるご飯の量や、手を添えるタイミングなどについて共通理解する。

反省・評価
（自己評価）として大切にしたいこと
今月の保育終了後の文例として

★食欲が増し、喜んで食事ができたのはよかった。発達に応じて、食材の切り方や形態、食器・食具の工夫をしたので、意欲的に食べようとする姿が見られた。ただ、すぐに飲み込んで次を欲しがる子どももおり、ゆっくりよくかんで食べられるよう言葉をかけたり、見守ったりしていくことが必要である。
★戸外で遊ぶ機会が増え、体を動かして遊ぶことが多くなってきた。活動範囲も広がってきたので、今後も安全に遊べるよう保育者のかかわり、援助のしかたや環境整備に努めたい。

（0歳児研究グループ）

P.46の指導計画に対応

養護的側面と一体化された

遊びの展開

執筆 安井恵子

今月の月案(P.46-47)に出てくる子どもたち(8か月、12か月、15か月)の活発な動きや遊びの広がりについて、養護的側面も含め、考えてみましょう。

全部引っ張り出したよ (B児12か月)

引き出しを全部開けたり、少し開けたりして引っ張り出す遊びも楽しい探索活動です。保育者に見守られて安全基地の範囲で安心して過ごせます。

Aちゃんだけの先生だよ…連れてって!! (A児8か月)

人見知りをする子どもも、特定の保育者にかかわってもらうと、情緒が安定します。保育室を出るときも、できる限り抱いて連れて行くようにしましょう。

教育的側面を意識すると…

- 探索活動を行なうには、特定の保育者とのくっつき(愛着関係)が基本

養護的側面を意識すると…

- 個別の喫食状況の把握
- 季節の変化に合わせた衣服調節

戸外でも探索活動を!

保育者に見守られることで、子どもの主体性が促されます。

食欲の秋、おいしいね

活発に遊ぶと、食欲も増します。和やかな雰囲気の中で、満足するまで食べましょう。

衣服の調節をしましょう

気温差が激しい季節です。ひとりひとりの衣服の調節に気をつけましょう。

多職種との協働を！

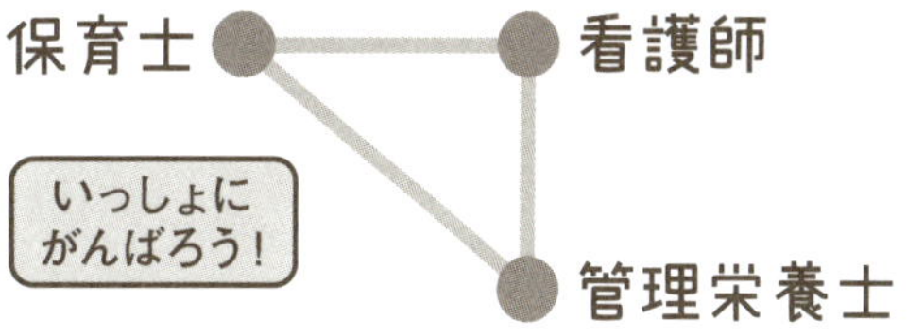
保育士
看護師
いっしょに
がんばろう！
管理栄養士

執筆 志船美香（看護師）
藤井直美（管理栄養士）

0歳児の**健康・保健・食育**に関する**10月**に気をつけたいこと

健康・保健など…看護師より　気になる目のトラブル

充血、目やになど

原因によって感染力の強い結膜炎もあります。かゆいからと、こすって目を傷つける可能性もあるので、受診を勧めましょう。

目やにのふき方

ガーゼなどをぬらして、目じりから目頭に向けて優しくふき取りましょう。一度で取れないときは、ガーゼの面を変えてふきます。

感染の可能性があるとき

まず、子どもや保育者の手洗い消毒を徹底しましょう。さらに、子どもより保育者がよく触れる、ドアや水道の蛇口なども消毒します。

消毒液

食育など…管理栄養士より　旬の物を食べよう

1年中食べられるが…

農業の技術開発や輸入の増加により、年間通して食べられる物が多くなり、食生活が豊かになったように思えますが、季節感がなく単調な食生活になりがちです。

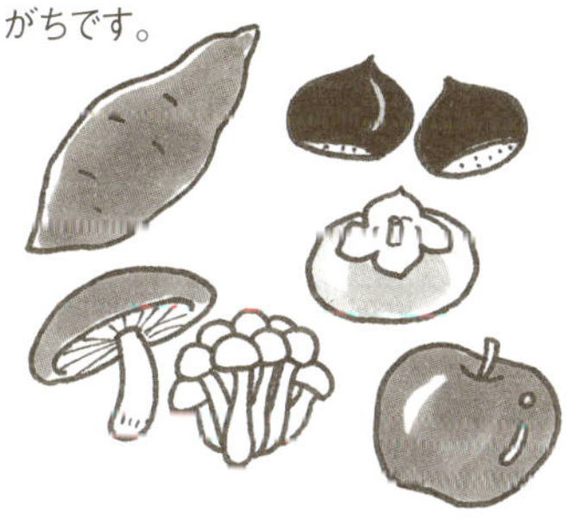

旬を味わう大切さ

旬の物は栄養価が高くうまみ成分も多いので、おいしさを味わえます。旬の物を取り入れ、食生活を豊かにすることは食育のポイントでもあります。

秋の味覚を離乳食で

サツマイモやヤマイモ、サトイモ（1歳以降に、アク抜きして与える）は、汁ものや煮物に。リンゴやカキはコンポートや和え物、サラダにして与えましょう。

わかる！書ける！
書き方解説をチェック！

マーク（★◆◎🏵）が付いているところを見て、下の書き方解説を読んでください。指導計画のしくみがだんだんわかるようになり、自分で書けるようになります。

★…つながりを意識して　◆…具体的に
◎…保育の専門的な目線で　🏵…GOOD表現

11月 0歳児

今月のねらい
クラス全体としてのねらい
ねらいは、養護と教育をより意識してたてましょう。

○朝夕と日中の寒暖の差が出てくる季節なので、温度や湿度に留意し、ひとりひとりの健康状態に合わせて快適に過ごせるようにする。（養護）
○保育者などに自分の要求を受け入れてもらい、いろいろな遊びを楽しむ。（教育）

	前月末の子どもの姿	ねらい・内容（🍴は食育に関して）
A児 9か月	○白身魚をいやがり、口に入れると“べえ”と出す。 ★1 ○RSウイルスに感染し、入院して1週間休む。 ○牛乳パックで作ったスロープを、ハイハイで上ったり下りたりと、繰り返しする。	○苦手な食材も、少しずつ食べてみる。🍴 ★2 ○病後は、ゆっくりとしたペースで過ごす。 ○ハイハイでできる遊びを十分に楽しむ。
B児 13か月	○プリンやゼリーなど初めて食べるものは、口の中にためている。 ○園庭の砂場に座り、スコップを持ったり、砂の入ったカップをひっくり返したりして遊ぶ。 ◎1 ○つかまり立ちをしながら、時々つま先立ちになって片手でつり玩具を触って遊ぶ。	○いろいろな味や食感に少しずつ慣れていく。🍴 ○砂の感触を味わう。 🏵 ○自分から喜んで、つかまり立ちをする。
C児 16か月	○手づかみやスプーンで食べようとするが、いやなものは床へ落としたり、皿を払いのけたりする。 ◆1 ○園庭に出ると、ダンゴムシをジーッと見たり、落ち葉を拾ったりしていたかと思うと、滑り台で遊ぶ。 ○保育者の手を引っ張って、自分の行きたいところへ連れて行き、いっしょに遊ぼうとする。	○手づかみやスプーンで、自分から食べる。🍴 ○戸外で、いろいろなものに興味を持って遊ぶ。 🏵 ○自分の思いを動作に表す。

わかる！書ける！
書き方解説
指導計画のマークを追って解説を読んでください。

★1〜3
つながりを意識して書きましょう。
乳児の個別計画は★1のように、体調の変化を取り上げ★2のように、病後は、ゆっくりとしたペースで過ごすねらいがたてられます。★3では、病後時はどのようなことに注意し、ゆったりさせるのかを詳しく書くことで、保健的な配慮をした保育がわかります。

◆1
子どもの姿が目に浮かぶように具体的に書きましょう。
さわやかな秋、園庭でどのように遊んでいるか、子どもの興味が次々と移り変わる行動を、詳しく書くことで、どのように援助したらいいのかが書きやすくなります。

◎1
保育の専門的な目線を持って書きましょう。
つかまり立ちができるだけでなく、つま先立ちになりさらに片手でつり玩具を触る運動能力の発達を、称賛の目で見て書いています。

🏵は、**GOOD表現**のしるしです。

保育士等のチームワーク
★気温に応じて暖房機器の調節をし、感染症の流行を防げるように、換気や適切な湿度などについて、共通認識しておく。（クラス運営のヒントを含む）
★月齢やひとりひとりの発達に合わせ、その要求にこたえられるように対応のしかたを共通理解しておく。（クラス運営のヒントを含む）
★ひとりひとりの子どもの食べることに関する発達過程や、好みを共通認識し、調理担当者と連携を取り、工夫したものを調理に試しながら食べぐあいを伝達し合う。

延長保育を充実させるために
☆気温の低いときは暖房機器を使用するなどして、湿度や温度の調整をし、のどの乾燥を防ぐように水分補給に配慮する。

今月の予定

★身体計測
★プレママセミナー
★クラス懇談会
（感染症の対策）

健康・食育・安全への配慮

家庭での過ごし方を含めた、24時間を視野に入れての配慮

●感染症がはやりだす時期なので、室内の換気・湿度などに留意する。（クラス運営のヒントを含む）
●子どもの食感の好みを把握しながら、根菜類は大きさや調理のしかたを工夫し、少しずつ食べられるようにする。
●暖房器具の点検・掃除をして、安全に使用できるようにする。

環境と援助・配慮

→ P.52の遊びの展開に対応！

○魚は小さくほぐして、とろみを付けるなど食べやすく調理し、少しずつ進めていくようにする。
★3 ○病後時はきげんや活動のようすをよく見て、睡眠や栄養を十分にとり、ゆったりと過ごせるようにかかわる。
○つかまり立ちをしているときには、転倒しないようにそばで見守りながら、起伏のある場所でのハイハイを十分に楽しめるようにする。

○普通食になり、新たな食感の食材も出てくるので、少しずつ与えたり、飲み込んだことを確かめてから次を勧めたりするなど無理なく慣れるようにしていく。
○砂場やスコップなどの玩具は、安全で清潔にしておき、砂の感触を十分に楽しめるようにする。
○ベッドや窓の枠などに、お気に入りの玩具をつるして、触って遊べるようにする。

○食べたくない思いも受け止めながら、小さく切ったり、自分で口に入れたときには、「Cちゃん、食べたね…」と認める言葉をかけたりして、楽しい食事になるようにする。
○C児のテンポでゆっくりと歩いたり、立ち止まったりしながら自然とのふれあいを楽しめるようにし、滑り台で遊ぶときは、落下などしないように安全面に配慮する。
○“いっしょに”という気持ちを受け止め、行動を共にする。

保護者への支援

RSウイルスでの入院について

RSウイルスによる気管支炎で入院し落ち込んでいる保護者の気持ちを受け止める。1歳までにかかると重症化しやすく、一度かかってもまたかかる感染症であるという情報を提供するとともに、病後時の園生活が安心できるように話し合っていく。

いろいろな食材に不安を持つ保護者

アレルゲンとなる食材について、不安を持つ保護者の思いを受け止める。そのうえで、栄養士、看護師とも連携を取って、安心できるような情報を提供して、保護者と共通理解をする。具体的な食品や、食べ方などについては話し合いながら無理なく進める。

家庭と園との食事について

いやな物は、口から出して食べないことについて家庭と園でのようすを伝え合う。同じメニューでも日により、ムラがあることを共通認識する。楽しく食べる雰囲気づくりや栄養のバランスについて、園のレシピ集を紹介すると同時に、今後の食事のあり方について考え合う。

反省・評価

（自己評価）として大切にしたいこと
今月の保育終了後の文例として

★暖房機器の点検や掃除などは、月の初めにしておいたので、気温に応じて使用して室温の調節もできた。特に換気が忘れがちになっていたが、感染症の子どもが出たときに、換気の時間と担当者を決めることで適切にできたので、来月も引き続き、その場に応じた対応をするよう話し合っていく。
★先月に引き続き、戸外遊びが安全に遊べるようかかわり、援助のしかたを共通理解することができたので、話し合いを継続して行ない、ひとりひとりの要求に寄り添えるように工夫することを大切にしていきたい。

（藤原佐智子）

11月 遊びの展開

0歳児

P.50の指導計画に対応

養護的側面と一体化された

遊びの展開

執筆 内藤幸枝

今月の月案（P.50-51）に出てくる子どもたち（9か月、13か月、16か月）の遊びを楽しむ姿から遊びへの広がりについて、養護的側面も含め、考えてみましょう。

戸外でも室内でも体を動かして楽しもう

興味のある遊びを保育者といっしょに楽しもう

砂遊び大好き！

砂を手で握ったりスプーンですくったり…、カップで型抜きした砂を手でクチュッとつぶしてみたりして、砂の感触を楽しみましょう。

これ、おもしろいよ

手の届くところに、つり玩具を用意して、ハイハイや伝い歩きで取りに行くように誘いましょう。興味を持つと、自分から体を使って移動します。

教育的側面を意識すると…

- 感触遊び
- スロープ遊び
- 自然とのふれあい

養護的側面を意識すると…

- 転倒など安全面に気をつける
- 手足を洗い、清潔にする

いっしょに秋を楽しもう！

「きれいな色ね」と落ち葉を拾ったり、「これダンゴムシよ」と不思議そうに見たりしている子どもの思いに寄り添っていっしょに自然にふれてみましょう。

遊んだ後はさっぱり！

砂や葉っぱなど自然物に触れて遊んだ後は、手足をきれいに洗いましょう！　衣服にも砂などが付いている場合は着替えましょう。

休息を取りましょう！

夢中になって遊んだ後は、水分補給や休息を十分に取りましょう。「しっかり食べてゆっくり眠る」生活リズムを大切に…。

多職種との協働を！

執筆 志船美香（看護師）
藤井直美（管理栄養士）

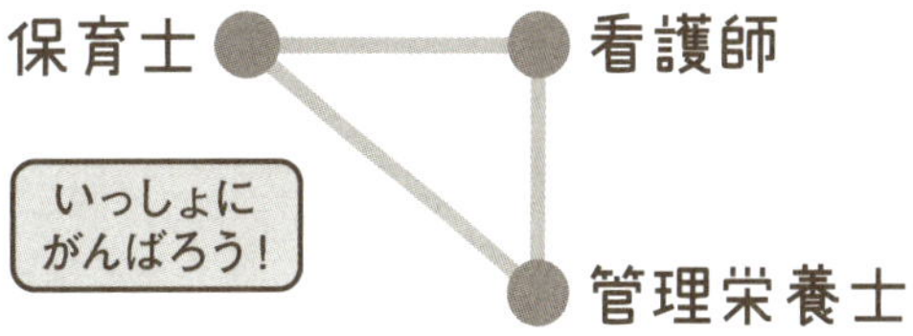
保育士
看護師
管理栄養士
いっしょに
がんばろう！

0歳児の**健康・保健・食育**に関する**11月**に気をつけたいこと

健康・保健など…看護師より　冬のスキンケアについて

まずは、清潔に洗う

つかまり立ちのころから、食事前や戸外遊びの後にはせっけんで手洗いしましょう。せっけんを泡立てて子どもの手を包み込むように洗います。

水分はしっかりふき取る

せっけんを十分に洗い流した後は、タオルで手全体を押さえるようにして、指と指の間や手首のくびれなどもていねいにふき取りましょう。

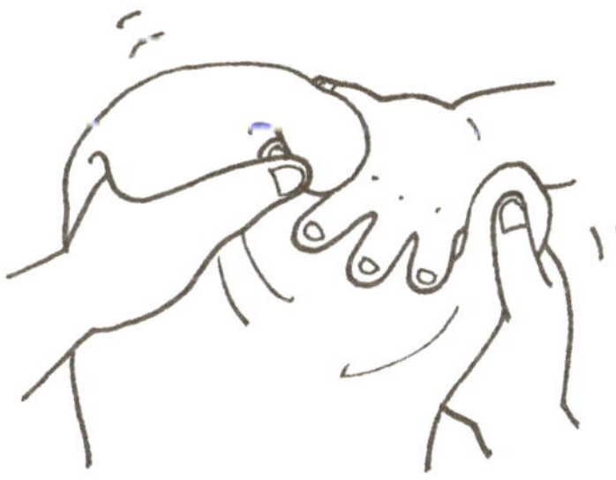

保湿のケアも大切

乾燥肌でかゆがる子どもは、入浴後と登園前に保湿剤を塗ると、かゆみが治まり睡眠が十分に取れ、集中して遊ぶことを保護者に伝えましょう。

保湿剤

食育など…管理栄養士より　離乳食と栄養

生後5～6か月ごろ
まず慣れる

この時期は、母乳やミルク以外のものに慣れるのが目的です。栄養は乳汁から取っているので、栄養価はさほど考えなくてもよいでしょう。

あーん

生後7～8か月ごろ
主食と主菜・副菜に

食事の形態を、主食とおかずにしていく時期です。また、たんぱく源（魚・豆類・肉）と野菜を組み合わせて、バランスよく摂取しましょう。

生後9～11か月ごろ
栄養バランスを

鉄分が不足しがちなので、赤身の肉やレバーをとるようにしましょう。ヒジキ・高野豆腐はビタミンCといっしょに食べると、吸収がよくなります。

ビタミンC
レバー
赤身の肉
ヒジキ
高野豆腐

わかる！書ける！

書き方解説をチェック！

マーク（★◆◎❀）が付いているところを見て、下の書き方解説を読んでください。指導計画のしくみがだんだんわかるようになり、自分で書けるようになります。

★…つながりを意識して　◆…具体的に
◎…保育の専門的な目線で　❀…GOOD表現

12月 0歳児

今月のねらい　クラス全体としてのねらい

ねらいは、養護と教育をより意識してたてましょう。

○ひとりひとりの健康状態に気をつけながら、寒い日もできるだけ外気にふれてきげん良く過ごせるようにする。（養護）

○言葉やしぐさからの要求を受け止めてもらい、保育者などとの言葉のやりとりや、ふれあい遊びを楽しむ。（教育）

	前月末の子どもの姿	ねらい・内容（🍴は食育に関して）
A児 10か月	★1 ○午前中に寝ない日が増えるが、離乳食を食べながら眠たくなり、途中で寝てしまう。 ○保育者が『おんまはみんな』を歌うと、座った姿勢で体を前後に動かしてニコニコする。 ○絵本を読んでいると、ハイハイで近づき、イヌやゾウが出てくると、「アー」と声を出している。	★2 ○眠たくなったら、ぐっすり眠る。 ○保育者とのやりとりやふれあいを楽しむ。 ○絵本に興味を持って見る。
B児 14か月	○自分でご飯やおかずを食べるが、まだ母乳を飲んでいるためか飲み込まず口の中にためている。 ○ずっとだっこをしていないと眠らず、布団にはゆっくり下ろしてもすぐに目覚める。 ○ほかのクラスやホールに行ったとき、担任以外の保育者が近くに来ると不安そうに、大きな声で泣く。	○よくかんで、おいしく食べる。🍴 ○布団の中に入ってゆっくり眠る。 ○新しい環境の中でいろいろな保育者と安心して過ごす。
C児 17か月	◆1 ○みそ汁の汁だけ飲み、具のダイコンやワカメを残し、黙っておわんを差し出す。 ◎1 ○汚れた服を脱がせてもらうと、自分の汚れ物袋に入れに行き、衣類カゴから着替えの服を出してきて保育者に渡す。 ○ハイハイしている8か月のF児を抱こうとして、馬乗りになる。	○いろいろなものを喜んで食べる。🍴 ❀○自分の衣服の場所がわかり、出し入れを楽しむ。 ❀○自分より小さい子どもに興味を持ってかかわる。

わかる！書ける！

書き方解説

指導計画のマークを追って解説を読んでください。

★1～3

つながりを意識して書きましょう。

0歳後半児は午前睡と、午睡の2回眠りなのですが、集団の刺激で10か月のA児のように午前中寝ないことが★1に書かれています。しかし食事中に寝てしまう姿があります。★2の内容は、眠たくなったら寝るとなり、★3の援助は、早い時間に食べさせること、食べ物が口に残っていないか確認し、寝させることへつながっています。

◆1

子どもの姿が目に浮かぶように具体的に書きましょう。

1歳半ばにもなると、食べ物の好き嫌いが出てきますが、そのようすを、詳しく書き出して、その子らしさが映像で見るように、よくわかる書き方です。

◎1

保育の専門的な目線を持って書きましょう。

基本的な生活習慣は、環境やしつけられ方によって自立の段階に差が出てきますが、C児は、汚れ物をしまったり、着たい衣服を選んだり、すばらしい発達です。専門的に見届ける目もすばらしいです。

❀は、**GOOD表現**のしるしです。

保育士等のチームワーク

★ひとりひとりの体調に合わせて衣服の調節をし、厚着にならないように話し合う。

❀★子どもの思いがしぐさや行動に出てくるころなので、ひとりひとりに合わせた歌や絵本の内容について共通理解をしておく。（クラス運営のヒントを含む）

★年末の掃除のしかたは、子どもの少ない土曜日などを利用して、日ごろしにくい場所をていねいにする。（クラス運営のヒントを含む）

延長保育を充実させるために

☆夕寝をする子どもには、落ち着いた静かな環境で、室温や換気に気を配り、暖かく快眠できるようにする。

CD-ROM P.021-069_0歳児 ▶12月_月案.doc

今月の予定

★身体計測
★誕生会
★生活発表会
（映像と発表）

健康 食育 安全への配慮

家庭での過ごし方を含めた、24時間を視野に入れての配慮

●室温と湿度の調節や換気にも気を配り、活動量に応じて衣服の調節をし、体調管理に配慮する。（クラス運営のヒントを含む）
●乳歯の生えぐあいに見合った食べ物を取り入れ、咀嚼《そしゃく》力が育つようにする。
●冬の下痢が発症したときには、室内や玩具の消毒、汚物の処理などに注意する。（クラス運営のヒントを含む）

環境と援助・配慮

P.56の遊びの展開に対応！

○早めに食べるようにして、口に食べ物が残っていないか確認して、寝るようにする。
○要求に合わせて、繰り返し歌い満足いくまでいっしょに楽しみながら、そばで見守るようにする。
○興味を持って声を出したときには、「ワンワンね」「ゾウさんね」と言語化して楽しさを共感する。

○ひと口で食べられる量を皿に入れ、口の中のものを飲み込んでから、次のおかずを食べるようにする。
○安心して寝つくまで抱き、寝ついたら、足元からそっと布団に下ろし落ち着いて眠れるようにする。
○保育室以外で遊ぶ時間をつくり、新しい環境で遊ぶ機会をつくるようにする。

○汁を欲しがる気持ちを受け止めながら、「ダイコンもどうぞ」と少しずつ食べさせる。
○C児の気に入っている（サイズ、柄の）服を確認しておき、自分で選んだ服を着せてもらううれしさを共感する。
○F児への思いを受け止めて、「かわいいね」と言葉をかけ、危ないときには抱き上げたりして、安全に遊べるよう見守る。

保護者への支援

絵本について

園での、絵本を読むと興味を持って近づく姿と、家庭でのようすを伝え合う。興味のある絵本や、家庭で持っている絵本について情報提供をしていく。さらに今後も発達過程に沿った絵本を園文庫で紹介し、絵本を通したふれあいの楽しさを共感し合う。

母乳をやめる時期に悩む母親

いつまでも母乳を飲むわが子を「かわいい」と、思う母親の気持ちを受け止める。帰宅が遅く母乳を飲まずに夕食をとる日は、食欲が旺盛なことを聞き、母乳と食事時間の関係について共通理解をする。先輩ママの事例など、母乳をやめる時期への情報を提供する。

子どもの成長と服のサイズ

C児の成長の喜びを共感し、自分で服を選ぶようになったことについて、園と家庭でのようすを伝え合う。服のサイズについて、繰り返し洗濯して縮み、腕が通しにくい服があることを共通認識して、適切な服について話し合う。

反省・評価

（自己評価）として大切にしたいこと

今月の保育終了後の文例として

★防寒のジャンパーを着たり、帽子をかぶったりして、散歩や園庭でよく遊ぶことができた。ひとりひとりの健康状態を見ながら、暖かい日には戸外での遊びを多く取り入れていきたい。
★歌をうたったり、絵本を持ってきたりしたときには、子どもの興味や気持ちにタイミングよく応じるように努力したことから、言葉のやりとりやふれあい遊びが広がったように感じる。これからも子どものしぐさから要求を受け止め、遊びをおおいに楽しめるようにしていきたい。

（三浦正子）

P.54の指導計画に対応

養護的側面と一体化された 遊びの展開

執筆 安井恵子

今月の月案（P.54-55）に出てくる子どもたち（10か月、14か月、17か月）の遊びを楽しむ姿の中で、遊びへの広がりについて、養護的側面も含め、考えてみましょう。

寒い日も元気に楽しく過ごす

保育者の歌を楽しんで聞く

保育者が歌いだすと体を左右に揺らしニコニコ。表現する楽しさを味わい、保育者との愛着関係も深まります。

絵本大好き

絵本を読んでいると、ハイハイで近づいてきます。動物が出てくると「アー」と声を出したり指をさしたりして保育者と楽しさを共感しましょう。言葉の獲得につながります。

戸外遊びもしよう

寒さのために、室内での生活が多くなりますが、暖かい日には戸外遊びの時間を短時間でも取りましょう。体も心も開放的になり、食欲も増すでしょう。

着替えをしよう

汚れた服を脱がせてもらうと、自分の衣類カゴから着替えの服を持ってくるC児（17か月）。毎日の繰り返しと、保育者に認められると自信を持ち、自立心が育ちます。

眠いよ

だっこしないと寝られないB児（14か月）。安心して寝つくまで保育者は優しく抱き、寝ついたら足元からそっと布団に下ろしましょう。

教育的側面を意識すると…

- 保育者の歌や絵本で遊ぶ
- 戸外遊びをする

養護的側面を意識すると…

- 繰り返しと保育者との愛着関係

多職種との協働を！

執筆 志船美香（看護師）
藤井直美（管理栄養士）

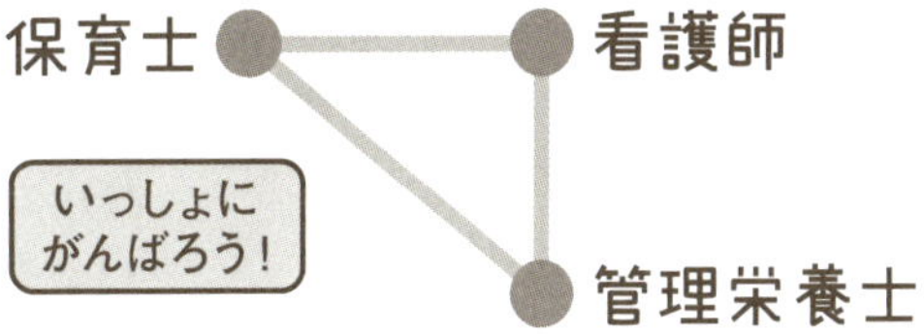
保育士
看護師
管理栄養士
いっしょに
がんばろう！

0歳児の**健康・保健・食育**に関する**12月**に気をつけたいこと

健康・保健など…看護師より　オムツかぶれの対処について（おしりのケア）

こまめに交換して清潔に！

冬はウイルス性胃腸炎にかかりやすい時期。下痢が続くと、すぐにかぶれてしまいます。少量でも汚れたらすぐに交換しましょう。

便はふかずに洗う！

おしりやまたが、かぶれて赤くなったときは、ふくと痛がります。ぬるま湯でそっと洗い流したり、湯で絞ったタオルでふいたりしましょう。

乾かしてからオムツを！

洗った後は、タオルなどで軽く押さえるようにふきましょう。保護者と相談のうえで、処方された軟膏《なんこう》を塗りましょう。

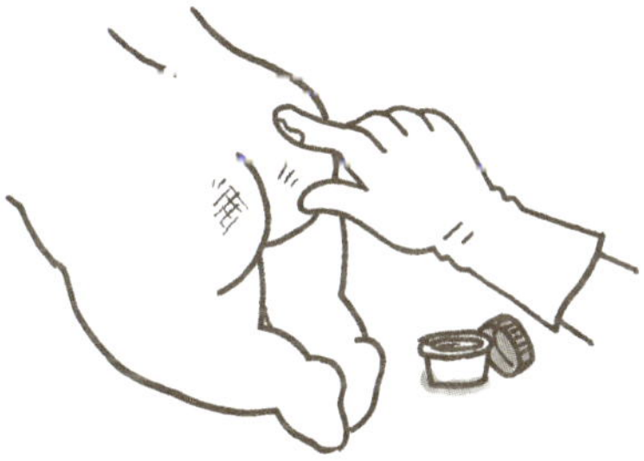

食育など…管理栄養士より　咀嚼《そしゃく》力を育てよう

かむことの大切さ

かむと唾液がよく出て、食べ物をおいしく食べられ免疫力がアップします。また、脳の発達ややる気にもつながるといわれています。

無理なくトレーニングを

離乳食を開始して1～2か月たったら、少しずつ形のある物を粗つぶしにしたり、とろみをつけたりすると食べやすいでしょう。

自分で食べたい気持ちを大切に

食べ物を触りたがるようになったら、握って食べられる物を準備しましょう。自分で持って食べることが好きになるきっかけとなります。

わかる！書ける！

書き方解説をチェック！

マーク（★◆◎❀）が付いているところを見て、下の書き方解説を読んでください。指導計画のしくみがだんだんわかるようになり、自分で書けるようになります。

★…つながりを意識して　◆…具体的に
◎…保育の専門的な目線で　❀…GOOD表現

1月 0歳児

今月のねらい　クラス全体としてのねらい

ねらいは、養護と教育をより意識してたてましょう。

○ひとりひとりの子どもの体調に応じて、ゆったりときげん良く過ごせるようにする。（養護）
○保育者に見守られながら探索活動を自分のペースで楽しむ。（教育）

	前月末の子どもの姿	ねらい・内容（🍴は食育に関して）
A児 11か月	★1○軟らかく煮たニンジンスティックを手づかみで食べたり、小さな豆腐を指でつまもうとしたりする。 ○せきが出て、食後ミルクを吐くことが多い。 ○ミルク缶に入った布を引っ張り出して遊び、友達が近づくと「アー」と泣き声になる。	★2○手づかみで意欲的に食べる。🍴 ○ゆったり抱いてもらい、きげん良く過ごす。 ❀○気に入った遊びをのんびりと楽しむ。
B児 15か月	❀○休み明けは特に、口の中にためて飲み込めず、食事が進まない。 ◎1○ベッドや窓のさくにつかまって立ち、ゆっくり伝い歩きをして、止まると足を屈伸させている。 ○汽車の大型遊具にハイハイで上り、上から周りを見て、笑っている。	○おいしいと感じながら食べる。🍴 ○つかまり立ちや伝い歩きを楽しむ。 ○いろいろな玩具にふれて楽しむ。
C児 18か月	○他児が手を洗いに行くとついて行き、同じように洗い自分のイスに座る。 ◆1○滑り台の階段を上まで上り、滑っては上りと、繰り返し遊んでいる。 ○延長保育までいる日は、夕方になると不安そうに両手を広げ、保育者にだっこをしてほしがる。	❀○他児に興味を持ち、まねをすることを楽しむ。 ○滑り台で繰り返し楽しく遊ぶ。 ○延長保育を保育者と安心して過ごす。

わかる！書ける！

書き方解説

指導計画のマークを追って解説を読んでください。

★1～3

つながりを意識して書きましょう。

離乳食を食べさせてもらっていた乳児が、自分で食べようとする姿が手づかみですが、★1はまさにその姿です。★2内容では、手づかみで意欲的に食べることを目ざしています。★3では手づかみしやすい調理の工夫により、一定量食べられる援助が描かれています。

◆1

子どもの姿が目に浮かぶように具体的に書きましょう。

滑り台でよく遊ぶではなく、「階段を上まで上り、滑っては上り」の繰り返しを書くことにより、集中している段階である姿がよくわかります。

◎1

保育の専門的な目線を持って書きましょう。

歩行開始の前段階であるつかまり立ち、伝い歩き、さらに止まると足を屈伸させていると、身体能力の発達を、詳しく観察している専門家の目がわかる書き方になっています。

❀は、**GOOD表現**のしるしです。

保育士等のチームワーク

★年末年始の休み明けには、特にひとりひとりの健康状態を観察し、共通認識をしてゆったり過ごせるように話し合っておく。（クラス運営のヒントを含む）
❀★滑り台や屋外の大型玩具に興味や関心を持ち、行動範囲が広がっているので、安全に遊べるように保育者の見守る場所を決めたり話し合ったりしておく。（クラス運営のヒントを含む）

延長保育を充実させるために

☆週に一～二度だけ、利用する子どもの中には、夕方不安になる子もいるので、しっかり受け止め、ゆったり過ごすようにする。
☆不安がる子どもは落ち着くまで抱いて受け止め、ふれあい遊びなどで相手をしてゆったり過ごせるようにする。

今月の予定

★身体計測
★プレママセミナー

健康・食育・安全への配慮 家庭での過ごし方を含めた、24時間を視野に入れての配慮

●休み明けは、体調が不安定になる子どももいるのでひとりひとりの状態を観察し、ゆったり過ごせるようにする。（クラス運営のヒントを含む）
●発達に応じて無理なく食事を進められるように、保育者と調理担当者が食材や調理方法を話し合う。
●探索活動が活発になってくるので、遊具や玩具の周りに危険箇所がないように安全点検をしておく。（クラス運営のヒントを含む）

環境と援助・配慮 ➡ P.60の遊びの展開に対応！	保護者への支援
★3 ○手づかみしやすいように食材の形を工夫し、自分で食べたり、タイミングよく口に運んだりし、一定量は食べられるようにする。 ○せきが出ているときは、縦抱きにして背中を優しくなでて落ち着くようにする。 ○「Eちゃんが来たね」と、他児がそばに来て緊張する気持ちを受け止め、抱き上げたり、そばで見守ったりしながら安心して遊べるようにする。	**食事の介助について** 家庭と園での手づかみで食べるようすを伝え合う。床や衣服を汚されることがいやな保護者の気持ちを受け止めたうえで自分で食べることの大切さを話し合いながら、シートを敷くなどのかたづけ方の工夫について情報を提供する。
○少し柔らかい形態に戻したり、歯ごたえのあるものを少しずつ与えたりするなどして、飲み込んでから次を食べるようにする。 ○広いスペースや転んでも危険のない環境を整え、存分に伝い歩きを楽しめるように見守る。 ○大型遊具に上ろうとしているときには、安全に配慮し後ろから支えて上れた喜びを共感する。	**つかまり立ちが始まったときには…** 安全面への工夫や対応のしかたについて、家庭と園とでのようすを話し合う。危険な場所について具体的に図で示し、安全な環境構成について確認をする。話し合いの結果をリーフレットに示して共通理解して安全保育に努める。
○手を洗っているようすを見守り、必要に応じて介助しつつ、友達といっしょにできた喜びを共有する。 ○足を滑らせたり、滑り台のスピードに気をつけるように手を添えたりして近くで見守る。 ○不安な気持ちをしっかり受け止め、抱いて落ち着いたら好きな玩具や絵本などでゆったりとかかわり、安心して過ごせるようにする。	**延長保育** 家でのC児のようすを聞き、園でのようすを伝えるなど話し合う。また、親が心配していると子どもへ影響することから、不安が解消されるよう延長保育のようすや体調の変化をていねいに伝え、子どもが楽しく過ごせるように、共通認識をする。

反省・評価
（自己評価）として大切にしたいこと
今月の保育終了後の文例として

★年末年始の休み明けに、せきをしたり、食事に時間がかかったりするようになってきた子どもがいたが、家庭でのようすや健康状態を聞き、保育者などで共通理解し、ひとりひとりの子どもへ配慮したので、中旬からは落ち着いてゆったりと過ごすことができた。
★大型遊具や滑り台など探索活動が広がってきたので、0歳児の視線から遊具の安全点検をし、適切に言葉をかけたり支えたりして、新しい遊びへ挑戦した喜びを共感していきたい。

（塩田智香子）

1月 0歳児 遊びの展開

P.58の指導計画に対応

養護的側面と一体化された

遊びの展開

執筆 内藤幸枝

今月の月案（P.58-59）に出てくる子どもたち（11か月、15か月、18か月）の遊びを楽しむ姿から遊びへの広がりについて、養護的側面も含め、考えてみましょう。

探索活動を保育者と楽しもう

気に入った遊びをゆったり、楽しもう！

缶の中に入った布を引っ張り出したり、中に入れたりして繰り返し遊びましょう。

保護者への情報提供

つかまり立ちが始まるころ、危険な場所を具体的に図で示し、リーフレットを掲示し、共通理解をしましょう。

教育的側面を意識すると…

- ひとり遊びの充実
- 室内遊具遊び
- 安全面に配慮して遊ぶ

養護的側面を意識すると…

- 転倒など安全に気をつける
- ゆったりとした中で生活する
- 手洗いや水分補給をしっかりと

大型遊具で遊ぼう

"みてみて"みんながよく見えるよ。

体を動かした後はゆったりと！

活発に遊んだ後は温かい湯で手を洗ったり、着替えをしたりし、心地良く過ごせるようにしましょう。

水分補給も忘れずに！

乾燥しやすい冬場にも水分補給をして、ゆったり過ごしましょう。

多職種との協働を！

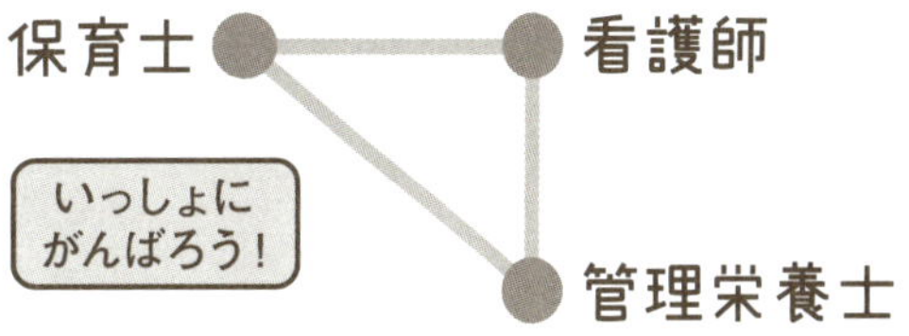

執筆
志船美香（看護師）
藤井直美（管理栄養士）

0歳児の**健康・保健・食育**に関する**1月**に気をつけたいこと

健康・保健など…看護師より　インフルエンザへの対策

予防の基本

保護者に予防接種を勧めたうえで、手洗い、うがい（乳児は水分補給）に励み、よく食べて眠り、ウイルスに負けない体力づくりを!

換気と加湿も忘れずに

1時間に1回の換気と、加湿器やぬれたタオル、霧吹きなどによる加湿が効果的（湿度50%前後）です。

感染の拡大を防止

ウイルスは、せきやくしゃみにより空気中に飛散し、鼻水にも多く含まれるため、保育者はしっかりと手を洗い、消毒しましょう。

食育など…管理栄養士より　寒さに負けない体をつくる食事

体を温める食材

ダイコンやカブなどの冬においしい根菜類は体を温めます。柔らかく煮込んだり、汁物に入れたりしてたっぷり食べましょう。

体を温める調理法

片栗粉でとろみを付けると保温効果が高くなります。ただし、口の周りに付くとかぶれやすいので、ぬれタオルでふくようにしましょう。

かぜを予防する食材

ミカンやリンゴ、ブロッコリーやジャガイモ、サツマイモはビタミンCを多く含みます。毎日食べて元気に過ごしましょう。

わかる！書ける！
書き方解説をチェック！

マーク（★◆◎❁）が付いているところを見て、下の書き方解説を読んでください。指導計画のしくみがだんだんわかるようになり、自分で書けるようになります。

★…つながりを意識して　◆…具体的に
◎…保育の専門的な目線で　❁…GOOD表現

2月　0歳児

今月のねらい　クラス全体としてのねらい

ねらいは、養護と教育をより意識してたてましょう。

○かぜや突発性発しんなどの感染症にかかりやすい時期なので、ひとりひとりの健康状態を把握し予防や早期発見に努める。（養護）
○保育者といっしょにふれあい遊びや、好きな遊びを見つけてひとり遊びを楽しむ。（教育）

わかる！書ける！書き方解説

指導計画のマークを追って解説を読んでください。

★1～3
つながりを意識して書きましょう。

食事行動の習慣形成の中で、基本的に重要なことがかむことですが、★1のように16か月児で食欲のあるときに、よくかむ姿がでてきました。★2では、よくかんで楽しく食べる内容を取り上げています。★3の援助では「食べた」満足感が味わえるように、少量ずつお代わりをし、食べる楽しみにつなげようとしています。

◆1
子どもの姿が目に浮かぶように具体的に書きましょう。

新しい活動に気後れする子どもが、どのように近づいてくるか、このように書くと、個性がよく見えます。

◎1
保育の専門的な目線を持って書きましょう。

この時期の子どもの指さしは、社会的言語の前段階の伝達手段としての機能を持っています。「知らせる」とあるのは、まさに人に伝えているのです。大切な発達の視点をとらえ書かれています。

❁は、**GOOD表現**のしるしです。

	前月末の子どもの姿	ねらい・内容（🍴は食育に関して）
A児 12か月	○リンゴやミカンなどの果物を口に入れても、すぐに舌で押し出す。 ○突発性発しんでの高熱が4日間続き、1週間後に登園するがきげんが悪い。 ○段ボール箱につかまって立ち、押して遊ぶ。	○食べやすくしてもらった果物を少しずつ食べてみる。🍴 ○ゆったりかかわってもらいながら安心して過ごす。 ❁見守られながら、足腰を使った遊びを楽しむ。
B児 16か月	★1○食欲のあるときは、意欲的によくかんで食べる。 ○ひとりで歩いたり、ハイハイで手作りのトンネルに入ったりすることを喜び、出たり入ったりして繰り返し遊ぶ。 ◎1○他児や玩具、飛行機など目に入るものを「アッ!」と言って指さし、知らせる。	★2○よくかんで楽しく食べる。🍴 ○体を動かして遊ぶことを楽しむ。 ○指さしや、やりとりを楽しむ。
C児 19か月	○食べにくそうにしているゴボウを「小さくしようか」と聞くとうなずいて、刻んだゴボウを食べる。 ◆1○他児が触っている土粘土を遠目で見ていたが、少しずつ近寄り転がっている粘土をつまむ。 ○寒い日にも自分のジャンパーを持ってきて、戸外へ出たいと窓を指さす。	❁○繊維質のものをよくかんで食べる。🍴 ○土粘土に興味を持つ。 ○暖かい時間帯には戸外で楽しく遊ぶ。

保育士等のチームワーク

★防寒着や手袋などひとりひとりの持ち物がわかりやすいように、かたづける場所を共通理解しておく。（クラス運営のヒントを含む）
★どの保育者も、子どもの表情や動作から指さした物や思いを読み取り、言語化したり遊びを共有したりして、ゆったりとかかわれるようにする。
❁★探索活動がますます活発になってくるので、室内の環境構成を見直し、安全に遊べるように役割分担を話し合っておく。（クラス運営のヒントを含む）

延長保育を充実させるために

☆厳寒期なので、朝夕はホットカーペットを適温に調節して使用するが、カーペットには直接寝かさないように注意して心地良く過ごせるようにする。

今月の予定

★身体計測
★プレママセミナー
★誕生会

健康 食育 安全への配慮
家庭での過ごし方を含めた、24時間を視野に入れての配慮

●感染症の早期発見に努め、健康状態を十分に把握し、感染者が出たら保護者に情報提供を速やかにする。（クラス運営のヒントを含む）
●かみにくいものは、大きさや硬さをひとりひとりに合わせて食べやすく工夫し、楽しく食事ができるようにする。（クラス運営のヒントを含む）
●防寒着を着用すると、遊具が滑りやすくなるので気をつける。またフードは視界が狭くなり、転倒しやすいのでかぶらないようにする。

環境と援助・配慮 → P.64の遊びの展開に対応！	保護者への支援
○リンゴはすったり絞ったりして食べやすくし、プレーンヨーグルトを加えるなど工夫して勧めるようにする。 ○特定の保育者がゆったり抱いたり、歌をうたったりして安心して過ごせるようにする。 ○保育室内のスペースを広く空け、転倒しないようにそばで見守るようにする。	**突発性発しん後のようすについて** 高熱やきげんの悪さを心配する保護者の気持ちを受け止め、家庭でのようすや園でのようすも伝え合う。病後しばらくは、体調、情緒共に不安定な子どもが多いことを共通認識し、甘えの受け止め方について話し合う。
★3 ○「食べた」満足感を味わえるように、少量ずつお代わりすることで、食べる楽しみにつなげるようにする。 ○段ボール箱で安定感のあるトンネルを作り、マットの山を用意して、保育者もいっしょに活発に遊びを楽しむようにする。 ○B児の伝えたい気持ちを受け止め、指さしの先を見て応答的なやりとりをする。	**寒い冬の日の過ごし方** ○戸外遊びができない悩みを話し合う。園での室内遊びの環境の構成やB児のようすを伝え、体を使い発散できる遊びについて共通理解する。また短時間でも外気浴をする効用について情報を提供する。
○かみにくい物は、小さく切ったりつぶしたりして食べやすくし、少しずつ与えるようにする。 ○土粘土の感触を楽しめるように、保育者もいっしょに伸ばしたり、引っ張ったり、たたいたりして遊ぶ。 ○戸外へ出たい気持ちを受け止め、防寒着や湯を用意して、風の当たらない日だまりで遊び、戻ったら手足を湯で温めるようにする。	**感触遊びについて** ○初めてする遊びには慎重なC児の姿について話し合う。乳児期の感触遊びが好ましい理由について情報を提供する。園では土粘土に興味を持って保育者といっしょに遊んでいることを伝えて、成長の喜びを共感する。

反省・評価
（自己評価）として大切にしたいこと
今月の保育終了後の文例として

★かぜや突発性発しんにかかった子が複数おり、病後登園してもきげんが悪く甘えてきた。特定の保育者がていねいにかかわるように努めたことで、子どもの気持ちも安定してきた。今後も根気よく対応していきたい。
★寒さの厳しい日が多かったが、室内でトンネル遊びやふれあい遊びをしたり、天気のよい日は日だまりで戸外遊びをしたりしたので、きげん良く過ごす子どもが多かった。ひとり遊びを十分に楽しめるように、場所や時間の確保について保育者などで話し合うように努めた。ひとりひとりの行動がより活発になってきたので、来月はさらに安全面に気をつけていきたい。

（安井恵子）

2月 遊びの展開

0歳児

P.62の指導計画に対応

養護的側面と一体化された

遊びの展開

執筆 安井恵子

今月の月案（P.62-63）に出てくる子どもたち（12か月、16か月、19か月）についての遊びへの広がりについて、養護的側面も含め、考えてみましょう。

寒い日も、好きな遊びを見つけてごきげん

よちよち押してごきげん

大きな段ボール箱を押す遊びは、腹筋や足腰の筋肉を使いながら楽しめます。軽いと転倒しやすいので注意しましょう。

トンネル大好き

戸外遊びのできない寒い日には、手作りのトンネルやマットの山で体を動かしてダイナミックに遊びましょう。

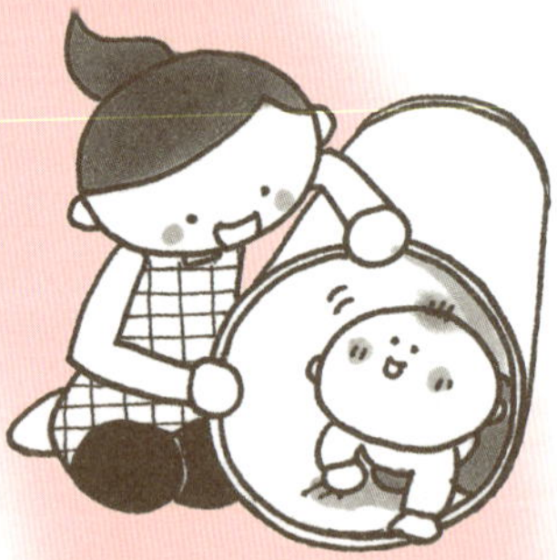

教育的側面を意識すると…

・手作り玩具で遊ぶ

養護的側面を意識すると…

・特定の保育者とのやりとり
・健康な体づくり

やりとりを楽しむ

窓の外の鳥を「アッ」と指さししたときは、「鳥さんバイバイね」と子どもといっしょに手を振りましょう。

外気にふれて気分すっきり

暖かい時間帯には戸外へ出て新鮮な空気を吸って体も心も気持ち良く。

多職種との協働を！

執筆 志船美香（看護師）
藤井直美（管理栄養士）

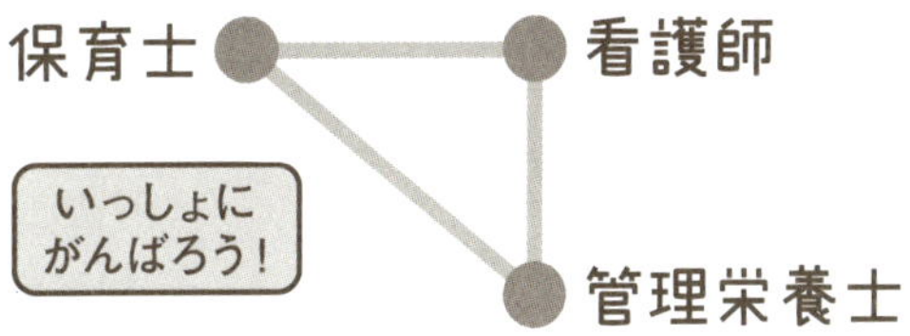

0歳児の健康・保健・食育に関する2月に気をつけたいこと

健康・保健など…看護師より　「やけど」をしたときは…　〈事例から〉

「やけど」をしたら…

基本は、流水で15分以上、保冷剤は使わずに水道水で冷やしましょう。軽傷と思っても必ず皮膚科や形成外科の受診を勧めましょう。

〈事例〉

1. 炊飯器の蒸気でやけど

朝、手指を「やけど」した0歳児。少し冷やしてから市販の軟膏を塗り、包帯を巻いて登園。翌日、化膿してきたので、形成外科を受診しました。

2. 花火で足の甲をやけど

軽傷と思い、何もせず放置していたら、2か月後に、腫れと痛みがあり形成外科を受診。傷口の処置と内服薬も飲み、しばらく通院しました。

食育など…管理栄養士より　便秘のときの食事

乳児の便秘の原因

離乳食を始めると授乳量が減り、水分不足から便秘になりがちです。また、喫食量の減少や、腸内細菌のバランスが変わっても便秘になります。

水分を十分にとりましょう

こまめにお茶や白湯《さゆ》を飲ませたり、離乳食の献立に野菜スープやみそ汁などの汁物を取り入れたりし、水分補給に努めましょう。

便秘のときにとりたい食材

食物繊維が多い青菜などの野菜類・海藻・イモ・豆類や、便の量を増やす主食としておかゆ・パンなどをとりましょう。7・8か月以降はヨーグルトもOKです。

わかる！書ける！
書き方解説をチェック！

マーク（★◆◎）が付いているところを見て、下の書き方解説を読んでください。指導計画のしくみがだんだんわかるようになり、自分で書けるようになります。

★…つながりを意識して　◆…具体的に
◎…保育の専門的な目線で　…GOOD表現

3月 0歳児

今月のねらい　クラス全体としてのねらい

ねらいは、養護と教育をより意識してたてましょう。

○進級に向け、ひとりひとりの成長や発達過程を振り返り、毎日の体調に合わせてゆったり過ごせるようにする。（養護）
○保育者や他児との遊びの中で言葉に興味を示し、やりとりを楽しむ。（教育）

	前月末の子どもの姿	ねらい・内容（は食育に関して）
A児 13か月	○しゃがんだ状態から立ち上がり、2・3歩あるいてはしりもちをつく。 ○手づかみで食べたり、スプーンですくって食べようとしたりする。 ○段ボール箱にあけた穴に、小さなカラーボールを何度も入れる。	○歩くことを楽しむ。 ○手づかみやスプーンで喜んで食べる。 ○気に入った遊びを繰り返し楽しむ。
B児 17か月	★1 ○いきんだ後「アー」と言って、便が出たことを知らせる。 ◆1 ○保育者に近づいてきては、こちょこちょしてもらうのを待ち、声を上げて笑うことを繰り返す。 ○「パパ」「マンマンマン」など知っている言葉を何度もしゃべり、楽しそうにしている。	★2 ○汚れたオムツを替えてもらい、気持ち良さを味わう。 ○ふれあい遊びを楽しむ。 ○知っている言葉を何度も言って楽しむ。
C児 20か月	○お代わりを何度もして皿を差し出すが、からになった皿を見せてもらい、お代わりがなくなったことを知り、手を合わせてごちそうさまをする。 ○室内用のミニハウスの中から「Rチャーン」と手招きして、「バア」と、顔を出して笑う。 ◎1 ○絵本を見ていても「ねんねする？」と聞かれると、うなずいて自分の布団の上で寝転がる。	○ご飯やおかずを満足するまで食べる。 ○他児といっしょに遊ぶことを楽しむ。 ○眠たくなると気持ち良く寝る。

わかる！書ける！
書き方解説

指導計画のマークを追って解説を読んでください。

★1〜3
つながりを意識して書きましょう。

0歳児の排せつの自立の排便に関しては、排尿より遅れるものですが、★1の姿は、オムツの中で出たことを知らせています。★2では、汚れたオムツを替えてもらい、気持ち良さを味わうという内容で書かれていますが、★3の援助で、「ウンチが出てよかったね」と気持ち良さを共感しています。そして、湯で絞ったタオルできれいにふき取ることで気持ち良さを倍増させ、自立を目ざしていることがわかります。

◆1
子どもの姿が目に浮かぶように具体的に書きましょう。

保育者との愛着関係を積極的に求め、ふれ合い遊びを喜んでいる姿が、目に見えるように書かれています。

◎1
保育の専門的な目線を持って書きましょう。

「ねんねする？」と聞かれるとうなずき、自分の布団へ行くという子どもの姿は、言葉による指示がわかった発達の段階を、保育者が見定めたよい文例です。

は、**GOOD表現**のしるしです。

保育士等のチームワーク

★1年間のひとりひとりの成長や発達の記録を確認し合い、1歳児クラスに無理なく移行し、心地良く過ごせるよう共通理解する。（クラス運営のヒントを含む）
★次年度担当保育者へ、保育の課題や配慮事項などの引き継ぎ、進級に向けて保護者の不安や疑問などにこたえられるよう確認しておく。（クラス運営のヒントを含む）
★生活や遊びの中で、発語を引き出すようなやりとり遊びについて話し合う。

延長保育を充実させるために

☆1・2歳児といっしょに過ごすことを喜ぶが、安全には十分に注意するようにする。

今月の予定

★大きくなったねパーティー

★入園予定者の親子体験保育

★身体計測

健康・食育・安全への配慮

家庭での過ごし方を含めた、24時間を視野に入れての配慮

- 気温の変化や体調を把握し、活動量に応じて衣服の調節を行なう。
- ひとりひとりの食事・おやつの好みや食べ方などを把握し、調理担当者と話し合い、次年度に向けてスムーズに進めるようにしておく。（クラス運営のヒントを含む）
- 遊具、玩具の汚れのひどいものや破損したものは、洗って消毒や修理をし、処分や補充を含めた安全点検をていねいに行なうようにする。（クラス運営のヒントを含む）

環境と援助・配慮 ➡ P.68の遊びの展開に対応！	保護者への支援
○保育室の床のスペースを広く取れるようにかたづけて、「Aちゃん、よいよいね～」と言葉をかけ、そばで見守るようにする。 ○自分で食べようとする意欲を大切にし、少なくなったご飯などを、食べやすく皿にまとめるなどして見守る。 ○安定感のある箱を用意し、「どうぞ」とボールを渡して、保育者もいっしょに遊ぶ楽しさを共感する。	**他児とのかかわりの中での成長について** 自分からスプーンを持って食べようとする姿や、集団の中で月齢の高い子どもからよい刺激を受けながら楽しく過ごしていることを話し合い、入園したころの小さかった姿などを思い出しながら、成長の喜びを共感する。
★3 ○「ウンチが出てよかったね…」と、排便した後の気持ち良さを共感しながら湯で絞ったタオルできれいにふき取る。 ○くすぐり遊びなど保育者とふれあいを繰り返して楽しみ、満足するまで繰り返す。 ○楽しくしゃべっている気持ちを受け止め、うなずきながら見守る。	**進級に向けて** 1年の成長を共に喜びながら、進級時に心配なことがあれば何でも話し合っていく園の考え方を共通理解する。アレルギーがあるので、食べ物の対応のしかたや引き継ぎの状態を確認し合い、スムーズに移行できるように話し合う。
○少しずつお代わりを入れたり、お代わりを食べ切ったときにはからの器を見せたりして納得できるようにする。 ○ミニハウスやままごとなどの玩具を整え、保育者もかかわりながら他児との遊びを共有できるようにする。 ○眠たくなったらいつでも寝られるように布団の準備をし、タイミングを見てゆったりと言葉をかけて、安心して寝られるようにする。	**成長の喜びを共感する** 1年間の成長を振り返り、思うようにならないときに自分から気持ちを切り替えたり、他児と楽しんだりする今の姿を伝え合う。入園当初、食べる物に偏りがあったり、寝つくまでに時間がかかったりして苦労したころのことを話し合い、C児の目覚ましい成長を喜び合う。

（自己評価）として大切にしたいこと

反省・評価

今月の保育終了後の文例として

★進級に向けて、ひとりひとりの成長・発達を保護者に伝えることで成長の喜びを共感することができた。次年度担当保育者へ保育の課題などの引き継ぎを行ない、安心して過ごせるように話し合ったが、進級に向けて不安や疑問を持っている保護者がいたので、土曜日にゆっくり話し合えるように時間を設けた。しかし、面談を行なっても、少人数ではあるが、不安解消にはつながらなかった。アレルギーなど体質的なこともあるので保育者などで話し合いをして、保護者と共通理解できるようにこれからも努めていたい。

（小山雅世）

P.66の指導計画に対応

養護的側面と一体化された 遊びの展開

執筆 内藤幸枝

今月の月案（P.66-67）に出てくる子どもたち（13か月、17か月、20か月）の遊びを楽しむ姿から遊びへの広がりについて、養護的側面も含め、考えてみましょう。

やりとりを楽しもう

保育者や他児と、言葉や玩具のやりとりを楽しみましょう。

ボールをどうぞ

「どうぞ」とボールを渡したり、「ちょうだい」と、手を出してもらったり…。箱の穴に入れて楽しさを共感しましょう。

簡単な「ごっこ」

「Cちゃん、ごはん食べますか?」と保育者が問いかけると「バア」と顔を出し「ゴハン…」と、A児に話しかけるなど他児と簡単な「ごっこ」が展開されます。

「もういっかい」

お気に入りの手遊びや歌を保育者を介して他児といっしょに繰り返し楽しみましょう。

1歳児クラスへ持っていこう!

ひとりひとりのお気に入りの玩具や絵本などを把握し、進級しても安心して楽しく過ごせるようにしましょう。

心も体も満たされて

遊びをたくさん楽しむと、空腹感を覚えます。しっかり食べて心も体も満たされると、心地良い眠りにつくでしょう。

教育的側面を意識すると…

- 遊びの共有
- 子どもの成長を共感する

養護的側面を意識すると…

- ゆったりとした中で生活する
- しっかり食べて、ぐっすり眠る
- 遊具、玩具の安全点検をていねいに

多職種との協働を！

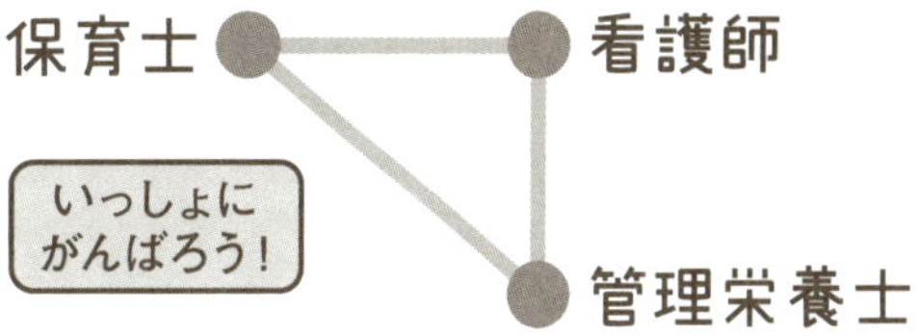
保育士
看護師
管理栄養士
いっしょに
がんばろう！

執筆
志船美香（看護師）
藤井直美（管理栄養士）

0歳児の**健康・保健・食育**に関する**3月**に気をつけたいこと

健康・保健など…看護師より　子どもの中耳炎について

原因について

かぜをひいて鼻水が続くと、細菌が繁殖し、鼓膜が赤くはれることがあります。ひどくなると、鼓膜が破れて膿《うみ》（耳だれ）が出ます。

こんな姿に気をつけて

耳をしきりに触ったり、突然ぐずって泣きだしたりするようなときには、中耳炎の可能性があります。発熱はなくても、受診を勧めましょう。

次年度に向けて注意すること

一度かかると繰り返すことが多いので、必ず次年度の担任へ申し送りしましょう。

食育など…管理栄養士より　1歳から1歳半への食事

離乳の完了はおおむね18か月ごろ

離乳食（煮魚・ムニエル）と幼児食（ちくわ・魚のフライ）の両方のメニューを用意して、無理なく移行できるようにしましょう。

嫌いなものを固定化させないで

うまみ成分の多い肉や魚類を好み、淡白な野菜類を嫌う傾向があります。ケチャップ、マヨネーズ、ドレッシングなどで工夫をしましょう。

ケチャップ

1歳児への進級に向けて

個人の好みと食べやすくする工夫のしかたを申し送りします。例えば、パサパサ感や粒状が苦手→あんかけにするなど工夫しましょう。

1 歳児

- 年の計画……P.71
- 4月…………P.72〜
- 5月…………P.76〜
- 6月…………P.80〜
- 7月…………P.84〜
- 8月…………P.88〜
- 9月…………P.92〜
- 10月…………P.96〜
- 11月…………P.100〜
- 12月…………P.104〜
- 1月…………P.108〜
- 2月…………P.112〜
- 3月…………P.116〜

1歳児の発達は…

ひとりで歩き始めるようになり、自分から周囲の環境を積極的に探索するようになる。親しい保育者には簡単な言葉を用いて要求や思いを表現するようになるが、知らない人に対しては人見知りもする。また物を見たてて楽しむようになる。

1歳児の年の計画

CD-ROM P.071-119_1歳児 ▶年の計画.doc

子どもの姿

- ○ ひとりで立ち上がって歩き始め、手を使い、言葉を話すようになり、身近な人や身の回りの物にみずからかかわっていく。
- ○ 手づかみやスプーン、コップを持つなどしてひとりで食べるようになる。
- ○ いろいろな味がわかり好みが出てきて、食べ物の好き嫌いが出始め、食べる量にも個人差が見られるようになる。
- ○ 排せつは保育者に知らせたり、自分から行こうとしたりするようになるが、個人差も大きい。
- ○ 午睡はしだいに午後1回になり、保育者の言葉のかけ方やかかわり方によって、ひとりで寝られるようになる。
- ○ 身の回りのことを自分でしたがり、「イヤ」とか「ジブンデ」などと言い、簡単な衣服の脱ぎ着が保育者の援助でできるようになる。
- ○ 清潔なときの気持ち良さと不潔さがわかり、汚れると「バッチイ」などと言って知らせ、きれいにしてもらうと満足する。
- ○ 歩くことを喜び、でこぼこ道や緩い坂道を歩いたり、段を上り下りしたりして、全身運動を活発にする。
- ○ 感覚運動・探索活動が盛んになり、押したり引いたり、開けたり閉めたり、投げたり追いかけたり、入れたり出したり、いろいろな繰り返しを楽しんでいる。
- ○ つまむ、握る、こねるなどの手指を使った遊びに関心を持ち、しきりに指先を使うようになる。
- ○ 手首を使って、スコップでバケツに砂を入れるなど、簡単な道具を使おうとする。高い所の物を踏み台を使って取る。
- ○ 担当保育者に愛情を示すようになり、褒められると喜んだり、得意になったりする。
- ○ つもり、見たてなどの象徴機能が出だし、人や物とのかかわりが強まる。
- ○ 指さし、身ぶり、片言などで思いを伝えたい欲求がしだいに高まり、二語文を話しだす。
- ○ 大人の言うことがわかるようになり、「待っててね」で待ったり、「やめようね」で行動をやめたりするようになる。

ねらい

- ○ 生活リズムが安定し、1日の保育の流れに沿って食事を喜んで食べ、排せつや睡眠などの生活活動を保育者といっしょにする。
- ○ 歩行が完成し、安全で活動しやすい環境の中で、自分なりに活動範囲を広げる。
- ○ 保育者に親しみ、感情をすなおに表出してきげん良く過ごす。友達にも関心を示し、交わるようになる。
- ○ 自然物や身近な用具や玩具に興味を持ち、進んで触れたり試したりして遊ぶ。
- ○ 保育者とかかわる中で、少しずつ言葉を覚え、要求や自分の気持ちを簡単な言葉で伝えようとする。
- ○ 見たて遊びやつもり遊びを楽しむ。

内容

Ⅰ期（4～8月）

- ○ 新しい生活の場に慣れ、保育者に親しみ、安心して自分の気持ちを表す。
- ○ 保育園の食事に慣れ、食べさせてもらったり、手づかみやスプーンで食べようとしたりする。
- ○ オムツをぬらすときが多いが、オマルに座れるようになる。
- ○ 保育者についてもらって安心して眠る。
- ○ ひとりでパンツを脱ごうとする。
- ○ 顔をふいてもらったり、手を洗ってもらったりして、気持ち良くなったことを知る。
- ○ 屋外で好きなところを歩き回ったり、砂場や水たまりを歩いたりする。
- ○ 自然物や身近な物に対して好奇心や興味を持ち、見たり触ったりして、きげん良く遊ぶ。
- ○ 保育者といっしょに、砂遊びや水遊びを楽しむ。
- ○ 他人の物と自分の物がわかる。
- ○ したいこと、してほしいことを、表情や指さし、動作、一語文などで表す。
- ○ 名前を呼ばれたら、身ぶりや声で返事をする。
- ○ 絵本を見たり、お話を喜んで聞いたりする。
- ○ いろいろな快い音や音楽を聞いて、全身で楽しむ。

Ⅱ期（9～12月）

- ○ 1日の生活の流れがわかり、園の生活リズムに合わせて行動しようとする。
- ○ いろいろな食材を見たり、触ったりして意欲的に食べる。
- ○ 少しずつスプーンに慣れ、手助けされながら食べようとする。
- ○ 排尿、排便の時間がだいたい決まってくる。
- ○ 保育者が近くにいると、ひとりで布団に入り、寝る。
- ○ ひとりでパンツをはこうとする。
- ○ スナップ付きの上着がひとりで脱げる。
- ○ 介助してもらい、せっけん液を使って水道で手を洗う。
- ○ 手すりを持って階段を上ったり、下りたり、坂道をひとりで上ったりする。
- ○ 玩具やいろいろな道具を使って、見たて遊びやつもり遊びを楽しむ。
- ○ 玩具で遊んだ後は保育者といっしょにかたづける。
- ○ いろいろな実物に触れ、「コレナニ?」と聞いて言葉に関心を持つ。
- ○ 「待っててね」「いらっしゃい」などの言葉がわかるようになる。
- ○ 好きな絵本を読んでもらうことを喜ぶ。
- ○ 簡単に扱えるリズム楽器でいろいろな音を楽しむ。
- ○ 保育者といっしょに歌をうたったり、簡単な手遊びをしたり、また、体を動かしたりして楽しく遊ぶ。
- ○ 太いパスやフェルトペンでなぐり描きを楽しむ。

Ⅲ期（1～3月）

- ○ きげん良く、進んで園へ来る。
- ○ 食べ物に興味を持ち、手首を使ってスプーンやフォークで食べようとする。
- ○ 食前、食後のあいさつを動作や言葉で表す。
- ○ 排せつしたいときは、保育者に知らせたり、自分からトイレに行こうとしたりする。
- ○ パンツをひとりで脱ぎ着したり、服を自分で着ようとしたりする。
- ○ 自分で手を洗ったり顔をふいたりして、きれいになることを喜ぶ。
- ○ 遊びを通して友達とのかかわりを持つ。
- ○ またいだり、くぐったり、低い段から飛び下りたりする。
- ○ いろいろな物を使って、つもり遊びをする。
- ○ 決められた所へ物を入れたり、出したりする。
- ○ 二語文を話し出し、生活や遊びの中で簡単なやりとりができる。
- ○ 「かたづけようね」とか「座りましょう」といった言葉による指示がわかり、自分から行動しようとする。
- ○ 少しの間待つようになる。
- ○ 好きな歌をうたったり、リズム遊びを楽しんだりする。
- ○ 粘土を使って、指先の遊びを楽しみ、作った物で見たて遊びをする。

わかる！書ける！
書き方解説をチェック！

マーク（★◆◎❀）が付いているところを見て、右ページの書き方解説を読んでください。指導計画のしくみがだんだんわかるようになり、自分で書けるようになります。

★…つながりを意識して　◆…具体的に
◎…保育の専門的な目線で　❀…GOOD表現

4月 1歳児

今月のねらい

クラス全体としてのねらい
ねらいは、養護と教育をより意識してたてましょう。

○ひとりひとりの生活リズムを大切にしながらゆったりと過ごし、新しい環境に慣れるようにする。（養護）
○保育者といっしょに好きな遊びを見つけてきげん良く遊ぶ。（教育）

今月の予定

★入園進級式
★誕生会
★参観・クラス懇談会
★身体計測
★避難訓練

	今月初めの子どもの姿	ねらい・内容（🍴は食育に関して）
低月齢児	○登園時、保護者にしがみついて泣く子どももいる。 ○食べさせてもらったり、好きなものを手づかみで食べようとしたりしている。 ★1 ○オムツ交換をいやがり、のけぞったり泣いたりする子どももいる。 ❀ ○ピアノが鳴るとそばに近づいて行き、曲に合わせてうれしそうに体を動かしている。	○不安な気持ちを受け止めてもらい、安心して過ごす。 ○好きなものを喜んで食べようとする。🍴 ★2 ○保育者の優しいことばがけで、安心してオムツ交換に慣れる。 ○保育者といっしょに親しみのある曲を聞いたり、体を動かしたりして遊ぶ。
個別配慮	T児（1歳1か月） ◆1 ○抱かれると泣きやみじっとしているが、少しでも下ろそうとすると大声を上げて泣き続ける。	❀ ○特定の保育者に甘えや不安な気持ちを受け止めてもらい、きげん良く過ごす。
高月齢児	○スプーンを持ちながら手づかみで食べている。 ○保育者に誘われてトイレに行くが、便器に座らず水を流して遊んでいる子どももいる。 ◎1 ○ズボンやパンツを脱ごうとするが、うまくいかずイライラして怒り出すこともある。 ○絵本を保育者のところに持ってきて、読んでもらいたそうにしている。	○スプーンを使って自分で食べようとする。🍴 ○保育者に見守られながらオマルや便器に座ろうとする。 ○保育者に手伝ってもらいながらズボンやパンツを脱ごうとする。 ○保育者といっしょに絵本を見たり、簡単な話を聞いたりして楽しむ。
個別配慮	Y児（1歳11か月） ○保育者に抱かれるといつのまにか眠るが、布団に寝かそうとするとすぐに起きて大声を上げて泣きだす。	○保育者のそばで、安心して布団で眠る。

保育士等のチームワーク

❀ ★児童票や個人記録からひとりひとりの子どもの状態を把握して、グループ作りや担当者を決めるなどきめ細かく対応する。
★離乳食・アレルギー食などの食事の状態についての情報を共有し、配ぜん方法や手順について間違いのないよう共通認識する。

延長保育を充実させるために

☆子どもの気に入った玩具や絵本などを用意して、保育者といっしょに安心して保護者の迎えを待つようにする。

家庭・地域との連携
保護者への支援も含む

★新入園児を対象に、入園前の数日間の家庭での生活の流れを書いてもらい、それをもとに園での過ごし方などを保護者と話し合い、安心して新しい環境に移行できるようにする。
★持ち物や荷物の置き場所を、挿絵入りの“便り”にして配布したり、図や写真でわかりやすくしたりしておくとともに、保護者ひとりひとりにていねいに対応していく。
★ふれあい参観やクラス懇談会では、家庭や園でのようすを伝え合ったり、保護者同士の交流を図ったりしていく。

健康・食育・安全への配慮

●既往症や体質、日々の健康観察をていねいに行ない、ひとりひとりの心身の健康状態を把握する。
●アレルギー児の食事の対応については、医師の指示に従い、保護者、担任、看護師、栄養士が連携を密にして進めていく。
●安心して探索活動ができるように、室内外の玩具や遊具の安全点検をていねいに行ない、整理整とんに努める。

環境づくり(◆)と援助・配慮(○)

P.74の遊びの展開に対応!

◆家庭で使っているお気に入りのタオルや玩具を持ってきてもらい、ロッカーや棚など子どもの手の届くところに置いておく。
○できるだけ同じ保育者がゆったりとかかわり、安心して過ごせるようにする。
◆手や口の汚れをすぐにふけるように、保育者のそばに個人用のおしぼりを用意しておく。
○ひとりひとりのようすを見守りながら、スプーンですくいやすい量を加減したり、子どもの食べ方に合った介助をしたりしていく。
○自分で食べようとする気持ちを大切にし、「おいしいね」「もぐもぐね」など笑顔で声をかけて、楽しく食事ができるようにする。
★3 ○オムツ替えや衣服を着替えるときは、「気持ち悪かったね」「さっぱりしたね」など言葉をかけて、汚れや心地良さに気づくようにする。
○子どもが自分で脱ごうとしているときは温かく見守り、できないところをさりげなく手伝うなどして自分でできた満足感を持てるようする。
○子どもが楽しめるようになじみのある曲をピアノで弾いたり、保育者もいっしょに曲に合わせて体を動かしたりして遊びを広げていく。

T児・Y児へのかかわり

T○だっこやおんぶなどスキンシップを図りながらゆったりかかわるとともに、戸外に出る機会を多くして、きげん良く過ごせるようにする。

Y○不安な気持ちを受け止めながら、子どもが満足するまで保育者がそばにつき、安心して眠るようにしていく。

わかる!書ける! 書き方解説

指導計画のマークを追って解説を読んでください。

★1～3
つながりを意識して書きましょう。

4月初めはオムツ交換をいやがり、のけぞったり泣いたりする子どもが多いものですが、★1ではその姿をとらえ、★2のねらいになっています。その援助は★3に具体的に書かれています。ひとりの子どもについて、一貫して書きます。

◆1
子どもの姿が目に浮かぶように具体的に書きましょう。

情緒不安で泣く子どもの姿を、「少しでも下ろそうとすると大声で泣く」というように、詳しく書くことによって、不安なようすがよくわかります。

◎1
保育の専門的な目線を持って書きましょう。

1歳の高月齢児は、ズボンやパンツを脱ごうとするのですが、まだまだうまくできないようすを、専門的に課題として見抜いています。

◎は、**GOOD表現**のしるしです。

反省・評価
(自己評価)として大切にしたいこと
今月の保育終了後の文例として

★新入園児の泣く声で進級児も不安になり、泣きだしてしまうことも多かったので、子どもの状態を考慮しながらグループ分けを行なった。ひとりひとりに目が行き届きやすくなり、子どもたちの安心感につながったように思う。今後もグループや担当について考えながら子どもたちの状態をしっかりと把握していきたい。
★親しみを持てるように家庭にあるような玩具や絵本を用意したことで、新入園児も安心感を持てたように思う。戸外やホールで過ごすことも多く取り入れ、子どもたちの探索心を満たしていくよう心がけて、これからも好きな遊びを存分にできるように環境を整えていきたい。
(川東真弓)

4月 遊びの展開 1歳児

P.72の指導計画に対応

環境づくりと援助・配慮がひと目でわかる!

遊びの展開

月案(P.72-73)の「環境づくりと援助・配慮」の一部を基に、その環境や援助による遊びの広がりをイラストで解説します。
(●は子どもの活動(ねらい・内容も含む)、◆は環境、○は援助・配慮について記入しています)

せんせいと

いない　いなーい?

●「いない　いない　ばぁ」の絵本を保育者といっしょに楽しむ。
◆取り出しやすいように、子どもの目線にお気に入りの絵本を置いておく。
○繰り返しのフレーズをゆっくり読んだり、「いないいないばぁ」の手遊びをしたりして、子どもといっしょに楽しめるようにする。

ばぁー!

●園庭のトンネルを出たり入ったりして楽しむ。
○「いない　いない　ばぁ」の絵本のフレーズを使って繰り返し楽しく遊べるようにしていく。

なにしてあそぼ!

●好きな玩具で遊ぶ。
◆積み木、人形、ままごとセットなどを用意し、好きな玩具を取り出せるようにしておく。
○遊びに入れない子どものようすを見守りながら、いっしょに遊んだりスキンシップを取ったりするなど安心して過ごせるようにする。

ポットン、したよ

●入れたり出したりを楽しむ。
◆段ボール箱や手作りのついたてに、いろいろな大きさや形の穴をあけておく。
◆トイレットペーパーの芯、レシート芯や絵カード、木片を十分に用意する。
○木片や絵カードは子どもの遊びのようすを見ながら補充したり、かたづけたりしていく。

新しいお友達、新しい保育室、進級児にとってもちょっぴり不安な4月です。でも、ダンゴムシやチョウチョウを見たり、園庭のトンネルで“いないいないばあ”をしたり、戸外へ出ると気分も変わり、満面笑顔の子どもたち！　保育者と仲よしいっぱい遊んで、早く新しい環境に慣れましょう。

（藤本員子）

執筆 川東真弓

なかよし！

◆戸外に出るときには、帽子をかぶる。
○戸外に出て気分を変えて、保育者といっしょに散歩や追いかけっこなどの遊びを楽しめるようにする。
○保育者といっしょに好きな遊びをして安心できるようにしていく。

まてまてー

●保育者が転がしたボールを、ヨチヨチ追いかける。
○子どもの動きに合わせて、ボールを転がしていく。

どこいくのー

●シャボン玉を追いかけて遊ぶ。
◆手ふき用のぬれタオルを、手近に用意しておく。
○転んだりぶつかったりしないように、気をつけて見守る。

ぶっぶー

●避難車に乗って、保育者といっしょに園庭を探索する。
○子どもたちの目線に見えるものを、言葉にして伝えていく。

なぁーに?

●年長児が見つけたダンゴムシやチョウチョウを見て楽しむ。
○保育者もいっしょに見ながら、子どもの興味や好奇心に共感していく。

もう　いっかーい!

●ふれあい遊びやわらべうた（『ももや　ももや』『馬はとしとし』『このこ　どこのこ』など）を楽しむ。
◆ハンカチなどの小物を用意しておく。
○ひとりひとりの子どもとゆったりと向き合って繰り返し楽しみ、体をなでたりゆすったりして安心感を持たせていく。

わかる！書ける！
書き方解説をチェック！

マーク（★◆◎❀）が付いているところを見て、右ページの書き方解説を読んでください。指導計画のしくみがだんだんわかるようになり、自分で書けるようになります。

★…つながりを意識して　◆…具体的に
◎…保育の専門的な目線で　❀…GOOD表現

5月 1歳児

今月のねらい

クラス全体としてのねらい
ねらいは、養護と教育をより意識してたてましょう。

○新しい環境や生活に慣れ、安心して過ごせるようにする。（養護）
○保育者といっしょに好きな遊びをしたり、身近な自然にふれたりして楽しむ。（教育）

今月の予定

★こどもの日の集い
★身体計測
★誕生会
★避難訓練

	前月末の子どもの姿	ねらい・内容（🍴は食育に関して）
低月齢児	★1 ○オムツを外すとうれしそうに保育室中を駆け回ったり、オマルに自分から座ろうとしたりする子どももいる。 ○食後すぐに入眠するが、途中で目覚めて泣く子どももいる。 ◆1 ○園庭に出ると喜んであちこち歩き回り、気に入ったものを見つけるとしゃがみ込んでじっと見ている。	★2 ○いやがらずにオムツを換えてもらったり、オマルでの排せつに慣れたりする。 ○保育者に見守られて安心して眠る。 ○いろいろなものに興味を持ち、探索活動を十分にする。
個別配慮	**A児（1歳3か月）** ○玩具で遊んでいるが、時折、思い出したように泣いている。	○保育者に気持ちを受け止めてもらい、安心して過ごす。
高月齢児	○こぼしながらもスプーンを使って食べようとしているが、手づかみになることも多い。 ◎1 ○脱がそうとすると、保育者の動きに合わせて自分でズボンやパンツを脱ごうとしている。 ❀ ○保育者のひざに座って絵本を見ながら、知っているものが出てくると指をさしてうれしそうにしている。 ○花や虫を見つけると、じっと見たり、「あっあっ」と指をさして触れようとしたりしている。	○自分なりの食べ方で楽しく食べる。🍴 ○ズボンやパンツをひとりで脱ごうとする。 ○保育者といっしょに好きな絵本を繰り返し見て楽しむ。 ○花や虫など春の自然に興味を持つ。
個別配慮	**B児（1歳8か月）** ○お気に入りの玩具を見つけてひとり遊びをしているが、簡単なパズルなどがうまく入らないとイライラしてかんしゃくを起こすことが多い。	○保育者に見守られて好きな遊びを十分に楽しむ。

保育士等のチームワーク

★ひとりひとりの子どもの体調や情報などを共通理解してかかわり、安心して過ごせるようにする。
★探索活動が活発になっているので、見守りの位置や範囲・危険性について話し合い、役割分担しておく。

延長保育を充実させるために

☆ひとりひとりの体調やきげんに応じてくつろぐことができるように、畳や間じきりなどを工夫して安心できる場を準備しておく。

家庭・地域との連携
保護者への支援も含む

★連休の疲れなどから体調が変化しやすくなるので、園や家庭でのようすを伝え合い、健康管理に気を配っていく。
★戸外遊びが多くなるので、動きやすい衣服や靴の選び方のポイントをプリントにまとめて配布したり、見本を掲示したりするなど、準備してもらいやすいようにする。
★園庭開放や遊ぼう会の案内をパンフレットや掲示、広報などで知らせ、地域の人々に参加を呼びかける。

健康・食育・安全への配慮

●戸外に出るときは帽子をかぶり、日よけの下で遊ぶなど紫外線防止に気を配るとともに、水分を十分に補給していく。
●ひとりひとりの食べる量や好みを把握しながら、喜んで食べる姿を大切にしていく。
●探索活動が盛んになるので、玩具や遊具の破損や汚れを点検し、子どもの動きに目を離さないようにする。

環境づくり(◆)と援助・配慮(○)

P.78の遊びの展開に対応！

◆お代わりを手近に用意して、子どもの求めに応じていく。
○ひとりひとりに応じて量を加減するなど、自分で食べたという満足感を持てるようにする。
★3 **◆トイレに子どもの好きな絵や写真をはるなど親しみやすくしておく。**
★4 ○「さっぱりしたね」などオムツを交換してもらう気持ち良さを言葉にしたり、ひとりひとりの排尿間隔に合わせて無理のないようにオマルやトイレに誘ったりしていく。
◆保育室の湿度や換気に注意したり、カーテンなどでほの暗くするなど寝やすい雰囲気をつくったりしておく。
○途中で目覚めたときは不安な気持ちを受け止め、手を握ったり優しくなでたりするなどスキンシップを取りながら安心して眠れるようにする。
◆絵本の表紙を見えるように棚に並べたり、子どもの遊びに合わせて補充したり入れ替えたりできるように、玩具の数や種類を十分に用意しておく。
○子どもの思いに共感しながら指さすものを見たり、言葉のやりとりを楽しんだりするなど、満足するまでゆったりとかかわっていく。
◆タンポポやチョウなど春の自然にふれながら安全に遊べる場所や散歩のコースを下見しておく。
○子どもの気づきや発見を見逃さないようにしていっしょに触れたり、探索活動を十分に楽しめるようにしたりする。

A児・B児へのかかわり

A○「○○だったのね」と不安な気持ちに寄り添いながら、抱き締めるなど少しずつ安心して過ごせるようにする。
B○子どものようすを見守りながら言葉をかけたり、ひとり遊びを楽しめるようにそっとコーナーを作ったりするなど、じっくりと遊び込めるようにしていく。

わかる！書ける！書き方解説

指導計画のマークを追って解説を読んでください。

★1～4
つながりを意識して書きましょう。

1歳児も園の生活が1か月たつと、★1にあるようにオマルに自分から座ろうとする姿が見られるようになり、★2の排せつのねらいにつながります。そして、★3・4にあるように個別に対応する環境・援助を書いています。

◆1
子どもの姿が目に浮かぶように具体的に書きましょう。

さわやかな5月、園庭での活動が増えますが、歩き回ったりしゃがみ込んで見つめていたりする姿を、書くことによって、楽しさが伝わってきます。

◎1
保育の専門的な目線を持って書きましょう。

高月齢になると、衣服の脱ぎ着を単に受け身ではなく、保育者の動きに合わせる発達の姿があり、専門的にとらえて端的に記しています。

は、GOOD表現のしるしです。

反省・評価
（自己評価）として大切にしたいこと
今月の保育終了後の文例として

★連休明けに不安がって泣く新入園児もいたが、気持ちを受け止めたり、戸外に出て気分を変えたりすることで少しずつ安心感を取り戻し、きげん良く遊ぶようになってきた。これからもひとりひとりに寄り添ったかかわりを大切にしたい。
★園庭で遊んだり散歩を通したりして、身近な春の自然を楽しむことができたが、探索活動や体を動かしての遊びは十分でなかったように思う。引き続き、来月も戸外で過ごす機会を多く持つようにしていきたい。

（花咲宣子）

P.76の指導計画に対応

環境づくりと援助・配慮がひと目でわかる!

遊びの展開

月案(P.76-77)の「環境づくりと援助・配慮」の一部を基に、その環境や援助による遊びの広がりをイラストで解説します。
(●は子どもの活動(ねらい・内容も含む)、◆は環境、◯は援助・配慮について記入しています)

保育園って

できるかな?

●ボトルキャップを入れて遊ぶ。
◯容器にボトルキャップがたまったら、ふたを開けて取り出す。

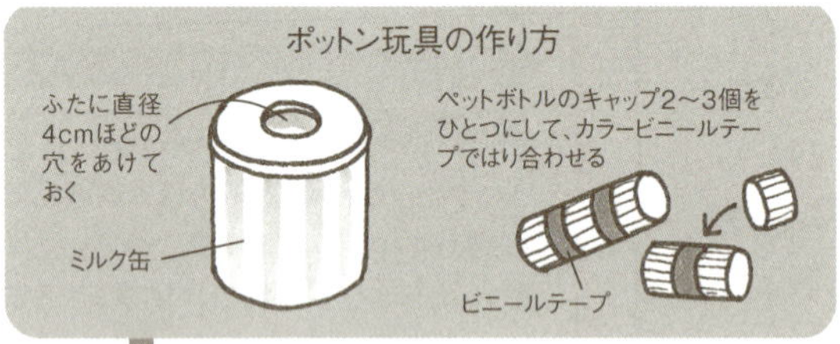

ポットン玩具の作り方
ふたに直径4cmほどの穴をあけておく
ミルク缶
ペットボトルのキャップ2～3個をひとつにして、カラービニールテープではり合わせる
ビニールテープ

あれ? な～んだ?

●ボールを出したり入れたりして遊ぶ。
◆小さめの柔らかいカラフルな色のボールを洗濯ネットに入れておく。
◯ボールを取り出しやすいように、ファスナーを少し開けておく。

もう1回!!

●ボトルキャップやボールを入れて遊ぶ。
◆手作り玩具の高さは、子どもの手がようやく届く高さにしておく。
◯"ちょっとがんばればできる"高さが、子どものやる気を引き出します。

クリアフォルダーなどを丸めて筒にしたもの
ボールの出口をあける
段ボール箱

いないいないばぁ

〈ハンカチや布を使って〉
◆布は柔らかいものを用意する。
◯両手やハンカチなどで顔を隠す遊びから、からだ全体を隠す「ばあ!」を楽しめるようにする。

いない いない…ばあ!

〈大きな段ボール箱を使って〉
●子どもは、箱の中に入ったり出たりして遊ぶ。
◆大きな段ボール箱を縦に置き、ふたが観音開きになるようにしておく。

いろいろな手作り玩具や遊びを工夫すると、子どもたちの目が輝きます。“保育園って楽しい”んだ。気候のよいこの時期は、散歩など戸外で過ごすことも多くなります。子どもたちの好奇心、探索心を温かく見守りながら、その時どきの思いに寄り添いましょう。　（藤本員子）

執筆 花咲宣子

みーつけた!

●園庭の草花や虫を保育者といっしょに探す。
◆ダンゴムシを見つけやすいように、プランターを動かすなどしておく。
○子どもの発見や驚きを大切にする。

砂で遊ぼう!

●砂の感触を楽しむ。
◆砂場の安全を点検し、消毒しておく。
◆紫外線防止のため、テントを張ったり、遮光ネットを張ったりしておく。

はい、どうぞ!

◆プリンカップやいろいろな形の型抜きを十分に用意しておく。
◆型抜きしやすいように砂を湿らせておく。
○保育者もいっしょに遊びながらやりとりを楽しむ。

楽しーい!!

散歩に行こう!

◆保冷タンクや水筒、コップを用意しておく。
○水分補給をこまめにする。

〈園外保育届出書の例〉

月　日(　)　天候					園長	担任
出発時刻	:	帰園時刻	:		記載者	
行き先	公園					
引率者	リーダー先頭				最後尾	
ねらい				遅刻者		
携帯電話		ー	ー			
・目的地までの地図をはる ・散歩ルートをペンで記す						

◆事前に下見をし、危険な箇所や自然にふれて遊べる場所がわかるような、お散歩マップを作っておく。
○戸外へ出るときは、帽子をかぶる習慣をつける。
○園外保育届出書を記入し、保育者間で連携する。

わかる! 書ける!

書き方解説をチェック!

マーク(★◆◎✿)が付いているところを見て、右ページの書き方解説を読んでください。指導計画のしくみがだんだんわかるようになり、自分で書けるようになります。

★…つながりを意識して　◆…具体的に
◎…保育の専門的な目線で　✿…GOOD表現

6月　1歳児

今月のねらい

クラス全体としてのねらい
ねらいは、養護と教育をより意識してたてましょう。

○健康に留意しながら、梅雨期を快適に過ごせるようにする。(養護)
○保育者に見守られながら、安心して好きな遊びを楽しむ。(教育)

今月の予定

★歯科検診
★保育参観(参加)
★お話会
★身体計測
★避難訓練

	前月末の子どもの姿	ねらい・内容(🍴は食育に関して)
低月齢児	○登園して来た子どもに、「○○ちゃんおはよう」と手を広げると、自分から体を預けに来る。 ★1 ○手づかみやスプーンを使って、こぼしながらも自分で食べようとしている。 ○パンツを脱ぐと、自分からオマルのところに行って座ろうとする子どももいる。 ◆1 ○積み木を並べたり、玩具の車を動かしたりするなど、ひとりで遊んでいる。	○保育者に親しみ、きげん良く過ごす。 ★2 ○手づかみやスプーンを使って、好きなものをおなかいっぱい食べる。🍴 ○保育者に誘いかけられて、オマルや便器で排せつしようとする。 ○保育者に見守られながら、ひとり遊びや体を使った遊びを十分に楽しむ。
個別配慮	Y児(1歳4か月) ○休みがちで園生活になかなかなじめず、時々思い出したようにシクシク泣いていることが多い。	○新しい生活の場に慣れ、安心して過ごす。
高月齢児	○ほとんどの子どもはきげん良く起きてくるが、寝起きが悪くいつまでもぐずる子どももいる。 ○パンツがぬれていないときにオマルや便器に座ると、勢いよく排尿する子どももいる。 ◎1 ○食後に「きれいきれい」と言いながら、おしぼりで自分の口の周りをふこうとしている。 ✿ ○卵からかえったばかりのカタツムリをじっと見ていて、飼育容器のそばをなかなか離れようとしない。	○ひとりひとりの生活リズムを大切にしてもらい、気持ち良く目覚める。 ○オマルや便器での排尿に慣れ、すっきりとした気持ち良さを知る。 ○食後に口の周りの汚れに気づき、顔や手をふこうとする。 ○小動物や自然物を見たり触れたりして、興味や関心を持つ。
個別配慮	R児(2歳0か月) ○戸外遊びが終わっても、保育室に入るのをいやがり、奇声を上げて怒ったり泣いたりしている。	○保育者に気持ちを受け止めてもらい、気持ちを切り替える。

保育士等のチームワーク

★シャワーをする際の健康チェックや、保育者の配置・手順などについて話し合い、役割分担をしておく。
★室内で過ごすことが多くなるので、ホールなどの共有スペースの使用予定を調整する。

延長保育を充実させるために

☆簡単なリズム遊びなどを異年齢児と共に楽しみながら、安心して過ごせるようにする。

家庭・地域との連携
保護者への支援も含む

★日中肌寒い日もあるので、家庭や園でのようすをこまめに伝え合い、体調の変化を見逃さないようにする。
★保育参観（参加）では、園でのようすを見てもらいながら、子育てについての思いや悩みに対応していく。
★梅雨期に起こりやすい食中毒や感染症の情報や、虫歯予防デーにちなんで乳歯の大切さなどをプリントにまとめて配布や掲示するなどして、地域の保護者にも注意を呼びかける。

健康・食育・安全への配慮

●シャワーなどの温度調節に気をつけながら、皮膚を清潔にしていく。
●食事の前後に保育者といっしょに「いただきます」「ごちそうさま」などのあいさつを繰り返し、食事マナーの芽生えを培う。
●棚に乗せた飼育容器の下に滑り止めシートを敷くなど、落下防止に努める。

環境づくり（◆）と援助・配慮（○）

➡ P.82の遊びの展開に対応！

◆**朝の受け入れ時は、同じ保育者が対応するなど安心できる雰囲気や流れをつくる。**
○いっしょに遊んだり、子どもの思いに共感したりするなど、ゆったりとふれあうようにして、信頼関係を築いていく。
★3 ○食材の大きさや量を加減しながらさりげなく介助し、自分で食べようとする気持ちを大切にしていく。
◆**気温や湿度に合わせて寝具を調整したり、ベッドや布団をいつも同じ場所に配置したりする。**
○夜の睡眠時間や朝の起床時刻などを把握して食事や午睡の時間を調整するなど、ひとりひとりのリズムに気配りし、きげん良く目覚めるようにしていく。
○オムツやパンツがぬれていないときはトイレに誘い、タイミングよく出たときには「すっきりしたね」と言葉で伝え、気持ち良さを共感していく。
◆**子どもの手の届くところにおしぼりを準備し、いつでも使えるようにしておく。**
○自分で口の周りをふこうとしているときは見守り、「きれいになったね」と褒めながらふき残したところを手伝っていく。
◆**スペースを広く取り、トンネル、マットの山、巧技台などを用意する。**
○ひとりひとりの運動の発達を見届け、無理のないよう援助する。
◆**カタツムリやスズムシ、ザリガニの飼育容器を棚など子どもの見やすいところに置いたり、園庭や菜園のようすを下見したりしておく。**
○保育者が生き物や植物を世話するようすを見たり、いっしょに触れたりする中で、子どもが見つけたり驚いたりしたことを見逃さず受け止め共感していく。
◆**てるてるぼうずをつくったり、バケツや空き缶などをテラスに置いたりしておく。**
○保育者のことばがけで雨の音やにおいに気づいたり、雨のしずくを触ってみたり、雨上がりの地面を歩いたりするなど、梅雨期を子どもといっしょに楽しむようにする。

Y児・R児へのかかわり

Y○スキンシップを十分に取りながらY児の不安な気持ちを受け止め、ゆっくりと生活に慣れるようにする。

R○「まだ遊びたかったのね」と気持ちを受け止め、「○○しようね」とわかりやすい言葉で具体的に伝え、次にすることの見通しがたちやすいようにしていく。

わかる！書ける！書き方解説

指導計画のマークを追って解説を読んでください。

★1～3
つながりを意識して書きましょう。

6月の低月齢児は、手づかみやスプーンを使って、自分で食べようとする姿があり、★1に書かれています。まずは好きなものをおなかいっぱい食べることが大切ですので、★2に挙げています。そのためには、★3のように介助し自分で食べる意欲を大切にしています。

◆1
子どもの姿が目に浮かぶように具体的に書きましょう。

6月になると、低月齢児も少し新しい環境に慣れだし、ひとり遊びを始めますが、この段階ではどのような遊びをするのか、具体的に書くことで、保育者間の意識化や、保護者への伝達の参考になります。

◎1
保育の専門的な目線を持って書きましょう。

清潔の習慣は文化であり、自然発生で身につくことではありません。日ごろの生活模倣が、食後に「きれいきれい」と言いながら、おしぼりで自分の口をふく喜ばしい行為として、評価されるのです。専門的な視点が感じられます。

◎は、**GOOD表現**のしるしです。

反省・評価
（自己評価）として大切にしたいこと
今月の保育終了後の文例として

★ひとりひとりの体調に気を配りながら、シャワーなどで汗を流し気持ち良く過ごせるようにした。また、玩具の消毒や室温・湿度の調節なども保育者間で連携しながらこまめに行なったことで、感染症などで休む子どもはほとんどいなかった。この状態を引き続き大切にしたい。
★雨の降るようすを見たり、水たまりや泥・しずくを触ったりするなど雨の日も楽しめたと思う。室内では、気に入った玩具でひとりや少人数で遊ぶなど、安定して過ごしている。これからも季節や子どもの育ちに合わせて遊びを工夫しながら、好きな遊びを十分に楽しませたい。
（海老澄代）

6月 遊びの展開

1歳児

P.80の指導計画に対応

環境づくりと援助・配慮がひと目でわかる！

遊びの展開

月案（P.80-81）の「環境づくりと援助・配慮」の一部を基に、その環境や援助による遊びの広がりをイラストで解説します。
（●は子どもの活動（ねらい・内容も含む）、◆は環境、○は援助・配慮について記入しています）

雨が降っても

●汗をかいた後はシャワーを浴びてさっぱりとする。
◆着替えやタオルを手近に準備しておく。
○健康チェックや役割分担を把握しておく。
○水分補給を十分に行なう。

しとしと・ザーザー

●雨が降る前のにおいに気づいたり、降っているようすを見たりして過ごす。
◆てるてるぼうずをつるし、空き缶やタライなどをテラスに置いておく。

高く積めたよ

●積み木を積み上げたり、倒したりして楽しむ。
◆同じ大きさの立方体の積み木を用意する。
◆積みやすいように壁や棚の側面を利用して、集中できるような場所を準備する。
◆角が鋭利なものは、紙やすりなどで角を丸く削っておく。

くっつくっておもしろいね！

●保育者や友達と、わらべうたで遊ぶことを喜ぶ。
○『おすわりやす』『きゅうりもみ』『せんたく』などのわらべうたを歌いながら、肌と肌のふれあいを楽しめるようにする。

元気いっぱい！

●くぐる・上る・下りる・またぐ・跳ぶなど体を動かすことを楽しむ。
◆スペースを広く取り、トンネル、マットの山、巧技台などを用意する。
○一方通行にして必ずそばにつき、トラブルや危険のないように見守る。

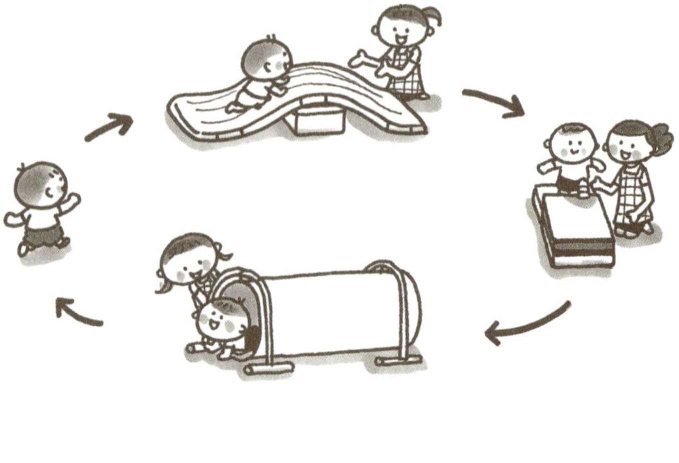

長靴を履いて雨上がりの散歩。水たまりでのピチャピチャがいつの間にか泥んこ遊びに。梅雨期の戸外を楽しみましょう。室内では、スペースを広く取って体を十分に使って遊ぶ「場」を工夫したり、わらべうたでのふれあい遊びを多く取り入れたりするなど、“雨が降っても楽しい”月にしましょう。

（藤本員子）

執筆 海老澄代

楽しいね

雨が上がったよ

●雨上がりの戸外に出て、水たまりを歩いたり泥を触ったりして楽しむ。
◆保護者に長靴を用意してもらう。
○危険のないように少人数のグループで行動する。

しずく、キラキラ

●葉っぱや遊具についている水滴を見たり触れたりする。
○そっと葉っぱを揺らしたり、手のひらに落としたりして楽しめるようにする。

おだんご、ギュッギュッ

●泥を握ったり丸めたりする。
○異年齢児の泥団子を作るようすを見たり、保育者といっしょに作ったりする。

動いてるよ

●クラスで飼っているカタツムリやスズムシ、ザリガニに興味を持つ。
◆低い机に置くなど、いつでも見えるようにしておく。
○大切に育てている姿を見せたり、いっしょに見たりして、生き物に対する関心を育てていく。

ちっちゃいね

●アリや、プランターの下のダンゴムシをじっと見たり、触ろうとしたりする。
○子どもと同じ目線で動きを追ったり、ていねいに扱ったり、保育者自身が優しい気持ちで接するようにする。

わかる！書ける！
書き方解説をチェック！

マーク（★◆◎）が付いているところを見て、右ページの書き方解説を読んでください。指導計画のしくみがだんだんわかるようになり、自分で書けるようになります。

★…つながりを意識して　◆…具体的に
◎…保育の専門的な目線で　…GOOD表現

7月 1歳児

今月のねらい

クラス全体としてのねらい
ねらいは、養護と教育をより意識してたてましょう。

○暑い時期をゆったりと快適に過ごせるようにする。（養護）
○保育者や友達といっしょにいろいろな夏の遊びを楽しむ。（教育）

今月の予定

★プール開き
★七夕祭り
★誕生会
★身体計測
★避難訓練

	前月末の子どもの姿	ねらい・内容（は食育に関して）
低月齢児	○スプーンを使って食べているが、時に手づかみで食べている子どももいる。	○手づかみやスプーンを使って、ひとりで食べようとする。
	★1 ○オムツやパンツが汚れると、動きが止まったり、自分で脱ごうとしたりしている。	★2 ○気持ち悪さがわかり、自分から知らせようとする。
	◆1 ○手洗いのはずがいつの間にか水遊びをしている。	○保育者に介助されながら手を洗おうとする。
	○顔や体に水がかかると泣いていやがる子どもがいる。	○十分に水に触れて慣れる。
個別配慮	**M児（1歳7か月）** ○友達に急に抱き付いたり、かんだりすることがある。	○保育者に見守られながら、友達に関心を持ってかかわろうとする。
高月齢児	○暑さで食欲が落ち、好きなものばかり食べようとする子どももいる。	○保育者のことばがけで、いろいろな物を自分で食べようとする。
	もぞもぞ体を動かしたり、「しっし」と言葉で尿意を知らせたりするようになり、オマルや便器に座ると排尿する子どもが増えている。	○しぐさや言葉で尿意を知らせ、誘われると便器で排せつしようとする。
	○自分でズボンやパンツを脱ごうとするが、汗をかいて脱ぎにくそうにしている。	○保育者に介助されながら、自分で脱ぎ着しようとする。
	◎1 ○自分で水をくんできて、できた水たまりをピチャピチャたたいたり、砂を触ったりして喜んでいる。	○水や砂、泥などの感触を楽しむ。
個別配慮	**T児（2歳2か月）** ○家庭ではよく言葉が出ているようだが、園では言葉を発することがほとんどない。	○安定した保育者とのかかわりの中で、安心して自分の気持ちを表そうとする。

保育士等のチームワーク

★子どもひとりひとりの体調や把握した情報をこまめに連絡し合い、共有する。
★水遊びや泥んこ遊びの手順や役割、危険防止などの留意点を確認し、共通認識しておく。
★収穫した夏野菜を給食メニューに入れてもらうなど、栄養士や調理師との連携をていねいにする。

延長保育を充実させるために

☆保育者や異年齢児とのふれあいを十分に取りながら、わらべうたを楽しむなどゆったり過ごせるようにする。

家庭・地域との連携
保護者への支援も含む

★プールや水遊びに向けて連絡帳や登降園時に子どもの健康状態をていねいに伝え合い、体調管理に気をつけてもらう。
★流行している夏の感染症などについて掲示やお便りで知らせ、症状が見られたときは速やかに受診してもらう。
★水遊びや泥んこ遊びの開催日程を、広報誌に掲載したり地域にお便りを配布したりするなど参加を呼びかけていく。

健康・食育・安全への配慮

●熱中症予防に向けて室温や換気に十分に気をつけ、こまめに水分補給を行なうなど快適に過ごせるようにする。
●栽培している夏野菜を保育者といっしょに見たり触れたりして、食べ物に興味や関心を持てるようにする。
●プールの周りなど滑りやすいところを十分に注意し、スノコやマットを敷くなど転倒防止に努める。

環境づくり(◆)と援助・配慮(○)

➡ P.86の遊びの展開に対応!

◆風通しのよいテラスにテーブルを置いたり、のど越しのよい食べ物を用意したりする。

◆収穫した野菜を見たり触れたりできる場を作っておく。

○子どものようすを見守りながら、優しく手を添えスプーンで食べるように促したり、保育者が「おいしいね」とことばがけをしたりするなど、ひとりひとりに合った介助をしていく。

★3 ○しぐさや片言で尿意を知らせたり、タイミングよくトイレでできたりしたときはおおいに褒めて、オマルや便器に座ることに慣れるようにする。

○「バイキンいなくなったね」「気持ち良いね」と言葉をかけながら手洗いを介助し、洗った後の心地良さに気づかせていく。

○自分で脱ぎ着しようとする気持ちを受け止め、できないところをさりげなく手伝いながら「できた」という満足感を味わえるようにする。

◆テントやパラソルを使ってテラスや水遊びの場所に日陰をつくる。

◆ゴザやマットを敷いてゆったりくつろげるスペースを作る。

◆ペットボトルや空き容器など水遊び用の玩具を十分に用意しておく。

○水がかかるのをいやがる子どもにはひとり用のタライやバケツを用意し、無理なく水遊びを楽しめるようにする。

◆砂場の砂は前もって消毒をし、水をまいておく。

○砂場に掘った穴に、水を入れたり流したりしてダイナミックに遊べるようにする。

M児・T児へのかかわり

M○「○○ちゃんが好きなのね」と気持ちを受け止め、「いっしょに遊ぼうね」と言葉にしながら仲立ちしていく。

T○好きな遊びをいっしょに楽しんだり、スキンシップを多く取ったりするなど保育者との親しみを深め、安心して自分の気持ちを表すことができるようにする。

わかる!書ける! 書き方解説

指導計画のマークを追って解説を読んでください。

★1~3
つながりを意識して書きましょう。

1歳児も脳の神経支配が腰まで通ると、排せつの感覚がわかるようになり、★1のようにパンツが汚れると、自分で脱ごうとする子どもが見られます。そこで内容として★2の気持ち悪さがわかり、自分から知らせることを目ざします。★3の援助では、知らせたり、できたりしたとき、おおいに褒めるポイントが書かれています。

◆1
子どもの姿が目に浮かぶように具体的に書きましょう。

暑い夏は水の感触が心地良く、ここにあるように手洗いがいつのまにか水遊びになっていると、1歳児らしい肯定的な書き方をしています。水遊びへの展開が予想できることでしょう。

◎1
保育の専門的な目線を持って書きましょう。

高月齢になると、水を怖がらず、ここにあるように、自分で水をくんできて水たまりを作って遊んだり、砂をいやがらずに触ったりという、発達の姿が見えてきます。

◎は、**GOOD表現**のしるしです。

反省・評価
(自己評価)として大切にしたいこと
今月の保育終了後の文例として

★ひとりひとりの体調に合わせて活動を選んだり、いつでもくつろげるスペースを工夫したりするなど、子どもたちがゆったりと快適に過ごせるように努めた。暑さはまだまだ続くので、食欲不振や睡眠不足・熱中症の予防など保護者との連携をいっそう図り、子どもの健康状態の情報を交換し合って無理のないよう過ごしていきたい。

★水や泥の感触をいやがっていた子どもも少しずつ減り、遊びを楽しめるようになっている。引き続き体調などに留意しながら、いろいろな夏の遊びを楽しんでいきたい。

(松山利加)

P.84の指導計画に対応

環境づくりと援助・配慮がひと目でわかる!

遊びの展開

月案(P.84-85)の「環境づくりと援助・配慮」の一部を基に、その環境や援助による遊びの広がりをイラストで解説します。
(●は子どもの活動(ねらい・内容も含む)、◆は環境、○は援助・配慮について記入しています)

暑い夏を

ぷにゅぷにゅしてる!?

●水で煮溶かして固めた寒天や水を混ぜた片栗粉の感触を味わう。
◆食紅などで色付けをし、カップに入れておく。
○感触が苦手な子どもには、安心して遊べるようにスプーンを用意したり、手に付かないようにポリ袋に入れたりする。

ほっとひと息…

●ひとり遊びや絵本を読んでもらうなどゆったり過ごす。
◆ゴザやカーペットなどを敷いてくつろげるスペースを作る。

冷た〜い

●触ったりつかんだりして、ひんやりした感触を楽しむ。
◆氷と水を入れたポリ袋を用意する(袋の中に、キラキラテープを切って入れてもおもしろい)。
○冷えすぎないように、遊んでいる時間に気をつける。

寝転んで、ごろごろ

●大きな袋(布団圧縮袋や2〜3重にした大きめのペール用ポリ袋など)に氷と水を入れ、抱き付いたり寝転んだりして遊ぶ。
○子どもの遊ぶようすを見守りながら水の量を加減する。入れすぎないのがコツ。

夏野菜のスタンプ遊び、片栗粉や寒天・水と氷を入れたポリ袋などでの感触遊びなどなど。いろいろな夏の遊びを楽しみましょう。少々汚れてもだいじょうぶ！　シャワーや水遊びの大好きな子どもたちです。活動と休息をバランスよく取り入れるとともに、強い日ざしや熱中症に注意しながら、暑い夏をゆったりと過ごしましょう。　（藤本員子）

執筆 松山利加

ゆったりと

○日陰をつくったり、水分補給を十分にしたりするなど、熱中症に注意する。

これなあに?

●栽培している夏野菜（トマト、キュウリ、ナス　など）を保育者といっしょに見たり触れたりする。

ペッタンおもしろいな

●野菜スタンプを楽しむ（オクラ、ナス　など）。
◆野菜の断面が見えるように切っておく。
○絵の具をいやがる子どもにはシールを用意しておく。

七夕飾りに変身!!

●スタンプをした画用紙で七夕飾りを作る。
◆スイカやキュウリなどの形に画用紙を切っておく。

水遊び楽しいね

◆ペットボトルでシャワーを作ったり、ジョウロやカップなどの玩具を十分に用意したりしておく。
○顔や体に水がかかるのをいやがる子どもには、ひとり用のタライやバケツを用意し、無理なく楽しめるようにする。

泥んこ、どろどろ

◆砂場の砂に事前に水をまき、水を入れたタライや玩具類を用意しておく。
◆日よけ用テントやパラソルなどを用意する。
○直射日光が長時間当たらないように注意する。

わかる！書ける！
書き方解説をチェック！

マーク（★◆◎）が付いているところを見て、右ページの書き方解説を読んでください。指導計画のしくみがだんだんわかるようになり、自分で書けるようになります。

★…つながりを意識して　◆…具体的に
◎…保育の専門的な目線で　…GOOD表現

8月 1歳児

今月のねらい

クラス全体としてのねらい
ねらいは、養護と教育をより意識してたてましょう。

○暑い夏をゆったりと、元気に過ごせるようにする。（養護）
○水や砂などの感触を味わい、夏の遊びを十分に楽しむ。（教育）

今月の予定

★夏祭り
★誕生会
★身体計測
★避難訓練

	前月末の子どもの姿	ねらい・内容（は食育に関して）
低月齢児	○好きなものや口当たりのよいものばかりを食べようとしている。 ★1 ○オマルや便器に座って、タイミングが合うと排せつすることもある。 ○水や砂、絵の具などの感触をおもしろがっているが、汚れるのをいやがる子どももいる。 ◆1 ○絵本を読んでもらいたがり、読み終わると「もっと」と態度や片言で伝えようとしている。	○苦手なものも少しは食べてみようとする。 ★2 ○オマルや便器に座れるようになる。 ○いろいろな感触を楽しみ、のびのびと遊ぶ。 ○保育者といっしょに絵本を見たり、お話を喜んで聞いたりする。
個別配慮	**R児（1歳6か月）** ○他児の遊んでいる姿をじっと見ているだけで、ほとんど動こうとしない。	○保育者と十分にふれあいながら、興味のある遊びを楽しむ。
高月齢児	○スプーンを使って自分で食べようとするが、こぼす量が多い。 ○パンツをぬらさずに過ごす日が増えている。 ○パンツやズボンが汗でまとわりついて脱ぎにくく、手伝おうとするといやがって保育者の手を払いのけることもある。 ◎1 ○頭や顔に水がかかっても泣かなかったり、砂や絵の具で汚れてもいやがったりせずに遊んでいる。	○こぼしながらもスプーンを使い、ひとりで食べようとする。 ○保育者に誘われてオマルやトイレに行き、排せつしようとする。 ○パンツやズボンをひとりで脱ごうとする。 ○保育者といっしょに水や砂遊びなどを楽しむ。
個別配慮	**F児（2歳4か月）** ○何でも自分でやりたがり、できないことがあるといらだって、そばにいる子どもをたたくこともある。	○したいことやしてほしいことを表情や指さし、動作、言葉などで表そうとする。

保育士等のチームワーク

★ひとりひとりの体調に合わせて活動を選べるように、プール遊びや木陰での水遊びの場を用意し、担当者を決めておく。
★食欲が落ちているので、食材や調理の工夫について保育者、栄養士、調理師で話し合い、食べる意欲につなげる。
★とびひやプール熱などの流行について共通認識をし、保護者への対応を確認しておく。

延長保育を充実させるために

☆手作り玩具や好きな遊具を用意し、異年齢児や保育者とゆったりかかわって遊べるようにする。

家庭・地域との連携
保護者への支援も含む

★暑さなどで体調の変化が起こりやすいので、園や家庭でのようすをこまめに伝え合い、子どもの健康状態に留意していく。
★汗や水遊びで着替えることが多いので、衣服やズボンを多めに用意してもらう。
★夏祭りの日程をポスターやチラシなどで地域にも知らせ、参加を呼びかける。

健康 食育 安全への配慮

●熱中症予防に向けてひとりひとりの体調に気を配ったり、室温や湿度に注意して、こまめに水分をとるようにしたりする。
●栽培している野菜に水をやったり、収穫した夏野菜を触ったり、においをかいだりするなど、食べ物に興味や関心を持つようにする。
●プールの水温・水位・塩素濃度については時間を決めて測定し、常に水遊びをしている子どもから目を離さないようにする。

環境づくり(◆)と援助・配慮(○)

P.90の遊びの展開に対応！

◆マットや畳、絵本棚の置き方を工夫して、ゆったりとできるスペースを作る。

○苦手なものは小さく切ったり盛り付けを工夫したりして、食べたときには褒めるなど楽しく食事をとれるようにする。

◆オマルを置いている所やトイレの壁面に、子どもたちの好きな動物や涼しそうな飾り付けをして、親しみのある雰囲気をつくる。

★3 ○ひとりひとりの排尿間隔を把握してオマルやトイレに誘い、タイミングよく排せつしたときには「気持ち良かったね」などと共に喜ぶが、無理強いはしない。

◎ひとりで脱ごうとしているときは温かく見守り、脱ぎにくそうなところをさりげなく介助して自分でできたという満足感を持てるようにする。

◆絵の具を使ってぬたくりなどをするときには、すぐに洗い流せるよう水回りの近くに遊びの場を設ける。

◆日ざしや紫外線を遮るために、パラソルやテント、すだれを用意する。

○保育者といっしょに水や砂、絵の具の感触を十分に味わいながら楽しさを共有する。

R児・F児へのかかわり

R○何に興味を持っているかをよく見て、遊びに誘うなど保育者が仲立ちをしていく。

F○「できると思ったのにね」と気持ちを受け止めながら、「お手伝いするから教えてね」など安心して自分の気持ちを表すことができるようにしていく。

わかる！書ける！書き方解説

指導計画のマークを追って解説を読んでください。

★1～3
つながりを意識して書きましょう。

夏の薄着で身軽になると、オマルや便器でタイミングが合うと排せつする姿が★1のように見られます。それを受けてねらいでは★2にオマルや便器に慣れることを目ざします。★3の援助では、ひとりひとりの排尿間隔を把握することや、排尿したときの気持ち良さを言葉にすることを取り上げています。

◆1
子どもの姿が目に浮かぶように具体的に書きましょう。

絵本に興味を持ち出し、繰り返し読んでもらいたがるこの時期の姿を、「もっと」と態度や片言で伝える姿を書くことでより詳しくわかります。

◎1
保育の専門的な目線を持って書きましょう。

高月齢になると、水を怖がらなくなる姿を、どのようになってきたか、専門的な目で「頭や顔に水がかかっても」と具体的に書き、さらに砂や絵の具での汚れに言及しています。

◎は、GOOD表現のしるしです。

反省・評価
（自己評価）として大切にしたいこと
今月の保育終了後の文例として

★子どもの生活リズムや体調について家庭とこまめに連絡を取り合い、ひとりひとりの健康に気をつけるようにした。これからも子どもの情報を共有しながら、暑さに負けずゆったりと元気に過ごせるように、こまやかに目配りしていきたい。
★水や砂、絵の具などに触れる機会を多く取り入れ、いろいろな感触に気づくようにした。汚れてもシャワーやプール遊びに移るなど夏の遊びを十分に楽しめたように思う。

（田中ゆかり）

P.88の指導計画に対応

環境づくりと援助・配慮がひと目でわかる!

遊びの展開

月案(P.88-89)の「環境づくりと援助・配慮」の一部を基に、その環境や援助による遊びの広がりをイラストで解説します。
(●は子どもの活動(ねらい・内容も含む)、◆は環境、◯は援助・配慮について記入しています)

夏を

ぬたくりヌルヌル

◆フィンガーペインティング用の絵の具を用意する。
◆透明のポリ袋を、養生テープで机に留める。
○ポリ袋を敷くと絵の具が滑りやすくなり、ケント紙に写して作品として残すことができる。

スタンプ遊びをする

◆たんぽや新聞紙を用意する。スタンプ皿やトレイなどにスポンジを敷いて絵の具を染み込ませる(スポンジは果物の下に敷いているような薄いものを利用するのがよい)。
○でき上がった作品は壁面飾りなどに利用する。

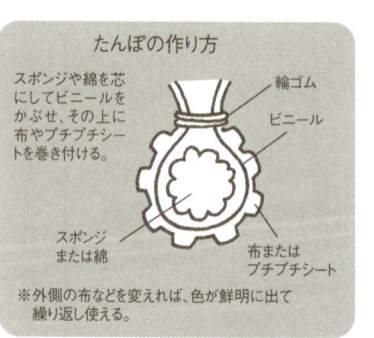

たんぽの作り方

スポンジや綿を芯にしてビニールをかぶせ、その上に布やプチプチシートを巻き付ける。

輪ゴム
ビニール
スポンジ
または綿
布または
プチプチシート

※外側の布などを変えれば、色が鮮明に出て繰り返し使える。

おいしいね

●栽培しているプチトマトを保育者といっしょに収穫して食べる。
○収穫をするときには畑の中の支柱や害虫などの危険がないかを確かめる。

ヌルヌル、クチュクチュ、ペタペタ、五感を刺激する遊びをいっぱい取り入れましょう。夏は汚れを気にせず遊べます。シャワーや水遊びの後は、のんびりゴロリン。活動と休息のバランスを取りながら、暑い夏をおおいに楽しみましょう。

（藤本員子）

執筆 田中ゆかり

楽しもう

プールで遊ぼう

◆牛乳パックの舟を浮かべたり、玩具を水の中から拾ったりして遊ぶ。
◆ビー玉をポリ袋に入れて輪ゴムで留めるなど、水の中に沈む玩具を用意する。
○水遊びが大胆になっているので、子どもから目を離さないようにする。

おもちみたい!

◆小麦粉粘土は、小麦粉と少量の塩に水を少しずつ加えながら、こねて作る。水の量は硬さを確かめながら加減していく。
○傷みやすいので、冷蔵庫で保管する。
◆小麦アレルギーの子どもには、上新粉、片栗粉、米粉粘土などを用意する。

◆戸外での活動のときは、日ざしや紫外線を遮るようにパラソルやテントを用意したり、すだれを掛けたりする。
○熱中症予防のために水分を十分にとる。

絵本だいすき

◆子どもの好きな絵本を、表紙が見えるように棚に並べておく。
○保育者もいっしょに楽しむ。

のんびりゴロリン

◆マットや畳を敷いてゆったりできるスペースを作る。
○発熱など子どもの体調に十分に注意をし、休息を取るようにする。

わかる！書ける！
書き方解説をチェック！

マーク（★◆◎❀）が付いているところを見て、右ページの書き方解説を読んでください。指導計画のしくみがだんだんわかるようになり、自分で書けるようになります。

★…つながりを意識して　◆…具体的に
◎…保育の専門的な目線で　❀…GOOD表現

9月　1歳児

今月のねらい

クラス全体としてのねらい
ねらいは、養護と教育をより意識してたてましょう。

○ひとりひとりの体調に気をつけて、ゆったりと生活リズムを整えながら健康に過ごせるようにする。（養護）
○友達や保育者といっしょに体を動かして遊ぶことを楽しむ。（教育）

今月の予定

★内科検診
★お話し会
★身体計測
★避難訓練

	前月末の子どもの姿	ねらい・内容（🍴は食育に関して）
低月齢児	★1 ○保育者の介助に合わせて、パンツやズボンに自分から足を上げたり通そうとしたりしている。 ○戸外から帰ってきたときや食事の前に手洗い場に行くと、自分で手を洗おうとしている。 ○ひも通しや型はめ、穴をあけた密閉容器に棒ブロックなどを落とす遊びを繰り返ししている。 ○階段や遊具の段差のあるところを、何度も上ったり下りたりして喜んでいる。	★2 ○ひとりでパンツやズボンをはこうとする。 ○介助してもらいながらひとりで手を洗おうとする。 ○手や指を使う遊びを十分に楽しむ。 ○段差を上ったり下りたりすることを楽しむ。
個別配慮	K児（1歳7か月） ◆1 ○友達の顔を触ろうとしたり、ぎゅーっと抱き付いたりして、トラブルになることが多い。	○保育者に見守られながら友達にかかわろうとする。
高月齢児	○じっと食べ物を見たり、そっと指先で野菜などを触ったりしてから、スプーンで食べようとしている。 ○遊びに夢中になるとパンツをぬらすこともあるが、「おしっこ」と態度や言葉で知らせに来る子どももいる。 ◎1 ○靴を履こうとしているがうまくいかず、保育者が手伝おうとすると「じぶんで」と手を振り払っている。 ○「まてまて」と保育者に追いかけてもらうことを喜び、何度もしてほしそうにしている。	○いろいろな食材に興味を持ちながら、スプーンを使って食べることに慣れる。🍴 ○保育者に誘われて便器で排尿したり、パンツがぬれたことや尿意を知らせようとしたりする。 ❀ ○「じぶんで」の気持ちを受け止めてもらいながら、靴をひとりで履こうとする。 ○保育者といっしょに、戸外で体を十分に動かして遊ぶ。
個別配慮	I児（2歳4か月） ○午睡時間になると眠そうにしているが、歌ったり、話したりしてなかなか寝ようとしない。	○保育者に見守られながら、安心して眠る。

保育士等のチームワーク

★夏かぜや寝冷えなどで体調の悪い子どもの情報を共有し、食事やその日の過ごし方について確認し合う。
❀ ★危険の予想される場所を話し合い、子どもを見守る役割分担を決めておく。
★園庭使用について他クラスの保育者と話し合い、十分に遊べる場と時間を確保する。

延長保育を充実させるために

☆夏の疲れが出やすい時期なので、ゴザやマット、クッションを用意してくつろげるスペースをつくり、ゆったりと過ごす。

家庭・地域との連携（保護者への支援も含む）

★食事・睡眠・体調など家庭と連絡をていねいに取り合って、夏の休暇などで崩れた生活リズムを整え、ゆったりと過ごせるようにする。
★"靴の選び方"をプリントにして配布し、足に合った靴を準備してもらう。
◎★防災訓練の日程を保護者や地域に園便りや掲示などで知らせ、災害時の対処や避難のしかたを共通理解しておく。

健康・食育・安全への配慮

●ひとりひとりの体調管理に気をつけながら水分を十分にとるとともに、汗をかいたときはこまめに着替えるなど、清潔を保つようにする。
●残暑が厳しい時期なので、食べやすくバランスのよい献立を工夫し、食事を楽しめるようにする。
●園庭の小石などを取り除いたり、遊具や運動用具のネジの緩みやくぎ、ささくれなどをていねいに点検して危険のないように努める。

環境づくり（◆）と援助・配慮（○）

➡ P.94の遊びの展開に対応！

◆室温を調節したり、冷えたおしぼりを子どもの手の近くに用意したりしておく。
○ひとりひとりのようすを見守りながら食事の量を加減したり、食べやすいように切り分けたりしていく。苦手なものを少しでも食べたときはおおいに褒める。
◆パンツやズボンを脱ぎ着しやすいように、トイレやロッカーのそばに手作りのイスなどを用意しておく。
○ひとりひとりの排尿間隔に合わせて無理なくトイレに誘い、タイミングよく出たときは「出たね」と言葉をかけていっしょに喜び、排せつへの意欲につなげていく。
★3 ○脱ぎ着など自分でしたいという気持ちを大切にして見守り、できない部分をさりげなく介助していく。
◆水道の蛇口に手が届くように踏み台を用意しておく。
◆ひとりや少人数でゆったりと遊びを楽しめるようにコーナーをしきり、発達に応じたさまざまな玩具を用意しておく。
○粘土の感触や汚れることをいやがる子どもには無理強いせず、保育者もいっしょに遊びながら少しずつ慣れるようにしていく。
◆体を十分に動かして遊べるように広い場所を空け、運動を誘う遊具（フープ、トンネル、マット　など）を出しておく。
○保育者もいっしょに体を動かして楽しみながら、危険のないように気配りしていく。
◎戸外で遊んだ後は手洗いに誘い、涼しい室内で水分を補給したり、ゆったりと休息を取るようにしたりしていく。

K児・I児へのかかわり

K ◎K児の思いを受け止めつつも双方に気持ちをわかりやすく伝え、保育者といっしょにふれあい遊びや好きな玩具を楽しむ中で、友達へのかかわり方を知らせていく。
I ○午前中にしっかりと体を使って遊び、担当の保育者がついて安心して眠れるようにする。

わかる！書ける！書き方解説

指導計画のマークを追って解説を読んでください。

★1〜3
つながりを意識して書きましょう。

着衣の介助をされるがままで受け身だった子どもが、★1のように自分から足を上げたり通そうとしたりして、意識的に動く姿が見られるようになり、★2ではひとりでパンツやズボンをはこうとするねらいを挙げています。援助★3では、できない部分を「さりげなく」と、書くことで子どもを尊重していることがわかります。

◆1
子どもの姿が目に浮かぶように具体的に書きましょう。

この時期の友達への関心の姿、トラブルの基を、このように書くことによってよく理解でき、友達へのかかわり方の援助が意識化されます。

◎1
保育の専門的な目線を持って書きましょう。

1歳児も高月齢になると、自立の意欲が出てきて、このように靴を自分で履こうとしていますが、うまくいきません。しかし、保育者が手伝うこともいやがるようすを書くことで、専門的な観察の目がわかります。

◎は、**GOOD表現**のしるしです。

反省・評価

（自己評価）として大切にしたいこと
今月の保育終了後の文例として

★ひとりひとりの体調やようすをていねいに伝え合えたことで、生活リズムの見直しがスムーズにでき、体調の変化に早めに対応できた。次月も保育者間や保護者との連携を大切にしていきたい。
★戸外でしっかりと体を動かして遊ぶことができたが、残暑の厳しい日も多く長時間の戸外遊びを控えるようにした。低月齢児もだんだん活発になってきたので、次月も引き続き、室内のコーナーや戸外遊びを充実し、興味のある遊びを用意して十分に楽しめるようにしていきたい。

（帆足奈央子）

9月 遊びの展開

1歳児

P.92の指導計画に対応

環境づくりと援助・配慮がひと目でわかる！

遊びの展開

月案（P.92-93）の「環境づくりと援助・配慮」の一部を基に、その環境や援助による遊びの広がりをイラストで解説します。
（●は子どもの活動（ねらい・内容も含む）、◆は環境、◯は援助・配慮について記入しています）

絵合わせカード

棒落とし

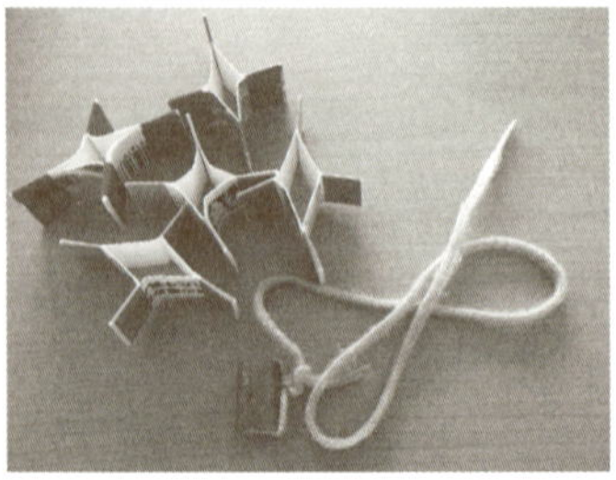

ひも通し

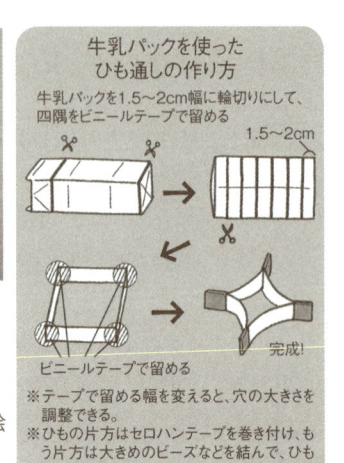

牛乳パックを使った
ひも通しの作り方

牛乳パックを1.5～2cm幅に輪切りにして、四隅をビニールテープで留める

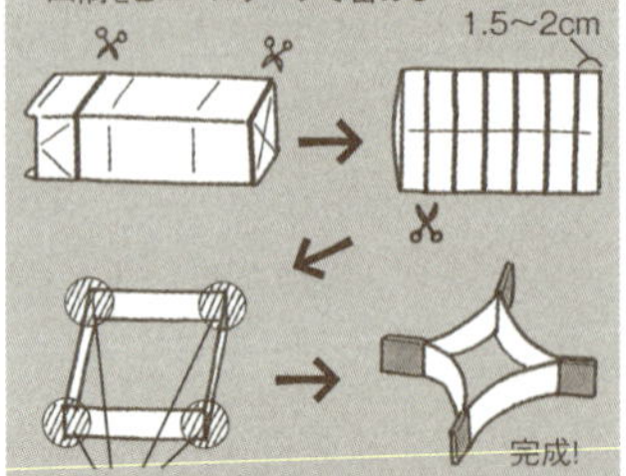

ビニールテープで留める

※テープで留める幅を変えると、穴の大きさを調整できる。
※ひもの片方はセロハンテープを巻き付け、もう片方は大きめのビーズなどを結んで、ひも通ししたときに抜けないようにする。

型はめ

できるかな?

●ひも通しや手作りの型はめ・棒落とし・絵合わせカードで、指先を使って遊ぶ。

体を動かして

柔らかくて気持ち良いね

●手でこねたり、ちぎったりして感触を楽しむ。
◆ふわふわ粘土、シートを用意する。
◯口に入れないよう注意する。

よいしょ よいしょ

●平均台にまたがって前に進んだり、段差を上り下りしたりして遊ぶ。
◆平均台や巧技台を組み合わせて段差を作っておく。
◯そばについて見守りながら、安全な遊び方を知らせる。

執筆 帆足奈央子

よく歩けるようになると、ちょっとした段差や狭い場所など変化のあるところを喜んで、跳んだり、くぐったり、またいだりを試したがります。遊具や運動用具を組み合わせ、スペースを広く取り、のびのびと体を動かして元気に遊ぶようにしましょう。将来の体づくりの基盤となります。

（藤本員子）

元気に遊ぼう

○子どものサイズに合った靴や動きやすい衣類を用意してもらう。
○遊んだ後は手をきれいに洗い、十分な水分補給と休息を取るようにする。

よーい スタート!

●保育者といっしょにかけっこしたり、ゴール位置で受け止めたりして楽しむ。
◆平らな場所に線を引いたり、フープを置いたりしてスタートラインの目印にする。

歩こう 歩こう♪

●公園や菜園で葉っぱ・石・木の実・虫などの自然物を見つけたり、緩やかな斜面や低い段差で遊んだりする。
◆牛乳パックで作った手作りバッグを用意する。
○気候や体調に合わせて距離を調節する。

お外 大好き!

○日ざしの強いときは日陰や木陰の多い場所を選んで遊ぶ。

くぐってみよう

●フープやトンネルをまたぐ、くぐるなどして遊ぶ。
○ぶつからないよう十分に注意する。

わかる！書ける！

書き方解説をチェック！

マーク（★◆◎❀）が付いているところを見て、右ページの書き方解説を読んでください。指導計画のしくみがだんだんわかるようになり、自分で書けるようになります。

★…つながりを意識して　◆…具体的に
◎…保育の専門的な目線で　❀…GOOD表現

10月　1歳児

4月～9月は低月齢児と高月齢児で表を2つに分けていましたが、発達差も縮まったため、クラス全体としてひとつにまとめています。

今月のねらい

クラス全体としてのねらい
ねらいは、養護と教育をより意識してたてましょう。

○気温や体調の変化に気をつけながら、秋を健康に過ごせるようにする。（養護）
○安全で活動しやすい環境の中で、体を十分に動かして遊ぶ。（教育）

今月の予定

★運動会
★イモ掘り
★誕生会
★身体計測
★避難訓練

前月末の子どもの姿	内容（🍴は食育に関して）
★1 ○好きなものは、こぼしながらもスプーンやフォークを使って自分で食べようとしている。	★2 ○スプーンやフォークに慣れ、いろいろな食べ物をひとりで食べようとする。🍴
○遊びに夢中になると、保育者が誘ってもなかなかトイレに行こうとしない子どももいる。	○保育者といっしょにトイレに行き、排せつしようとする。
○ほとんどの子どもは保育者がそばにいると、自分から布団に入り寝ようとしている。	○保育者が近くにいると、ひとりで布団に入って寝ようとする。
◆1 ○パンツやズボンを自分ではこうとしているが、うまくいかず保育者のところに「して」と持ってくることもあるが、「じぶんで」と主張する子どもが多い。	○保育者に見守られながら、ひとりでパンツやズボンをはこうとする。
○「手を洗おうね」と保育者が言葉をかけると、衣服のそでをひじまで上げようとする子どももいる。	○手を洗うことがわかり、自分でしようとする。
◎1 ○友達と同じことをしようとしたり、同じものを欲しがったりして、トラブルになることが増えている。	❀ ○保育者の仲立ちで、友達に関心を持ちかかわろうとする。
○散歩に出かけると、落ち葉やドングリを拾っては見せにきたり、手作りカバンに集めたりしている。	○秋の自然物に触れて遊ぶことを楽しむ。
○鉄棒やマットを見つけると、喜んで自分からぶら下がったり転がったりして遊んでいる。	○好きな玩具や遊具に自分からかかわり十分に遊ぶ。

個別配慮	ねらいと内容
M児（2歳0か月） ○家庭での生活リズムが定まらず、午睡時すぐに起きたり、泣いて目覚めたりするなどぐっすりと眠ることができない。	○生活のリズムを大切にしてもらいながら、安心して眠る。

保育士等のチームワーク

❀★かみつきやひっかきなどの事例をもとに、トラブルになりやすい状況や背景について共通理解し、対応や対処のしかたについて話し合っておく。
★散歩に出かけるときの手順（行き先、道順、保育者の役割、注意事項　など）を再度確認しておく。

延長保育を充実させるために

☆戸外での活動量が増え、夕方になると疲れが出る子どももいるので、少人数で遊べるコーナーを作り、ゆったり過ごせるようにする。

家庭・地域との連携 保護者への支援も含む

★子どもが自分でしようとするようすをクラス便りや連絡帳などで紹介し、家庭でも協力してもらうとともに脱ぎ着のしやすい服や靴を準備してもらう。

★散歩や遊びを通して活発になっている子どものようすを具体的に伝え合い、家庭でも食事や睡眠、健康面などに十分に気をつけてもらうようにする。

★プリントや掲示板を使って、地域の親子に運動会への参加を呼びかける。

健康 食育 安全への配慮

●気温の変化や子どもの体調に合わせて衣服を調節するなど、子どもたちの健康状態に気を配る。

●イモ掘りに参加して、サツマイモやイモのツルに触れたり、給食のメニューに取り入れたりして食べ物への興味や関心を育てていく。

●事前に散歩コースを下見し、目的地に危険な場所や物がないかを確認しておく。

環境づくり(◆)と援助・配慮(◯)

P.98の遊びの展開に対応!

★3 ◯苦手なものを少しでも食べたときは十分に褒めたり、スプーンですくいやすいように集めたりして、子どもが自分で食べようという気持ちを持てるようにしていく。

◆トイレに動物などの絵や写真を飾り、子どもたちが親しみやすい雰囲気づくりをする。

◯保育者がそばに寄り添ったり、体に優しく触れたりするなど、子どもが安心して眠れるようにする。

◯自分でしようとするときは温かく見守り、手助けの必要なときは脱ぎ着のしかたを子どもといっしょにしながらていねいに伝えていく。

◯子どもが自分で手を洗ったときは「きれいになったね」など言葉をかけて、ひとりでできたという満足感を味わえるようにする。

◯トラブルになったときは互いの気持ちを受け止め、代弁したり保育者が仲立ちとなったりしてかかわり方を知らせていく。

◆室内用の鉄棒やマット、巧技台などを用意しておく。

◯遊具の配置や組み合わせを工夫して、危険のないようにそばについて見守る。

◆パーテーションや手作りの長イスなどでコーナーを作り、ままごとや指先遊びの玩具を十分にそろえておく。

◆散歩で拾ってきた落ち葉やドングリを室内に飾ったり、子どもの手の届く所に置いたりしておく。

◯秋の自然物を見つけたときの子どもの声や表情を見逃さないように受け止め、発見や驚きに共感していく。ドングリを口に入れないよう注意する。

◯園と家庭での子どものようすを伝え合い、質のよい睡眠を確保することの大切さや生活リズムの見直しを話し合うとともに、保育者とのかかわりを十分に持って安心感につなげていく。

わかる!書ける! 書き方解説

指導計画のマークを追って解説を読んでください。

★1~3

つながりを意識して書きましょう。

食欲の秋、こぼしながらもスプーンやフォークで自分で意欲的に食べる姿が、見られるようになったのを★1で押さえています。★2では食具に慣れることと、ひとりで食べようとするということを内容に挙げています。★3のスプーンですくいやすいように保育者が介助しつつ、自分で食べる意欲を持たせようと一貫した流れで書かれています。

◆1

子どもの姿が目に浮かぶように具体的に書きましょう。

着衣の自立の過程で、自分でしようとする意欲と、依存の狭間で子どもがとまどいますが、その姿がわかりやすく書かれています。

◎1

保育の専門的な目線を持って書きましょう。

1歳児も後半になると、友達と同じことをしたがったり、同じ玩具を欲しがったりしますが、かかわり方がわからず、トラブルが増える時期になります。発達を踏まえた専門的な視点を書くことが大切です。

◎は、**GOOD表現**のしるしです。

反省・評価

(自己評価)として大切にしたいこと

今月の保育終了後の文例として

★戸外で過ごす機会が増えたが、保護者との連絡を密にして、ひとりひとりの体調に十分に気を配るようにしたことで休む子どももほとんどなく健康に過ごすことができた。今後も健康面に留意しながら、戸外遊びを十分に取り入れ、元気に過ごせるようにしたい。

★手作りの大型遊具やマットなどの配置や組み合わせを工夫したことで、体を十分に動かして遊ぶことができた。引き続き、安全面に配慮しながら喜んで体を動かす環境づくりに努めたい。

(境　万輝)

P.96の指導計画に対応

環境づくりと援助・配慮がひと目でわかる!

遊びの展開

月案(P.96-97)の「環境づくりと援助・配慮」の一部を基に、その環境や援助による遊びの広がりをイラストで解説します。
(●は子どもの活動(ねらい・内容も含む)、◆は環境、○は援助・配慮について記入しています)

おいしいね

●保育者といっしょに、イモを新聞紙で包み焼きイモにする。
◆やけどをしないように、たき火の周りはカラー標識などで囲っておく。
◆イモが焦げてしまわないように、新聞紙はしっかり塩水で湿らせておく。

焼きイモの手順

〈用意するもの〉
・サツマイモ　・新聞紙
・アルミホイル

①サツマイモは洗って土を落とす。
②新聞紙を適度な大きさに切り塩水に浸しておく(甘さが引き立つ)。
③軽く水を絞り、サツマイモを包む。
④ ③をアルミホイルで包む。
⑤たき火に入れ、時々ひっくり返しながら30〜40分焼く。

大きいね

●保育者といっしょにイモ掘りに参加する。
◆掘りやすいように事前に土を掘り起こしておく。

ツルって長〜い!

●みんなでツルを引っ張ったり、伸ばしたりして遊ぶ。
◆リースを作る。飾りの材料は、子どもたちが楽しめるシールなどを準備する。

イモのツルのリースの作り方

①葉っぱをすべて取り除く。
②ツルを輪っか状に重ねていき、リースの土台を作る。
③乾燥させる。
④シールやリボンなどで飾り付けをする。

秋を

○動きやすい衣服や靴を保護者に用意してもらう。
○水分補給をし、休息を十分に取るようにする。
◆手洗いした後の手ふきタオルは個別に準備しておく。

ピアノに合わせて体でつもり遊び

●ピアノに合わせて「ウサギ」や「トンボ」「ドングリ」などの動きを楽しむ。
◆広いスペースを確保し、危険物がないか事前に確認しておく。
○子どもが「やってみよう」と思えるように保育者もいっしょに楽しむ。

上ったり転がったり

◆手作りの大型遊具やマットを準備し、遊びに合わせて組み合わせを工夫する。
○汗をかいた後はこまめに着替える。

ぶらさがれるよ

◆鉄棒の下にマットを敷いておく。
◆高さの違う鉄棒を用意する。
○少人数のグループで遊ぶ。

ロープで遊ぼう

●地面に置いたロープの上を歩いたり、またいだりして遊ぶ。
○足を引っ掛けないように、ロープの扱いには十分に注意する。

散歩や戸外での遊びが大好きで、少しもじっとしていない子どもたちです。ドングリや木の実を見つけては、じょうずにつまんで手作りカバンに入れています。入れたり出したり、つまんだりして、豊かに手を使う活動を取り入れながら、さわやかな秋を楽しみましょう。

（藤本員子）

執筆 境　万輝

み～つけた

●散歩に出かけ、秋の自然物に触れて遊ぶ。
○子どもの発見や驚きを受け止め、共感する。

葉っぱのお面だよ

●ホオノキやプラタナスなどの大きな葉っぱをお面にして遊ぶ。
○保育者もいっしょに遊びを楽しむ。

おみやげいっぱい

●木の実や葉っぱを拾ったり、集めたりする。
◆散歩で拾ってきた落ち葉やドングリは、室内の子どもたちから見える所に飾る。
○拾ってきた秋の自然物を保護者にも見てもらう。

お散歩に出発!!

◆ひとりひとりの手作りカバンを用意する。
◆手作りカバンにはひとりひとりのマークをはり、自分のものとわかりやすいようにする。

手作りカバンの作り方

〈用意するもの〉
・牛乳パック
・スズランテープ

①牛乳パックを切り、側面にひもを通すための穴をあける。
②スズランテープを三つ編みし、ひもを作る。
③子どもが斜め掛けできる長さのひもを通す。
④正面にひとりひとりのマークをはる。

ドングリで遊ぼう

●手作りの“坂道”を使って、ドングリを転がして遊ぶ。
○ゾウムシの発生を防ぐために、拾ってきたドングリは煮沸するか、1週間ほど冷凍しておく。

“坂道”の作り方

〈用意するもの〉
・段ボール　・布　・ペットボトル
・ビニールテープ

段ボールに布をはったものを土台にする

ペットボトルを切ったものを、針金か両面テープで固定する

楽しもう！

●指先を使ってじっくり遊ぶ。
◆パーテーションや，手作りの長イスなどでコーナーを作る。

入れたり出したり

◆いろいろな種類の空き容器、ストローを切ったもの、ドングリなどを用意しておく。
◆空き容器に動物などの絵をはり、口の部分をあける。

ぽっとん遊びの作り方

〈用意するもの〉
・空き容器　・ストロー　・ドングリなど

空き容器
穴をあける
ストロー
ドングリ
動物の口に入れたり出したりする

みんなでクッキング

●ドングリなどを食材に見たてて簡単なままごと遊びをする。
○ごっこ遊びが広がるように、保育者もいっしょに楽しむ。

通せるかな?

●中央に穴のあいた、さまざまな形の厚紙や段ボール紙にひもを通して遊ぶ。
○ひもは、子どもが扱いやすいように先の硬い「つづりひも」などを使用する。

いろいろな形のひも通しの作り方

〈用意するもの〉
・厚紙　・画用紙
・つづりひも

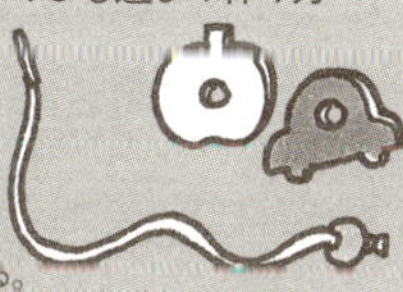

①厚紙に画用紙をはる。
②①をハサミで，リンゴなどいろいろな形に切る。
③中央部分をひとつ穴パンチで穴をあける。
④つづりひもの先に穴よりも大きなビーズを結ぶ。

わかる！書ける！
書き方解説をチェック！

マーク（★◆◎）が付いているところを見て、右ページの書き方解説を読んでください。指導計画のしくみがだんだんわかるようになり、自分で書けるようになります。

★…つながりを意識して　**◆…具体的に**
◎…保育の専門的な目線で　**…GOOD表現**

11月　1歳児

4月～9月は低月齢児と高月齢児で表を2つに分けていましたが、発達差も縮まったため、クラス全体としてひとつにまとめています。

今月のねらい

クラス全体としてのねらい
ねらいは、養護と教育をより意識してたてましょう。

○気温の変化に気を配り、健康で快適に過ごせるようにする。（養護）
○身近な秋の自然にふれて遊び、好奇心や関心を持つ。（教育）

今月の予定

★移動動物園
★収穫祭
★健康診断
★避難訓練
★身体計測
★誕生会

前月末の子どもの姿	内容（は食育に関して）
◆1 ○食べ慣れたものが増えて、ニコニコしながら指さしをしたり、パクッと自分の口の中に入れたりしている。	○いろいろな食べ物に関心を持って、見たり触ったりして、自分から食べようとする。
○保育者に誘われてトイレに行くとタイミングが合って排尿し、「デター」とうれしそうにしている。	○排便、排尿の時間がだいたい決まってくる。
★1 ○手伝うといやがり、簡単な衣服を脱いだり、靴のマジックテープを自分ではがそうとしたりしている。	★2 ○簡単な衣服や靴の脱ぎ着をひとりでしようとする。
○自分の布団を見つけて横になり、ひとりで寝ようとしている。	○保育者がそばにいると、ひとりで布団に入り、寝ようとする。
○自分でティッシュペーパーを持ってくる子どももいるが、鼻水が出ていても気にもかけずに遊んでいる子どももいる。	○鼻水の出たことを保育者に知らせたり、自分でふこうとしたりする。
○散歩に出かけると、葉っぱを拾って見せに来たり、手作りバッグにドングリをいっぱい集めたりしている。	○秋の自然にふれて十分に遊ぶ。
◎1 ○欲しい玩具があると「ちょーだい」「かして」など、少しずつ言葉で言えるようになっている。	○自分の思いや、したいことを態度や簡単な言葉で表そうとする。
○保育者といっしょに追いかけっこをしたり、低い段差を上ったり、下りたりを繰り返ししている。	○保育者といっしょに体を動かして遊ぶことを楽しむ。
○聞き慣れた曲が聞こえてくると手をたたいたり、保育者といっしょに手遊びをしたりして喜んでいる。	○保育者といっしょに歌ったり、簡単な手遊びをしたりして楽しむ。

個別配慮	ねらいと内容
K児（2歳4か月） ○弟の誕生で少し不安になっているためか、友達とトラブルになることが増えている。	○不安定な気持ちを受け止めてもらい、安心して過ごせるようにする。

保育士等のチームワーク

★感染症が流行する前に症状や予防法、処理のしかたなどを共通認識しておく。
★自分でしようとしたり、できることが増えているので、ひとりひとりの状態を確認し合い、介助のしかたについて話し合っておく。
★ドングリなど小さい物を口や鼻や耳に入れないよう、目を行き届かせるよう確認する。

延長保育を充実させるために

☆日中の体調が気になる子どものようすを、延長保育担当者に引き継ぎ、体調の変化を見逃さないようにする。

家庭・地域との連携
保護者への支援も含む

★朝夕と日中の気温差に対応できるように、調節しやすい衣服を用意してもらう。
★流行している感染症の最新の情報を保護者の目につくところに掲示し、日々の子どもの健康状態に気をつけてもらう。
★子どもの好きな手作り玩具の種類や作り方を地域の保健センターに写真展示し、年齢に合った玩具や手作りの温もりなどを紹介していく。

健康・食育・安全への配慮

●室内の温度（20℃前後）や湿度（40%～60%）、換気に十分に注意し、エアコンの調節などにも気配りしていく。
●いろいろな食材を見たり触ったりし、クッキングのようすを見て食事に興味を持ち、食べることを楽しめるようにする。
●散歩コースを下見したり、簡単な交通ルールを繰り返し知らせたりするなど安全に出かけられるようにする。

環境づくり（◆）と援助・配慮（○）

→ P.102の遊びの展開に対応！

◆収穫した野菜などをカゴに入れて、子どもの手の届くところに置いておく。
野菜を見たり触れたりしているようすを見守りながら、言葉をかけたり思いに共感したりする。
◆トイレのそばに個人用の手ふきタオルを準備したり、ベンチに敷くひとり用のタオルを牛乳パックを利用したケースに入れておいたりする。
○ひとりひとりの排尿間隔を把握してトイレに誘い、タイミングよく排尿したときは「出たね」など共に喜ぶ。
★3 **◆衣服の前後や靴の左右に気づきやすいように、アップリケやボタンを目印に付けておく。**
★4 ○衣服や靴の目印を仲介にして子どもの気持ちを引き立て、やる気につなげる。
◆ティッシュペーパーを取り出しやすいように、箱を壁やロッカーの側面に取り付ける。
○鼻水の出ているところを鏡で見せたり、ふき取った後の気持ち良さを言葉で伝えたりする。
◆拾った葉っぱや木の実、虫などを入れるためのポリ袋や手作りバッグを用意しておく。
○自然にふれて十分に遊べるよう、時間に余裕を持ってゆったりと散歩を楽しむようにする。
◆指先を使って遊ぶ手作り玩具の種類や数を、十分に用意する。
○ひとりひとりの遊ぶようすを見守りながら、補充したり入れ替えたりし、保育者も楽しんでいく。
子どもの伝えたい気持ちを言葉にしたり、友達との間を仲立ちしたりしていく。
◆室内のスペースを広く取り、大型の手作り遊具や巧技台、マットなどを準備する。
○子どもの興味や遊び方に合わせて遊具を入れ替えるなど工夫し、十分に体を動かして遊べるようにする。
◆曲は、子どもの好きなものや、リズムに乗りやすいものを用意しておく。

○園や家庭でのようすを伝え合って子どもの気持ちに添うようにし、スキンシップを多く取るなど甘えを十分に受け入れて安定感につなげていく。

わかる！書ける！書き方解説

指導計画のマークを追って解説を読んでください。

★1～4
つながりを意識して書きましょう。

簡単な衣服を自分で脱ごうとする時期ですが、大人が手伝おうとするといやがる姿が★1でわかります。そこで★2の、「簡単な衣服の脱ぎ着をひとりでしようとする」という内容が導き出されます。★3・4では、環境と援助に衣服の前後や靴の左右に気づきやすいように、アップリケやボタンを目印にして、やる気を持たせることが、書かれています。

◆1
子どもの姿が目に浮かぶように具体的に書きましょう。

食事中の成長の姿がほほ笑ましく書かれていて、目に浮かぶようなよい表現文例です。

◎1
保育の専門的な目線を持って書きましょう。

この時期になると、どのような言葉が出て人とかかわるようになるか、専門的な気づきを書きましょう。

は、**GOOD表現**のしるしです。

反省・評価
（自己評価）として大切にしたいこと
今月の保育終了後の文例として

★朝夕と日中の寒暖差が大きく、かぜ症状のある子どもが多く見られた。健康観察や検温をこまめに行ない、子どものようすを家庭に詳しく伝えるなど早めの対応を心がけたので、症状が長引くことなく元気に過ごせたと思う。これからも子どもの変化を見逃さず適切な対応を続けていきたい。
★身近な秋の自然を探した。落ち葉やドングリ、木の実などを触ったり、虫を見つけてじっとのぞき込んだりして十分に楽しめたように思う。このとき集めたものを次月も遊びに取り入れたい。

（井上栄子）

P.100の指導計画に対応

環境づくりと援助・配慮がひと目でわかる！

遊びの展開

月案（P.100-101）の「環境づくりと援助・配慮」の一部を基に、その環境や援助による遊びの広がりをイラストで解説します。
（●は子どもの活動（ねらい・内容も含む）、◆は環境、○は援助・配慮について記入しています）

曲に合わせて

●好きな歌やリズムに合わせてマラカスを振るなどして楽しむ。

やったー！

●上ったり下りたり、跳んだりして遊ぶ。
◆室内のスペースを広く取り、大型の手作り遊具や巧技台、マットなどを準備する。
○子どもの興味や遊び方に合わせて組み合わせを工夫し、十分に体を動かして遊べるようにする。

ナニ

◆すぐにふけるように、手ふきタオルやティッシュペーパーの箱を手の届くところに置いておく。
○戸外から帰ったらていねいに手洗いを行なうようにする。

マラカスで遊ぼう

●手作りのマラカスを振って楽しむ。
◆洗濯洗剤用のスプーンを2本合わせてテープではり、マラカスを作っておく。

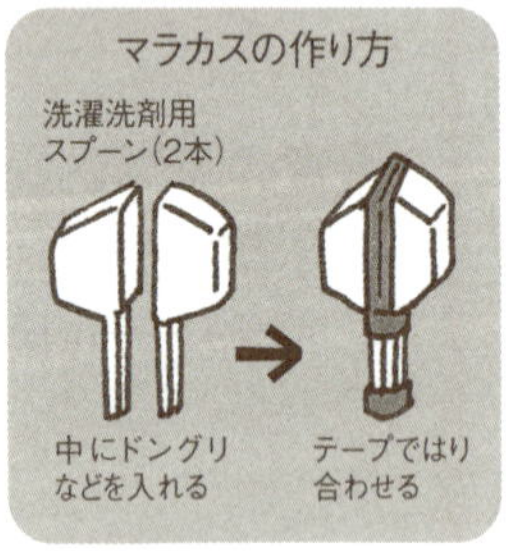
マラカスの作り方
洗濯洗剤用スプーン（2本）
中にドングリなどを入れる
テープではり合わせる

すくったり入れたり

◆拾った木の実や葉っぱを種類ごとに入れる箱を用意する。
◆お玉やスプーン、ボウル、皿などの容器を十分に準備する。
◆ドングリなどの木の実は、虫や雑菌処理のために、煮沸し干したものを保存しておく。

やってみよう

●人形に衣服を着せたり、ボタン掛けやファスナーの開け閉めをしたりすることを保育者といっしょに楽しむ。
◆人形の着せ替え用の衣服や、ボタンつなぎ・洗濯ネットのファスナーなど指先を使って遊ぶ手作り玩具の種類や数を十分に用意しておく。
○ひとりひとりの遊ぶようすを見守りながら、玩具を補充したり入れ替えたりして、保育者もいっしょに楽しんでいく。

低い段差を上ったり下りたり跳んだり、ボタンつなぎやファスナーの上げ下ろしをしようとしたりするなど体や手の力が発達してくると、言葉の力も育ってきます。簡単な言葉がわかるにつれて、いろいろなことに興味を持ち始めました。そんな子どもたちの“ナニかな”をいっぱい体験できる遊びを楽しめるようにしましょう。
（藤本員子）

執筆 井上栄子

かな～

みてみて

- ●木の実や葉っぱ、虫などを見つけて、拾ったり触ったりする。
- ●低い段差や階段を上ったり下りたりして楽しむ。
- ○自然にふれて十分に遊べるよう、時間に余裕を持ってゆったりと散歩を楽しむようにする。

あつまれあつまれ

- ●落ち葉のじゅうたんで寝転んだり、降らしたりして遊ぶ。

しゅっぱーつ!

- ◆散歩コースの下見をして、安全に遊ぶ場所を確認しておく。
- ◆ポリ袋や手作りバッグを用意しておく。

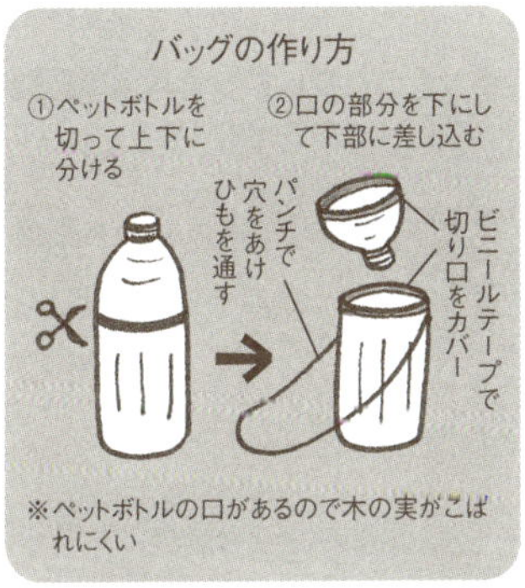
バッグの作り方
①ペットボトルを切って上下に分ける
②口の部分を下にして下部に差し込む
パンチで穴をあけひもを通す
ビニールテープで切り口をカバー
※ペットボトルの口があるので木の実がこぼれにくい

よいしょよいしょ

- ●保育者といっしょにダイコン抜きに挑戦する。
- ◆収穫したダイコンは、カゴなどに入れて保育室の前に飾っておく。
- ○事前に畑に行く日を伝え、長靴を準備してもらう。

こんにちは!

- ●移動動物園の動物たちとふれあう。
- ○動物アレルギーのある子どものふれあい方を確認しておく。
- ○保育者といっしょにそっと触ったり、優しくなでたりして動物に興味を持てるようにする。

おいしいね

- ●収穫したサツマイモやダイコンを使って豚汁を大鍋で作り、みんなでいただく。
- ◆包丁や火を使うので、ロープやさくなどでしきっておく。
- ○切ったり煮たりするところを見て、興味を持てるようにする。

わかる！書ける！

書き方解説をチェック！

マーク（★◆◎🏵）が付いているところを見て、右ページの書き方解説を読んでください。指導計画のしくみがだんだんわかるようになり、自分で書けるようになります。

★…つながりを意識して　◆…具体的に
◎…保育の専門的な目線で　🏵…GOOD表現

12月　1歳児

4月～9月は低月齢児と高月齢児で表を2つに分けていましたが、発達差も縮まったため、クラス全体としてひとつにまとめています。

今月のねらい

クラス全体としてのねらい
ねらいは、養護と教育をより意識してたてましょう。

○体調に気をつけながら、寒い時期を元気に過ごせるようにする。（養護）
○保育者や友達といっしょに、見たてやつもり遊びを楽しむ。（教育）

今月の予定

★お楽しみ会
★もちつき大会
★身体計測
★誕生会

前月末の子どもの姿	内容（🍴は食育に関して）
○嫌いなものがあると顔をそむけているが、友達が食べているのを見て食べることがある。	○苦手なものも少しずつ食べようとする。🍴
◎1 ○遊んでいて、パンツがぬれると気持ち悪そうに保育者のところへ来る。	○尿意を保育者に知らせ、誘われて便器に座ろうとする。
○自分でパンツやズボンをはこうとしているがうまくいかず、はかせてほしそうにしている。	○保育者に見守られながらひとりでパンツやズボンをはこうとする。
○絵本を読んでもらい、「おやすみ」と声をかけられると自分から布団に入り寝ようとしている。	○自分の布団で安心して眠る。
🏵 ○戸外遊びの後や食事前に手を洗うことがわかり、自分から手洗い場に行く子どももいる。	○保育者に介助されながら、液体せっけんを使って手を洗おうとする。
○散歩に行ったり、保育者と追いかけっこをしたりするなど戸外に出て遊ぶことを喜んでいる。	○保育者といっしょに、体を十分に動かして遊ぶ。
★1 ○保育者の動きをまねたり、人形を抱いて玩具の哺乳瓶でミルクを飲ませようとしたりしている。	★2 ○保育者に見守られ、見たてやつもり遊びを楽しむ。
◆1 ○聞き慣れたクリスマスの曲が流れると、手をたたいたり足踏みをしたりしてうれしそうにしている。	○保育者といっしょに歌ったり、体を動かしたりして楽しむ。

個別配慮	ねらいと内容
M児（2歳2か月） ○みんなと同じことをするより、ひとり離れてほかのところへ行き遊んでいるが、時々保育者のほうをちらちらと見ている。	○気持ちを受け止めてもらい、自分の思いを安心して表そうとする。

保育士等のチームワーク

★流行している感染症の予防法や対処のしかたを共通理解し、保護者への対応を確認しておく。
★気持ちが不安定な子どもの情報を共有し、かかわり方について話し合っておく。
🏵 ★ひっかきやかみつきなど、トラブルになりやすい状況や場所について話し合い、活動の流れや時間帯を見直していく。

延長保育を充実させるために

🏵 ○異年齢児といっしょにクリスマス曲を歌ったり、簡単なリズム遊びを楽しんだりして、和やかな気持ちで過ごせるようにする。

家庭・地域との連携
保護者への支援も含む

★流行している感染症の状況（各クラスの感染者数など）や症状、予防法について園便りや掲示物で知らせ、子どもたちの体調の変化に気をつけ合って、早期発見につなげていく。
★長期の休みに入るので、着替えのカゴの中の衣服を持ち帰ってもらい、消えかかっている名前や補修の必要な部分の点検を依頼する。
★お楽しみ会の日程やプログラムを掲示板や市の広報などで知らせ、地域の家庭に参加を呼びかける。

健康・食育・安全への配慮

●感染症予防に向けて、室温や湿度、換気に注意しながら、床や玩具の消毒などもこまめに行なう。
●冬至やクリスマスなどに出てくるメニューを通して、行事食に興味を持ち、楽しんで食べるようにする。
●ネジの緩みを点検したり、滑り台に付いた露や霜をふき取ったりして転落や転倒など危険防止に努める。

環境づくり（◆）と援助・配慮（○）

→ P.106の遊びの展開に対応！

◎苦手なものは子どもに問いかけながら量を加減し、食べたときは十分に褒めて、楽しく食事ができるようにする。
○ひとりひとりの排尿間隔を把握してトイレに誘い、自分から便器に座るようにしていく。
◆パンツやズボンを自分ではきやすいように、座る台を用意する。
○自分でしようとしている子どものそばで見守り、やりにくそうなところをさりげなく手助けする。

○子どもたちになじみのある絵本を読み、安心して眠れるようにする。
◎毛布や掛け布団で温かさを調節し、熱がこもりすぎないように気をつける。
○保育者といっしょに手洗いしながら、液体せっけんの使い方や、きれいになった気持ち良さを伝えていく。
◆けがにすぐに対応できるように、救急セットやティッシュペーパーを手近に用意する。
○子どもの体調に気配りしたり、活動量に合わせて衣服を調節したりする。
◆ゆったりと遊べるコーナーを作り、赤ちゃん人形やままごとの容器、手作り玩具などを取り出しやすいところに用意する。
★3 ○玩具を使って人形にミルクを飲ませたり、ごはんを食べさせたりするまねを保育者もいっしょにしながら遊びを盛り上げていく。
○子どもの好きな曲を流し、保育者もいっしょに歌ったり、手拍子に合わせて体を動かしたりして楽しめるようにする。

○子どもの片言や態度を見逃さず受け止め、優しく語りかけたり、気持ちを代弁したりするなど、安心感を持てるようにしていく。

わかる！書ける！書き方解説

指導計画のマークを追って解説を読んでください。

★1〜3
つながりを意識して書きましょう。

★1のように、まねっこ遊びや、つもり遊びが始まりますが、その姿から内容では、★2のように見守られて、見たてやつもり遊びを楽しむとしています。★3では、つもり遊びを保育者も共有し、遊びを盛り上げる援助を目ざしています。このように、姿、内容、援助を見通せる書き方をしましょう。

◆1
子どもの姿が目に浮かぶように具体的に書きましょう。

クリスマスの曲が流れると、手をたたいたり、足踏みをしたりしている、うれしそうなようすを書くことで、幸せそうな姿が思い描かれます。

◎1
保育の専門的な目線を持って書きましょう。

遊んでいてパンツがぬれると、気持ち悪そうに保育者の所へ来るのがわかるのは、発達が見えている専門家ならでは書き方です。

◎は、GOOD表現のしるしです。

反省・評価
（自己評価）として大切にしたいこと
今月の保育終了後の文例として

★家庭との連携を密にしながらひとりひとりの健康状態に気配りしていたが、体調がすぐれない子どもが多く、戸外で十分に遊ぶことができなかった。次月も引き続き寒い時期を元気に過ごせるように健康面に留意したい。
★友達に関心を持ち、いっしょに見たてやつもり遊びを楽しむ姿が見られるようになってきたが、まだうまく言葉で表せずトラブルになってしまうこともある。保育者が近くで見守り、子どもの気持ちを代弁して、友達といっしょに遊ぶ楽しさを伝えていきたい。

（杉町静香）

12月 遊びの展開

1歳児

P.104の指導計画に対応

環境づくりと援助・配慮がひと目でわかる!

遊びの展開

月案（P.104-105）の「環境づくりと援助・配慮」の一部を基に、その環境や援助による遊びの広がりをイラストで解説します。
（●は子どもの活動（ねらい・内容も含む）、◆は環境、○は援助・配慮について記入しています）

寒さの中でも

○気温や活動量に合わせて、衣服を調節する。
○戸外で遊んだ後、保育者といっしょに液体せっけんで手を洗う。

やったー!

●三輪車や押し車、滑り台などで遊ぶ。
◆三輪車や押し車を多めに用意する。
○すぐに手を貸すなど危険のないように近くで見守る。

まてまて～

●追いかけたり追いかけられたりして、保育者といっしょに十分に体を動かして遊ぶ。
◆砂場用の玩具を整備したり、石などを拾ったりしておく。

氷を作ろう

◆タライやバケツ、ボウル、空き容器に水を張り、戸外に出しておく。
○氷を触った後は、流し湯で手を温める。

入れたり出したり

●ペットボトルやプラスチック容器に、ストローやドングリなどを入れたり出したりして遊ぶ。
◆遊んだ後は、カラービニールテープでふたをしっかりと閉じておく。
○手作り楽器として使って遊ぶ。

シャカシャカ楽しいね

●クリスマス曲や好きな曲に合わせて歌ったり、手作り楽器や手拍子で楽しんだりする。
◆手作り楽器を取り出しやすいところに用意する。

執筆 杉町静香

歩いたり、しゃがんだり、追いかけっこしたり、体を使ってたくさん動きましょう。子どもたちは何かに見たてたり、何かのつもりになったりするのも大好きです。寒い日も楽しく、元気に遊びましょう。

（藤本員子）

元気に遊ぼう!!

つめたーい

●道端の草や葉に付いている霜を触ったり、踏んだりして楽しむ。
○「さくさく鳴るね」と言葉をかけて保育者もいっしょに楽しむようにする。

しゅっぱーつ!!

●近くの公園や園の周辺を散歩する。
◆目的地までの道順は事前に下見しておく。

ふかふかだね

●集めた落ち葉の上で、足踏みしたり、ピョンピョン跳ねたりして遊ぶ。
◆拾った落ち葉や木の実を入れる袋を用意しておく。

いいにおい

●ユズの香りを楽しむ。
◆ユズを入れた湯を用意する。

ママみたい

●赤ちゃん人形を寝かしつけたり、ミルクを飲ませたりして遊ぶ。
◆人形、ハンカチやタオルなどを十分に用意しておく。

まねっこ大好き

●食べるまねをしたり、友達とのやりとりを楽しんだりする。
◆フェルトで作った食べ物や、ままごと用の容器を用意する。
◆机やついたてなどで、ゆっくりと遊べるコーナーを作る。

わかる！書ける！
書き方解説をチェック！

マーク（★◆◎❀）が付いているところを見て、右ページの書き方解説を読んでください。指導計画のしくみがだんだんわかるようになり、自分で書けるようになります。

★…つながりを意識して　◆…具体的に
◎…保育の専門的な目線で　❀…GOOD表現

1月　1歳児

4月～9月は低月齢児と高月齢児で表を2つに分けていましたが、発達差も縮まったため、クラス全体としてひとつにまとめています。

今月のねらい

クラス全体としてのねらい
ねらいは、養護と教育をより意識してたてましょう。

○簡単な身の回りのことを自分でしようとする。（養護）
○冬の自然にふれながら、戸外で遊ぶことを楽しむ。（教育）

今月の予定

★正月遊び
★誕生会
★身体計測
★避難訓練

前月末の子どもの姿	内容（🍴は食育に関して）
◆1 ○「これなに？」と聞きながら、スプーンやフォークを使って自分から食べようとしている。	○食材に興味を持ちながら、スプーンやフォークを使ってひとりで食べようとする。🍴
❀ ○「おしっこ」と言葉で言ったり、身ぶりで尿意を知らせたりしてトイレに行こうとするが、間に合わず失敗することもある。	○言葉や態度で排尿したいことを知らせ、自分からトイレに行こうとする。
★1 ○衣服から頭や腕を出すのに時間がかかっても、自分で上着を着ようとしている。	★2 ○脱ぎ着に興味を持ち、ひとりで着ようとする。
○食事の後、保育者に言葉をかけられると、ぬれおしぼりで手や口の周りの汚れをふいている。	○手や口の周りの汚れに気づき、自分でふこうとする。
○ほとんどの子どもは追いかけっこをしたり、三輪車などで喜んで遊んでいるが、寒さのため戸外へ出ることをいやがる子どももいる。	○寒さの中でも、保育者といっしょに戸外遊びを楽しむ。
○「これみて！」と言って、自分の人形を保育者や友達に見せたり、布団に寝かせたりして喜んでいる。	○身近なもので、いろいろな見たてをしたり、つもり遊びを楽しんだりする。
○霜や氷を見つけると不思議そうに指先で触ろうとしたり、保育者や友達に知らせようとしたりする。	○冬の自然事象に興味を持って、かかわろうとする。
◎1 ○絵本の中に出てくる簡単な言葉を、何度も言っては喜んでいる。	○興味のある絵本を保育者といっしょに見ながら、簡単な言葉のやりとりを楽しむ。

個別配慮	ねらいと内容
S児（2歳4か月） ○双子の姉がいっしょだと友達と遊ぶことができるが、ひとりだと不安そうにしている。	○保育者に見守られながら、ひとり遊びや友達とのかかわりを楽しむ。

保育士等のチームワーク

❀★体調不良で、戸外で遊べなかったり、食事が別メニューになったりする子どもには担当者を決めて、ようすや対応のしかたなどを保育者間で共有する。
★戸外遊びの後の段取り（床暖房をつける、手を温める湯を用意する　など）を話し合い、役割分担を決めておく。

延長保育を充実させるために

☆異年齢児といっしょに「カルタ」などの正月遊びを楽しみながら、ゆったりと過ごせるようにする。

家庭・地域との連携 保護者への支援も含む

- 子どもの体温は大人よりも高いことを伝え、肌着を半そでにしてもらったり、室内では滑ると危険なので靴下やタイツをはかないことなどを再度知らせたりする。
- ★寒さのため体が冷えて、間に合わず排尿を失敗してしまうことが増えるので、トレーニングパンツやズボンを多めに用意してもらう。
- ★流行中の感染症についての情報を、掲示板やチラシなどで保護者や地域に知らせていく。

健康・食育・安全への配慮

- ●手洗いをていねいにし、温度や湿度に注意しながら換気をこまめに行なって、感染症予防に努める。
- ●七草がゆ（1月7日）の材料を実際に見たり、触れたりしながら、季節の食べ物に興味や関心を持つようにする。
- ●動きが活発になっているので、園庭の小石を取り除いたり、地面をならしたりして、戸外で安全に遊べるようにする。

環境づくり（◆）と援助・配慮（◎）

P.110の遊びの展開に対応！

◎「これは○○ね」と食材の名前を伝えたり、色や味について、「おいしいね」など子どもが興味を持つように話しながら、楽しく食事ができるようにする。

◆温かく座り心地の良いように、便座シートを取り付ける。

◎ぬれたときは優しく言葉をかけながらすぐにパンツを取り替え、きれいになった心地良さを感じられるようにする。

★3 ◎自分で脱ぎ着しようとしているときは、見守ったり、「ひとりでできたね」と褒めたり、さりげなく手助けしたりしながら、「できた」という喜びを感じられるようにする。

◆おしぼりは温かいものを用意し、子どもがすぐに使えるようにそばに置いておく。

◎寒さのため戸外へ出たがらない子どもには、保育者や友達が楽しそうに遊ぶ姿を見せたり、興味のある遊びに誘いかけたりする。

◎保育者もいっしょに、見たてやつもり遊びを楽しみながら、子ども同士の遊びを仲立ちしていく。

◆気温の下がりそうな日を選び、タライやバケツに水を張って戸外へ置いておく。

◎霜や氷を触った後は手洗いをし、湯につけたりタオルで包んだりするなどして冷えた手を温める。

◆子どもが興味を持ちそうな絵本をいくつか選び、手の届く所に用意しておく。

◎保育者もいっしょに言葉のやりとりを繰り返しながら、子どもの楽しさに共感していく。

◎好きな遊びを用意し、S児の不安な気持ちに寄り添って、安心して遊びを楽しめるようにする。

わかる！書ける！書き方解説

指導計画のマークを追って解説を読んでください。

★1～3
つながりを意識して書きましょう。

寒くなり、上着を脱ぎ着する機会が増えますが、★1のように時間はかかっても、自分で着ようとしている姿が見られるようになってきました。着衣の自立に向けて★2の内容では、より育ってほしい願いを挙げています。★3では、見守り、褒める、手助けなどの援助をていねいに書いています。

◆1
子どもの姿が目に浮かぶように具体的に書きましょう。

スプーンやフォークを使って自分から食べるのですが、「これなに?」と聞くようすを書くことによって、食材への関心が読み取れます。

◎1
保育の専門的な目線を持って書きましょう。

1月ごろになると、2歳になっている子どもも増え、言葉の獲得が盛んな時期を迎えます。絵本による言葉の発達を見抜いている書き方で、専門的な視点ですね。

（花マーク）は、**GOOD表現**のしるしです。

反省・評価 今月の保育終了後の文例として

（自己評価）として大切にしたいこと

★食事や排せつ、着脱など身の回りのことをひとりでしようとする子どもが増えている。これからも子どものようすを見守り、必要なところを手助けしながら「自分で」の気持ちに寄り添っていきたい。

★寒い日が続き、霜や氷に触れる機会を多く取れた。また、三輪車や追いかけっこ、散歩など戸外での活動を積極的に取り入れ、楽しめたと思う。これからも、喜んで体を動かして遊べる内容を工夫していきたい。

（境　万輝）

P.108の指導計画に対応

環境づくりと援助・配慮がひと目でわかる！

遊びの展開

月案（P.108-109）の「環境づくりと援助・配慮」の一部を基に、その環境や援助による遊びの広がりをイラストで解説します。
（●は子どもの活動（ねらい・内容も含む）、◆は環境、○は援助・配慮について記入しています）

寒い冬を

はい どうぞ

●友達や保育者と簡単なままごと遊びを楽しむ。
◆エプロンや三角きん（子どもサイズのもの）、フェルトで作った野菜や食べ物などを十分に用意しておく。
○落ち着いて遊ぶことができるように少人数のグループに分ける。

ねんねしようね

●布団に寝かせたり、だっこやおんぶなどをしたりして人形遊びを楽しむ。
◆ドールポケットは、子どもたちの手の届く場所に設置する。
○保育者もいっしょに、見たてやつもり遊びをしながら、楽しさを共有する。
○材料は園で用意し、保護者にひとりひとりの人形作りを依頼する。

ドールポケットと人形の作り方

ドールポケット〈用意する物〉
キルティングの生地、バイヤステープ、直径1cm、長さ60cmくらいの棒

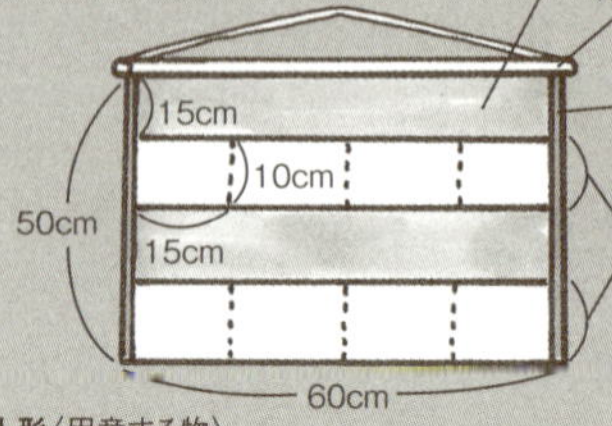
キルティング地
棒を布の中に通す
バイヤステープで縫う
別のキルティング地を縫い付けてポケットにする
15cm
10cm
15cm
50cm
60cm

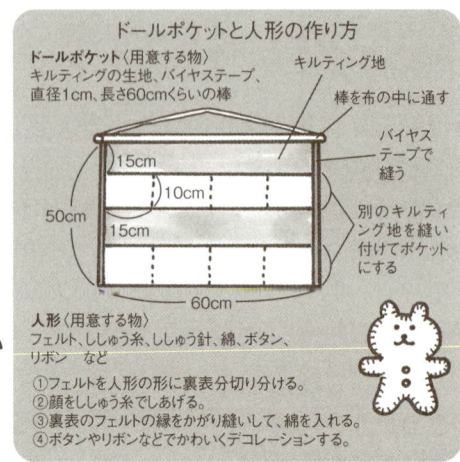

人形〈用意する物〉
フェルト、ししゅう糸、ししゅう針、綿、ボタン、リボン　など

①フェルトを人形の形に裏表分切り分ける。
②顔をししゅう糸でしあげる。
③裏表のフェルトの縁をかがり縫いして、綿を入れる。
④ボタンやリボンなどでかわいくデコレーションする。

たこたこあがれ

●手作りのたこを揚げて遊ぶ。
◆子どもたちの手首にはめる輪ゴムを、たこ糸の先端に付けておく。
○たこを揚げるときに、友達とぶつかったりしないように注意して見守る。

ポリ袋だこの作り方

〈用意する物〉
キッチン用ポリ袋（32cm×38cm程度の市販されているもの）、スズランテープ30cm×2本、たこ糸、いろいろなシール、油性ペン、セロハンテープ

①ポリ袋にシールをはったり、油性ペンで絵を描いたりする。
②ポリ袋の口の部分に、たこの足になるようにスズランテープを2本と輪ゴムを付けたたこ糸をセロハンテープではり付ける。

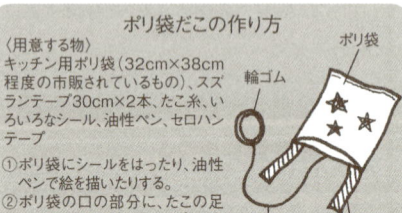

ポリ袋
輪ゴム
たこ糸
スズランテープ

うまく突けるかな

●カラーポリ袋で作った羽根を、手作りの羽子板で突いて遊ぶ。
◆子どもたちが羽根を突きやすいように、羽根は保育室の天井からつるしておく。

羽子板と羽根の作り方

羽子板〈用意する物〉
発泡トレイ、ビニールテープ

トレイの下部分に、子どもの手が入る穴をあけ、ビニールテープで補強する。

穴をあける
ビニールテープで補強する

羽根〈用意する物〉
カラーポリ袋、ティッシュペーパー、たこ糸

玉の部分はティッシュペーパーを小さく硬く丸めて作り、カラーポリ袋で包み、たこ糸で縛る。

カラーポリ袋
ティッシュペーパー
たこ糸で縛る

正月遊びっておもしろい

いろいろなお顔ができたよ

●顔のパーツを並べて絵合わせを楽しむ。
◆いろいろな動物の顔を用意する。
○保育者といっしょに楽しむようにする。

たこ揚げ、羽根突き、絵合わせ、1歳児なりのやり方で正月遊びを楽しみましょう。氷や霜の冷たさ、吐いた息が白くなるなど、冬は子どもたちの五感にいろいろと働きかけてくれます。ひとりひとりの気持ちに寄り添いながら、寒い冬を元気に過ごしましょう。

（藤本員子）

執筆 境 万輝

元気に過ごそう！

●戸外から帰ったら、手をきれいに洗うことを習慣づける。
◆手洗い場の近くに、個人用のタオルやペーパータオルを用意しておく。
●鼻水が出たことに気づき、自分で鼻をかもうとする。

絵本大好き

●絵本を通して、保育者と簡単な言葉のやりとりを楽しむ。
◆絵本は季節に合ったものや、子どもたちの興味があるものを選び用意しておく。
○保育者が絵本を読むときは、壁などを背にして読み、子どもたちが集中できるようにする。

キラキラしてるね

●食紅や、ナンテンの実、葉っぱなどを入れた氷を作って楽しむ。
◆気温の下がりそうな日を選び、タライやバケツに水を張って戸外に置いておく。
○氷を触った後の冷えた手を湯で温める。

見つけたよ

●氷や霜などに触れて遊ぶ。
○子どもの発見や驚きを見逃さないようにしていく。

白い息ってふしぎだね

●吐いた息が白くなるようすを見たり、手に息を吹きかけたりする。
○子どもたちが感じたことを、いっしょに共感する。

みんな まてまて～

●友達や保育者と追いかけたり、追いかけられたりすることを楽しむ。
◆園庭に危険物がないか事前に見回り、広い場所を確保しておく。

ドライブにしゅっぱつ！

●押したり、乗ったりして、三輪車で十分に遊ぶ。
◆園庭に水の線や白線（有害な成分が含まれていないもの）で道路や店、駐車場などを描いておく。
○子どもたちのイメージが膨らむように保育者もいっしょに遊びを楽しむようにする。

ポカポカするね

●保育者や友達と手をつないで『なべなべそこぬけ』などのわらべうたで遊ぶ。
○友達に触れたりくっついたりして、スキンシップを大事にする。

ボールをけってみよう

●ボールをやりとりしたり、足でけったりして遊ぶ。
◆ボールの数は十分に用意しておく。
○異年齢の子どもたちの遊ぶ姿を見てボール遊びに興味を持てるようにする。

わかる！書ける！
書き方解説をチェック！

マーク（★◆◎✿）が付いているところを見て、右ページの書き方解説を読んでください。指導計画のしくみがだんだんわかるようになり、自分で書けるようになります。

★…つながりを意識して　◆…具体的に
◎…保育の専門的な目線で　✿…GOOD表現

2月　1歳児

4月～9月は低月齢児と高月齢児で表を2つに分けていましたが、発達差も縮まったため、クラス全体としてひとつにまとめています。

今月のねらい

クラス全体としてのねらい
ねらいは、養護と教育をより意識してたてましょう。

○ひとりひとりの体調に気をつけ、寒い冬を元気に過ごせるようにする。（養護）
○保育者や友達といっしょに遊ぶ中で、簡単な言葉のやりとりを楽しむ。（教育）

今月の予定

★節分の日の集い
★生活発表会
★誕生会
★避難訓練
★身体計測

前月末の子どもの姿

★1 ○「おかわり」と皿を差し出したり、食べ終わると「ごちそうさま」と手を合わせたりしている。
✿ ○トイレに誘うと「でた」とパンツを触ってぬれたことを知らせる子どももいる。
○服のボタンを自分で外そうとするがうまくできず、保育者のところへ持ってくる。
◎1 ○「あ、あ」と指さしをしながら鼻水が出ていることを知らせたり、自分でティッシュペーパーを取ってふこうとしたりする子どももいる。
○「おかたづけね」と言うと、玩具を元に戻し、かたづけを褒められるとうれしそうにしている。
○低い段差を跳んだり、斜面の上り下りを何度も繰り返したりしている。
◆1 ○凹凸のあるボールばかりを集めて斜面を転がし、「あっちいったね」「おもしろいね」と友達同士で笑い合っている。
○乗り物の曲が流れるとイスをバスに見たてて座り、歌のフレーズを口ずさんだり、リズムに乗って体を動かしたりして喜んでいる。

内容（🍴は食育に関して）

★2 ○してほしいことや、食前・食後のあいさつを動作や言葉で表す。
○排せつしたいときは、保育者に知らせたり、自分からトイレに行こうとしたりする。
○ボタンを外したり留めたりすることに興味を持ち、自分でしようとする。
✿ ○鼻水の出ている気持ち悪さがわかり、保育者に知らせたり、自分でふこうとしたりする。
○保育者の言葉や誘いかけがわかり、自分からかたづけようとする。
○跳んだり斜面の上り下りをしたりして、十分に遊ぶ。
○いろいろなボールを使って遊びながら、保育者や友達と簡単な言葉のやりとりをして楽しむ。
○保育者や友達と好きな歌をうたったり、体を動かしたりして楽しむ。

個別配慮

M児（2歳8か月）
○いつも同じ友達に対して、押したり、その子の遊んでいる物を取り上げたりすることが多い。

ねらいと内容

○保育者の仲立ちで、友達とのかかわりを持つ。

保育士等のチームワーク

★ひとりひとりの健康状態を担任間で共有するとともに、体調の悪い子どもについては看護師と連携し、その日の過ごし方を決めておく。
✿ ★言葉数が増え、自己主張し始めた時期の子どもの発達を再確認し合い、かかわり方について共通理解しておく。

延長保育を充実させるために

☆ひとりひとりの健康状態をていねいに引き継ぐとともに、肌触りのよい敷物や温かい飲み物を用意するなど、ゆったりと過ごせるようにする。

家庭・地域との連携
保護者への支援も含む

★流行している感染症の症状や予防、病後に登園する際の届けのしかたなどをお便りにまとめて配布し、早期発見に努めてもらうとともに、子どもの健康状態をていねいに伝え合う。
★生活発表会などを通して園や家庭での子どもの姿を伝え合い、1年間の子どもの成長を確かめ合う機会にする。
★地域の子育て家庭に、「節分の日の集い」への参加を呼びかける。

健康・食育・安全への配慮

●下痢便・吐物処理の手順や使用する用品を確認し、室内の温度（20～22℃）や湿度（50～60％）に気を配るなど感染症予防に努める。
●「節分の日の集い」にイワシや豆を使った行事食を食べて、食事に興味を持つようにする。
●行動範囲が広がるので、家具の角に付けているカバーや遊具、玩具の置き場所を見直すなど、室内外の安全点検をしていく。

環境づくり（◆）と援助・配慮（○）

➡ P.114の遊びの展開に対応！

◆**食事のときはすぐに手や顔がふけるように、おしぼりを手の届く所に用意しておく。**
○子どもの食欲に合わせて量を加減したり、体調の悪いときは調理室と連携して調理方法を工夫したりするなど個別に対応する。
★3 ○食事のあいさつを保育者といっしょにしたり、子どものようすから察した要求や思いに言葉を添えてこたえるようにしたりする。
◆**寒さで排尿のタイミングが合いにくい子どもが増えているので、「排尿記録表」を作成し、記録できるよう用意しておく。**
◆**ティッシュペーパーはすぐに使えるように手の届くところに置いておく。**
○ボタンを外そうとしたり鼻水をふこうとしたりするなど、自分でしようとしているときは、褒めたり励ましたりする。
○生活や遊びの中で出てくる言葉にていねいにこたえながら、保育者や子ども同士の言葉のやりとりを楽しむようにしていく。
◆**玩具棚の配置を見直すなど、室内でも体を十分に動かして遊ぶスペースを広く空けておく。**
○運動機能に個人差があるのでそばについて見守り、子どものようすに合わせて少し手を貸したり励ましたりする。
◆**手作りのイスは、子どもの身長に合わせてまたがりやすく安定感のあるものを用意する。また、つもり遊びやリズム遊びがいつでもできるように、子どもの好きな曲や手作り楽器などを準備しておく。**
○保育者も子どもと遊びを共有しながらイメージを広げていくようにする。

○子どもと遊びながら、「いっしょにあそぼ」「かして」「どうぞ」など言葉を使ってのかかわり方やもののやりとりを、保育者がモデルになって知らせていく。

わかる！書ける！書き方解説

指導計画のマークを追って解説を読んでください。

★1～3
つながりを意識して書きましょう。

★1のように欲求を言葉で表したり、「ごちそうさま」のあいさつが動作でできたりする姿があります。★2では、してほしいことや、あいさつを動作や言葉で表すことを目ざしています。★3で子どもの要求や思いを察し、「言葉を添えて応答すること」、「食事のあいさつを保育者がいっしょにすること」、と適切な援助を書いています。

◆1
子どもの姿が目に浮かぶように具体的に書きましょう。

凹凸のあるボールの予想を超えたおもしろさを、具体的に書いているので、状況がよくわかります。

◎1
保育の専門的な目線を持って書きましょう。

清潔の習慣は、文化的なものであり、意識的に指導してこそ身につくものです。鼻水を知らせたり、自分でふいたりする発達の姿を発見しています。冬の季節としても適切な書き方です。

◎は、**GOOD表現**のしるしです。

反省・評価
（自己評価）として大切にしたいこと
今月の保育終了後の文例として

★かぜなどで体調の悪い子どもが目だった。健康状態について保護者とこまめに連絡を取り合い、その日の過ごし方や遊びの内容を工夫しながら保育するようにした。3月も気温の変化が大きいので、元気に過ごせるようひとりひとりに気配りしていきたい。
★保育者をまねたり子ども同士でやりとりを楽しんだりするなど、言葉数が増えてきた。反面、場所やものの取り合いも多く見られる。子どもの気持ちを受け止めながら、少しの間順番を待つ、言葉を使ってもののやりとりをするなど、友達とのかかわり方に気づかせていきたい。
（斎藤三枝）

2月 遊びの展開 1歳児

P.112の指導計画に対応

環境づくりと援助・配慮がひと目でわかる!

遊びの展開

月案（P.112-113）の「環境づくりと援助・配慮」の一部を基に、その環境や援助による遊びの広がりをイラストで解説します。
（●は子どもの活動（ねらい・内容も含む）、◆は環境、◯は援助・配慮について記入しています）

いっしょに

よいしょ、よいしょ

●大型の手作り遊具の斜面を上り下りしたり、低い台の上を歩いたり、跳んだりして遊ぶ。
◆手作り遊具は遊ぶようすやスペースに合わせて組み方やつなぎ方を工夫する。
◯そばについて危険のないように見守る。

手作り遊具の作り方

牛乳パックに、新聞紙をできるだけ硬くして詰めたものをたくさん作っておく。

手作り遊具の組み合わせ方①

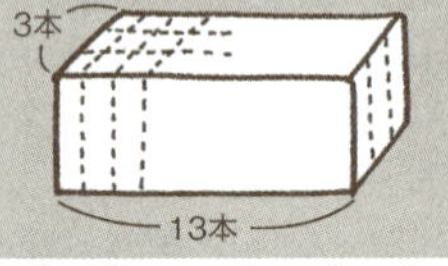

上記のように新聞紙を詰めた牛乳パックを縦にして3本×13本並べてテープ類で固定し、布でくるむ。

※斜面を作る場合は、上の部分を斜めに切り取り、上から段ボール板などをかぶせて固定し、布でくるむ。

手作り遊具の組み合わせ方②

牛乳パックを横に寝かせて下図のように並べ、布でくるむ。

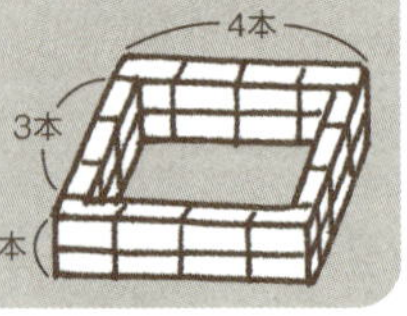

手作り遊具の組み合わせ方③

牛乳パックをL字に組み合わせて固定しておき、接続部分にマジックテープを付けておく。これをいくつか作っておくと、並べ替えていろいろな形の平均台になる。

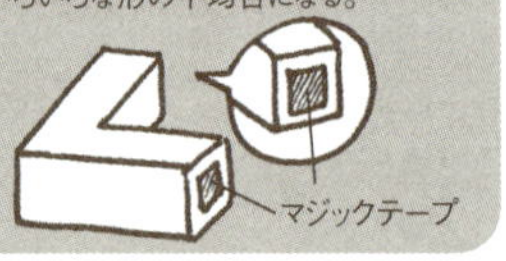

◆遊具の高さや幅の広さは、子どものようすに合わせて、低くしたり広くしたりする。

コロコロ まてまて〜

●ボールを集める、転がす、投げるなどして遊ぶ。
◆大きさや質感の違ういろいろなボールを多めに用意しておく。（凹凸のあるボール、ゴムボール、スポンジボール　など）

いただきます!

●毛糸やフェルトで作った食べ物や積み木、ブロックなどを弁当箱に詰めたり、食べるまねをしたりして遊ぶ。
◆ままごとコーナーを設け、玩具や机、棚を用意しておく。
◯いっしょに楽しんだり、子ども同士のやりとりを見守ったりしながら、遊びを盛り上げていく。

ほとんどの子どもが、上り下りする、跳ぶ、走る、しゃがむなど基本的な動作を獲得しています。言葉もどんどん増えてきて見たてやつもりの遊びが大好きな子どもたちです。保育者もいっしょに楽しみ、遊びをおおいに盛り上げましょう。

（藤本員子）

執筆 斎藤三枝

あそぼ！

しゅっぱーつ

●手作りのイスを並べて乗り物に見たてて座り、歌ったり、リズムに乗って体を動かしたりして楽しむ。
◆"手作りのイス"は、子どもの足が床に着く高さで、安定感のあるものを用意する。

手作りのイスの作り方

①牛乳パック10本を用意する。
②牛乳パックの中に新聞紙や段ボールを折ったものを芯にして詰める。
③クラフトテープなどでしっかり固定し、はり合わせる。
④上から木工用接着剤で布をはって補強する。
⑤しっかり乾燥してから透明幅広テープをはる。

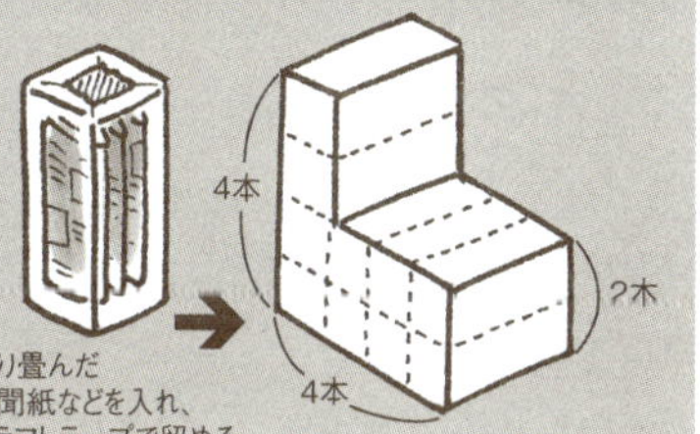
折り畳んだ
新聞紙などを入れ、
クラフトテープで留める
4本
4本
?木

絵本大好き

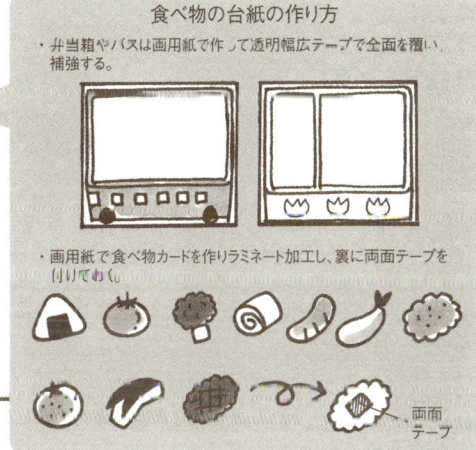

●絵本に出てくる簡単な言葉のやりとりを楽しむ。
◆絵本は繰り返しのあるもので、乗り物や食べ物が出てくるお気に入りのものを用意しておく。（『おべんとうバス』など）
○子どものつぶやきや表情にこたえながら読み進めていく。

食べ物 いっぱい!

●台紙（弁当箱やバス）に食べ物カードをはったり外したりして遊ぶ。
○イメージが広がるように、絵本の言葉を使ってやりとりをいっしょに楽しむようにする。

食べ物の台紙の作り方

・弁当箱やバスは画用紙で作って透明幅広テープで全面を覆い、補強する。

・画用紙で食べ物カードを作りラミネート加工し、裏に両面テープを付けておく。

両面
テープ

わかる！書ける！
書き方解説をチェック！

マーク（★◆◎🏵）が付いているところを見て、右ページの書き方解説を読んでください。指導計画のしくみがだんだんわかるようになり、自分で書けるようになります。

★…つながりを意識して　◆…具体的に
◎…保育の専門的な目線で　🏵…GOOD表現

3月　1歳児

4月〜9月は低月齢児と高月齢児で表を2つに分けていましたが、発達差も縮まったため、クラス全体としてひとつにまとめています。

今月のねらい

クラス全体としてのねらい
ねらいは、養護と教育をより意識してたてましょう。

○簡単な身の回りのことを自分でしようとする。（養護）
○保育者や友達といっしょに見たて遊びやつもり遊びを楽しむ。（教育）

今月の予定

★クラス懇談会
★お別れ会
★卒園式
★誕生会
★身体計測
★避難訓練

前月末の子どもの姿	内容（🍴は食育に関して）
○スプーンを使って食べているが、すくいにくくなると、保育者に皿を差し出している。	○スプーンを使って残さず食べようとする。🍴
🏵○ズボンの前を押さえたりもじもじしたりしているので、トイレに誘うと便器で排尿することもある。	🏵○尿意を知らせたり、自分からトイレに行こうとしたりする。
○脱いだ衣服を畳もうとするが、思うようにいかず保育者のところに持ってくる。	○保育者に見守られながら衣服を自分で畳もうとする。
★1○戸外遊びの後、保育室に戻ると手洗い場に行き、自分で手を洗おうとしている。	★2○自分で手を洗ってきれいになることの快さを感じる。
○散歩などで年長児に手をつないでもらって、喜んでいる。	○異年齢児に関心を持ち、かかわろうとする。
○赤ちゃん人形にミルクをあげたり、オムツを換えたりして楽しんでいる。	○見たてやつもり遊びを十分に楽しむ。
◆1○粘土を丸めたり長く伸ばしたりして、「おだんご、ヘビ」などと言いながら楽しんでいる。	○友達といっしょに指先を使った遊びを楽しむ。
○わらべうたを歌うと保育者の動きをまねようとしたり、いっしょに歌おうとしたりしている。	○保育者といっしょに歌ったり、体を動かしたりして遊ぶ。

個別配慮	ねらいと内容
Y児（2歳2か月） ◎1○自分の持っている玩具を友達に取られると「Yちゃんの。やめて。いや」と言っている。	🏵○生活や遊びの中で、自分の思いを言葉で伝えようとする。

保育士等のチームワーク

★行動範囲が広がっているので、子どもの居場所や人数確認、声をかけ合うことなどを再確認し合う。
★子どもの体調に合わせて活動を楽しめるように、遊びの内容や役割分担を決めておく。
🏵★ひとりひとりの発達課題を担任間で話し合ってまとめ、次年度の担当者に申し送り、共有する。

延長保育を充実させるために

☆子どもの好きな絵本や玩具を用意し、保育者と十分にかかわりながらゆったりと過ごせるようにする。

家庭・地域との連携
保護者への支援も含む

★クラス懇談会では、1年間の子どもの成長を振り返ったり、次年度の準備物や生活の流れを話したりするなど、保護者の期待や不安にこたえていく。
★寒暖差の大きい時期なので、調節しやすい衣服を用意してもらう。
★新年度に入園する予定の園児を対象に、親子体験保育の実施を呼びかけていく。

健康・食育・安全への配慮

●寒暖の差の大きい日もあるので室温や湿度に注意し、子どもの体調に合わせて衣服を調節していく。
●ちらし寿司やあられなどひな祭りにちなんだ行事食を通して、食事に興味を持つようにする。
●動きが活発になっているので、戸外や室内の遊具や玩具の整備・安全点検をていねいに行なう。

環境づくり(◆)と援助・配慮(○)

P.118の遊びの展開に対応!

○スプーンですくいやすいようにひと口分を取り分けたり、「たべた!」と喜ぶ子どもの思いに共感したりしていく。
○尿意を感じているしぐさを見逃さないようにしてトイレに誘い、排尿したときは「出たね」「よかったね」などおおいに褒める。
◆衣服を畳む場所を十分に空けておく。
○脱いだ衣服を保育者といっしょに畳みながら自分でできたという気持ちを大切にしていく。
★3 ○手を洗っている子どものようすを見守り、洗い残しがあるときは介助しながら手の洗い方を知らせていく。
○異年齢児といっしょに歩くときは子どもの歩調や動きに気を配り、散歩途中の子どもたちの驚きや発見に共感していく。
◆地面に道や線路を水線などで描き、三輪車やフープ、手押し車などを用意しておく。
○保育者もいっしょにすることで、楽しみながら体を十分に動かして遊べるようにする。
◆ままごとコーナーに赤ちゃん人形やスリング、オムツ、布団、哺乳瓶、空き容器、鍋、泡立て器、しゃもじなどの玩具や用具を多めに用意する。
○保育者もいっしょに楽しみながら、「見たて」や「つもり」の遊びをより豊かにする。
◆皿やトレイ、粘土、ビニールシートなどを用意する。
○口に入れないように見守り、安全面に気を配る。
◆子どものリクエストにすぐに対応できるように、わらべうたに使うハンカチやペープサートなどを手近に用意しておく。

○「Yちゃんが持っていたものね」とまずY児の気持ちを受け止め、「○○ちゃんもこれで遊びたいんだって。困ったね」と他児の思いに気づくように働きかけ、「どうする?」とできるだけ子どもに判断させて、自分の思いを言葉で伝えられるようにしていく。

わかる!書ける! 書き方解説

指導計画のマークを追って解説を読んでください。

★1~3
つながりを意識して書きましょう。

清潔の習慣の中でも手洗いは、このころになると身につき始め、★1に書かれているように、戸外遊びの後、自分で手を洗おうとしている姿が見られます。★2の内容では、手を洗ってきれいになることの快さを押さえています。★3では姿、内容を踏まえて、洗っている子どものようすを見守り、洗い残しを介助しながら、手の洗い方を知らせていくようにつながりを意識して書いています。

◆1
子どもの姿が目に浮かぶように具体的に書きましょう。

粘土遊びのこの時期の姿を、丸めたり、伸ばしたりするだけではなく、言葉で命名していることを、具体的に書いているので、発達がよくわかります。

○1
保育の専門的な目線を持って書きましょう。

玩具の取り合いのトラブルが起こる時期ですが、自己主張のようすを、専門的な視点でこのように書いていけば、保育者間でも理解し合えます。

(花マーク)は、**GOOD表現**のしるしです。

反省・評価

(自己評価)として大切にしたいこと
今月の保育終了後の文例として

★簡単な身の回りのことを自分からしようとする姿がいろいろな場面で見られた。進級を前にひとりひとりにていねいにかかわったことが自信につながったようだ。新年度で環境が変わっても自分でしようとする気持ちを大切にしたいと思う。
★見たて遊びやつもり遊びがより楽しめるように、コーナーの内容などを担任間で話し合い工夫した。子どもたちの遊ぶようすを見守りながら、より遊びが展開できるように努めたい。

(川東真弓)

P.116の指導計画に対応

環境づくりと援助・配慮がひと目でわかる!

遊びの展開

月案（P.116-117）の「環境づくりと援助・配慮」の一部を基に、その環境や援助による遊びの広がりをイラストで解説します。
（●は子どもの活動（ねらい・内容も含む）、◆は環境、○は援助・配慮について記入しています）

いっぱい

園内散歩

これ、なあに?

●年長児の保育室に行き、ドジョウやザリガニなどを見て楽しむ。

ホールで遊ぼ!

●十分に体を動かして、サーキット遊びを楽しむ。
◆ホールにはしご、でこぼこ道、トンネルなどを用意し、子どもの遊びに応じて組み替える。
○はしごや滑り台などの横には必ず保育者がつき、一方通行にして子どもの動きを見守るなど、安全面に気を配る。

いっしょに遊ぼ!

●2歳児といっしょに遊んだり、昼食を食べたりして、進級する保育室の雰囲気に慣れる。
○少人数のグループに分かれて訪問し、ゆったりと過ごす。

ころころ、どうぞ

●指先を十分に使って遊ぶ。
◆粘土や皿、トレイ、ビニールシート、粘土板などを用意する。

ままごと…

●赤ちゃん人形にミルクをあげたり、オムツ替えを保育者といっしょにしたりして遊ぶ。
◆スリングや、哺乳瓶、オムツ、人形、鍋や泡立て器など、つもり遊びが楽しめるような玩具を用意しておく。
○「ママみたいね」「だっこしてあげてるのね」と子どものようすを言葉にして保育者もいっしょに楽しみ、遊びを盛り上げていく。

言葉数が増えるにつれてイメージも育ち始め、簡単なごっこ遊びができるようになりました。動きも活発になって、“お外大好き”の子どもたちです。新年度のクラス移行を前に、年長児とのかかわりも増えています。1年間のまとめの月を、保育者といっしょにいっぱい遊びましょう。

（藤本員子）

執筆 川東真弓

あ・そ・ぼ！

なにがいるの?

●年長児のザリガニ探しを興味を持って見る。
○保育者は子どものそばにつき、危険のないように見守る。

おもしろいね

●でこぼこ道を選んで歩いたり、低い段差を上り下りしたりする。
○危険のないよう目配りしながら見守る。
○常に子どものいる場所と人数を確認する。

おにいちゃんたちといっしょ

●異年齢児との散歩を楽しむ。
◆着替え用のパンツやズボンを1～2組持っていく。
○散歩のルートを下見して、目的地での遊び場や危険箇所を確認しておく。

お外だーいすき

○水分の補給を十分にする。
○気温に応じて衣服の調節をする。

あれれれ?

●保育者の影を追いかけたり、影をまねたりして遊ぶ。

しゅっぱーつ進行!

◆地面に道や線路を描き、三輪車やフープ、手押し車などを用意する。
○保育者が車掌役になるなどいっしょに遊びながら、楽しめるようにする。

2歳児

- 年の計画……P.121
- 4月…………P.122～
- 5月…………P.126～
- 6月…………P.130～
- 7月…………P.134～
- 8月…………P.138～
- 9月…………P.142～
- 10月…………P.146～
- 11月…………P.150～
- 12月…………P.154～
- 1月…………P.158～
- 2月…………P.162～
- 3月…………P.166～

2歳児の発達は…

手指や身体の運動能力が向上し、生活習慣を自分から進めていこうとする。だが自我の芽生えや言葉の発達に伴い、自己主張も強くなり友達との物の取り合いが多くなる。また好きなヒーローなどになり切る遊びが盛んになる。

2歳児の年の計画

CD-ROM P.121-169_2歳児 ▶年の計画.doc

子どもの姿

○ 1日の生活のだいたいの流れがわかるようになり、食事、排せつの習慣や、衣服の着脱、簡単な身の回りの始末など、自分でできることが増えてくる。
○ 自由に歩けるようになり、走る、跳ぶ、階段の上り下りをするなど、基礎的な体力が身についてくる。
○ 目と指先の使い方が協応するようになり、はし、スプーン、ハサミ、色紙、粘土などを使おうとする意欲が出てくる。
○ いろいろな感情が急速に育ち、恐れ、怒り、しっとなど、情緒の動きが激しく、性格もはっきりして、甘える、すねる、はにかむ、人をより好みするなどの姿が見られる。
○ 自我が芽生え、自他の区別もできて、固執や反抗などで大人を困らせたり、自己主張が強くなるため、しばしば友達とのぶつかり合いが起こったりするようになる。
○ 互いに友達に関心を示し始め、同じ遊びをするようになり、少人数でごっこ遊びや手遊びなどを喜び、共感し合うようになる。
○ 身近な物や事柄に関心を持ち、「なぜ?」「どうして?」「どうやってするの?」など質問が盛んになり、名称や用途、特徴などを知ろうとする。
○ 意思や感情を言葉で伝えたり、動作で表現したりするようになり、身近な出来事についても言葉で伝えるようになる。
○ 色、物の大小、多少、形の違いなどがわかるようになり、比較したり、同じであることに気づいたりする。
○ 想像力の芽生えとともに、絵本やお話や紙芝居などを好むようになり、登場人物に同化して動作をまねたり、言葉を繰り返したり、保育者や友達と共にごっこ遊びを楽しんだりする姿が見られる。
○ 簡単な歌をうたったり、リズムに乗って体を動かしたり、動物の動きをまねたり、楽器を使ってのリズム遊びを喜んでしたりするようになる。
○ 自然物や描画材料、構成素材を使って、何かを作ったり、つぶしたり、塗りたくったりしての感覚遊び、造形遊びを楽しんでするようになる。

ねらい

○ 担当の保育者などに見守られ、簡単な身の回りの始末を自分でできるようにする。
○ いろいろな食べ物や料理を味わい、友達といっしょに食事を楽しむ。
○ 遊具や運動用具を使い、保育者や友達とのいろいろな運動遊びを通して、身のこなしを少しずつ身につける。
○ 友達とのかかわりができ、いっしょに行動したり、同じ遊びを好んでしたり、つもり遊びをしたりする。
○ 生活の中で身の回りの物の名前や簡単な数、形、色などがわかり、言葉を使って伝えたり、言葉のやりとりを楽しんだりする。
○ 好きな歌をうたったり、いろいろな音の違いを楽しんだり、好きなリズムに乗って体を動かしたりする。
○ 自然物やいろいろな素材を使うことに興味を持ち、できた物に意味づけをするなどして、物を作る楽しみを知る。

内容

期	Ⅰ期(4～8月)	Ⅱ期(9～12月)	Ⅲ期(1～3月)
内容	○ 新しい環境に慣れ、保育者や友達の名前を知ってさまざまな遊びを楽しむ。 ○ 食事やおやつは、時々、介助を必要とするが、イスに座ってひとりで食べる。 ○ 保育者に見守られ、トイレでの排せつに慣れる。 ○ 新しい場所での午睡に慣れ、十分に眠る。 ○ パンツやズボンをひとりではく。 ○ 保育者が言葉をかけることによって、体の汚れや衣服の汚れに気づき、きれいになったことを知る。 ○ 好きな固定遊具や運動遊具の使い方を知り、体を動かして遊ぶ楽しさを味わう。 ○ 自分の持ち物の置き場所やロッカーを知り、持ち物の始末をする。 ○ 玩具や生活用具の名称、使い方に興味を持ち、言葉で表したり、用途を知ったりする。 ○ 名前を呼ばれると返事をする。 ○ あいさつやしたいこと、してほしいことを言葉で伝える。 ○ 好きな歌を聞いたり、知っている歌をうたったりする。 ○ 砂・水・粘土やそのほかの自然物を使って遊ぶ。	○ 生活の流れがわかり、自分から行動する。 ○ 量を加減してもらい、よくかんで食べ、食べ終える喜びを知る。 ○ 衣服を汚さないでトイレで排せつできる。 ○ 前開きやかぶりの服の着脱のしかたを知り、ひとりでしてみようとする。 ○ 顔や手足が汚れたら、自分で気づき、介助してもらったり、ひとりで洗ったりする。 ○ 坂道やでこぼこ道を歩くなど、体のバランスを取る活動を楽しむ。 ○ 使用する運動用具などの種類が広がり、いろいろに組み合わせて試して遊ぶ。 ○ 集団の生活に必要な簡単な決まりがわかり、待ったり、譲ったりしようとする。 ○ 簡単な手伝いを喜んでする。 ○ 身近な物の名称や特徴に興味を持ち、言葉で表し、扱い方に慣れる。 ○ 友達の名前に興味を持ち、名前を呼び合い、いっしょに遊ぶ。 ○ 好きな絵本や紙芝居を何度でも読んでもらい、気に入った場面をまね、動作でつもり遊びをする。 ○ 好きな曲を聞いたり、曲に合わせて動いたりする。 ○ パスやマーカー、ポスターカラーでなぐり描きをする。 ○ いろいろな材料に触れ、できたもので、見たて遊びをする。 ○ 積み木や人形を使って、つもり遊びを楽しむ。	○ 生活に必要な習慣や食事の基本的な習慣や態度がしだいに身につく。 ○ 食べ物の種類により、はし、スプーン、フォークを使って食べる。 ○ 友達といっしょに食べることを喜ぶ。 ○ 排せつを事前に言葉や動作で知らせ、見守られながらする。 ○ ひとりで衣服の着脱をする。 ○ 促されて食前や排せつの後の手洗いをする。 ○ 簡単な約束事を守って友達と遊ぶ。 ○ 身近な玩具や生活用具の正しい使い方がわかり、使う。 ○ 見たり触れたり感じたりしたことを、言葉で伝えたり、やりとりを楽しんだりする。 ○ 友達とおしゃべりを楽しむ。 ○ 簡単なごっこ遊びを楽しむ。 ○ 歌に合わせて手遊びをしたり、リズムに合わせて体を動かしたりする。 ○ 赤、青、黄など、色の名前を知り、遊具や服やボールなどの色の違いに関心を持つようになる。 ○ 切ったり、はったりして、好きなものを作り、作った物で遊ぶことを楽しむ。 ○ 3歳児への進級に期待を持つ。

わかる！書ける！
書き方解説をチェック！

マーク（★◆◎❀）が付いているところを見て、右ページの書き方解説を読んでください。指導計画のしくみがだんだんわかるようになり、自分で書けるようになります。

★…つながりを意識して　◆…具体的に
◎…保育の専門的な目線で　❀…GOOD表現

4月 2歳児

今月のねらい

クラス全体としてのねらい
ねらいは、養護と教育をより意識してたてましょう。

○新しい生活に慣れて、安心して過ごせるようにする。（養護）
○保育者といっしょに好きな遊びを楽しむ。（教育）

今月の予定

★クラス懇談会
★身体計測
★誕生会
★避難訓練

今月初めの子どもの姿	内容（🍴は食育に関して）
★1 ○新入園児は、保護者を後追いしたり泣き続けたりしている。進級児は、周りの雰囲気の変化に不安を感じ保育者から離れようとしない子どももいる。	★2 ○新しい保育室や生活リズムに少しずつ慣れ、保育者に見守られながら、安心して過ごせるようにする。
❀ ○落ち着いて食事をしている子どもや、不安から食べられなかったり、食べさせてもらうのを待っていたりする子どもなど、さまざまな姿が見られる。	○介助されながらスプーンやフォークを使って自分で食べようとする。🍴
○保育者に誘われて、便器で排せつできる子どももいるが、オムツがぬれている子どももいる。	○促されてトイレに行き、介助されたり見守られたりしながら排せつする。
◆1 ○保育者に見守られながら眠る子どもが多いが、中には泣いたり、すぐ目覚めたりする子どもがいる。	◆2 ○見守られながら安心して眠る。
❀ ○衣服の脱ぎ着を介助されながら自分でしようとしたり、「やって」「できない」と甘えたりする姿が見られる。	○簡単な衣服の脱ぎ着を自分でしようとする。
◎1 ○新しい保育室の玩具を喜んで遊んでいるが、玩具の取り合いもよく見られる。	○新しい保育室の玩具の使い方や遊び方を知る。
○散歩や園庭で遊ぶことを喜び、草花摘みや小さな虫探しなどをして楽しんでいる。	○春の自然の中で、散歩や戸外遊びを楽しむ。
○固定遊具や砂場など好きな場所で遊んでいる。	
○保育者といっしょに歌をうたったり、手遊びを楽しんだりしている。	○保育者といっしょに歌をうたったり、わらべうたあそびを楽しんだりする。

個別配慮

K児（2歳3か月）新入園児
○友達とのかかわり方がわからず、そばに来ると押したりたたいたりする。また、友達の持っているものをすぐ取ったりするので、K児が近づくと周りの子どもは逃げたり泣いたりする。

ねらいと内容

●友達とかかわって遊ぶ。
○保育者に見守られながら、友達に関心を持ってかかわろうとする。

保育士等のチームワーク

★ひとりひとりの健康状態や遊びのようすを連絡し合い、子どもに応じた配慮ができるように確認し合っておく。
★保護者への対応が保育者間で違いがないように話し合っておく。
★遊びの行動範囲が広がるので、子どもの動きに合わせて、危険のないよう、また全体が見られるよう連携を取っておく。
★アレルギー児の除去食や注意事項について、担任、栄養士、調理師と確認し合っておく。

延長保育を充実させるために

☆保育者間で、保護者への連絡事項について連絡もれのないよう、引き継ぎ方法を話し合っておく。

家庭・地域との連携 保護者への支援も含む

★保護者とゆっくり話す機会を持ったり、連絡ノートで家庭のようすや園でのようすを伝え合ったりして、信頼関係をつくっていく。
★緊急連絡先や送迎者の確認をしておく。
★環境の変化から疲れやすいので、十分に睡眠を取るなど、家庭でも健康管理に配慮してもらう。
★登園時のしたくのしかた、持ち物の置き方などを、図や写真などでわかりやすいように伝える。

健康・食育・安全への配慮

●ひとりひとりの発育状況や、アレルギーや熱性けいれんなど体質的特徴、家庭状況を児童票や家庭調査票で把握しておき、心身の変化に対応できるようにしておく。
●春野菜（ソラマメ、タケノコ　など）に興味を持てるように、触れたりにおいをかいだりする機会を持つ。
●危険のないよう、園舎内外の危険箇所の点検や整備を行なう。

環境づくり（◆）と援助・配慮（○）

P.124の遊びの展開に対応！

◆ロッカーや靴箱などには、子どもの見やすい位置にマークを付けておく。
★3 ○保育者もゆったりした気持ちでかかわるようにし、抱いたり手をつないだり、また話しかけたりしながら不安な気持ちを受け止めていく。
○子どもの好みを把握したり量を加減したりして、そばにつきながら必要に応じて援助していく。
◆トイレの中の照明を明るくしたり、楽しい装飾をしたりして、子どもが親しみやすい環境にしておく。
○ひとりひとりの排せつ間隔を把握し、時間を見て誘うようにする。漏らしたときは、保育者といっしょに着替えながら気持ち良さを知らせていく。
○眠れない子どもや途中で目覚めた子どもには、そばについて手を握ったり抱いたりして、安心して眠りにつけるようにする。
○甘えたい気持ちを十分に受け止め、介助したり励ましたりする。
◆ひとりひとりの興味や遊びに合わせた玩具を数多く用意しておく。
○保育者といっしょに遊びながら、玩具の使い方や遊び方を知らせていく。
○子どものようすを見守りながら、好きな遊びを見つけられない子どもには、いっしょに誘いながら遊びの楽しさを伝えていく。
◆戸外に出るときは、十分に自然とふれあえるよう時間に余裕を持っておく。
○いっしょに草花を摘んだり虫を見つけたりしながら、子どもたちの驚きや発見を受け止める。
◆砂場用の型抜きや玩具、空き容器などを十分に用意しておく。
○砂遊びをいやがる子どもには、保育者や友達が楽しむ姿を見せながら徐々に誘っていく。
◆よく知っている歌やふれあいができる簡単なわらべうたあそびを選んでおく。
◎○子どもの気持ちにこたえ、興味を持った歌やわらべうたあそびを繰り返し保育者もいっしょに楽しむようにする。

○できるだけ同じ保育者がかかわり不安な気持ちを受け止めながら、安心して過ごせるようにしていく。
◎○トラブルになったときは、互いの気持ちを聞きながら保育者が仲立ちとなり、かかわり方を知らせていく。

わかる！書ける！書き方解説

指導計画のマークを追って解説を読んでください。

★1～3
つながりを意識して書きましょう。

★1のように、2歳児は母子の愛着関係が強くなっていますので、後追いや泣く姿があります。そこでねらいに沿って内容は、★2となり、援助は★3の、「抱いたり手をつないだり、話しかけたりしながら、不安な気持ちを受け止めていく」としていきます。

◆1・2
子どもの姿が目に浮かぶように具体的に書きましょう。

4月の情緒不安定な姿は、午睡中でも起こりますが、「すぐ目覚める」という具体的な書き方によって、内容の「見守られながら」が納得できます。

◎1
保育の専門的な目線を持って書きましょう。

2歳児は、友達とのかかわり方がわからない集団生活初期では、玩具の取り合いがよく起こります。玩具の使い方や遊び方を知らせるとともに、専門性として意識していくことが大切です。

◎は、GOOD表現のしるしです。

反省・評価

（自己評価）として大切にしたいこと
今月の保育終了後の文例として

★新しい環境に慣れず泣いたり、不安な表情を見せたりする子どもが見られるので、甘えや欲求を優しく受け止めながら、ひとりひとりの子どもに合った対応を心がけた。生活の流れや身の回りのことが少しずつわかるようになり、安心して過ごす姿が見られるようになっている。
★戸外遊びを多く取り入れたことで、気持ちが不安定で泣いていた子どもも開放的な戸外で気分転換ができ、好きな遊びを見つけて遊ぶ姿が見られるようになった。気候のよい時期なので、来月もできるだけ戸外に出るような計画をしていきたい。

（松村善子）

P.122の指導計画に対応

環境づくりと援助・配慮がひと目でわかる!

遊びの展開

月案(P.122-123)の「環境づくりと援助・配慮」の一部を基に、その環境や援助による遊びの広がりをイラストで解説します。
(●は子どもの活動(ねらい・内容も含む)、◆は環境、◯は援助・配慮について記入しています)

ほいくえん

トイレに行くよ ~トイレで排せつ~

◆トイレの中に、子どもたちの好きな動物やキャラクターの装飾をしておく。
◆トイレの近くに、パンツやズボンがはきやすいように台を置いておき、洗濯しやすいマットを敷いておく。

わたしの靴箱あったよ ぼくのロッカー見つけたよ ~自分の靴箱やロッカーを見つける~

◆進級児には、新しい保育室でもすぐ自分のものとわかるように、1歳児クラスのマークと同じ物を使う。

「○○ちゃんおはよう」 ~安心できるような朝の受け入れ~

○新入園児には、できるだけ同じ保育者がかかわるようにする。
○朝の準備は、ひとりひとりに合わせて、ゆったりかかわるようにする。

何して遊ぼう ~好きな遊びを楽しむ~

◆子どもたちが出し入れしやすいように、箱や引き出しに入っている玩具の図や写真を付けておく。
◆牛乳パックや段ボールなどで、移動させやすいついたてを作っておく。
◆カーペットやついたてで、落ち着いた雰囲気の子どもの居場所を作っておく。

ついたての作り方

①牛乳パック(2本)の注ぎ口の部分を切り取り、ひとつに新聞紙を詰め、もうひとつをはめ込んでテープで留める。これを12個作る。

② ①を3本×2段に積んでテープで固定する。これを2組作る。

すき間を空ける
はる
土台

③ ②を土台の段ボールに、ついたての厚み分のすき間を空けて、接着剤ではり付ける。

④段ボールは3~4枚を重ねてついたてに。布に接着剤を付けて、土台とついたてを包む。

ひらひら ひらひら ~音楽に合わせてまねっこ遊び~

◆頭に付けられるように3cm幅程度のベルトにモールを付けて、チョウのお面を作っておく。

※モールは肌に当たらないよう表側に付けておく

みーつけた! ~チョウやダンゴムシ探し~

おへやにチョウがいっぱい ~チョウを作って保育室に飾る~

チョウの作り方

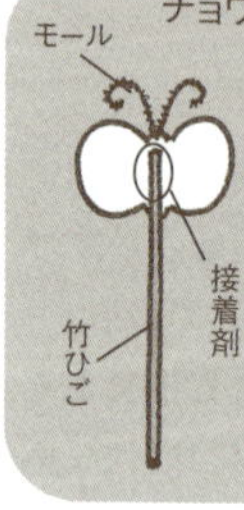
モール
接着剤
竹ひご

①いろいろな大きさのチョウを切り、子どもたちがクレヨンやペンで好きな絵を描く。
②でき上がったチョウに、竹ひごを接着剤ではり付ける。

③発泡スチロールにチョウの付いた竹ひごを子どもたちと差していく。
★竹ひごがしなると揺れて楽しい。

★竹ひごを付けずに、天井からつるしたり、壁などにはったりしても楽しい。

お外はポカポカ♪　子どもたちはなんとなくソワソワ。泣いている子どもも、戸外に連れ出して、花壇のチューリップを数えたり、チョウチョウや虫を見つけたりすることで気分も晴れます。また、好きな遊びをじっくりとできるような環境も用意しましょう。　(田中三千穂)

執筆 松村善子

楽しいね

わたしのマークと同じだよ
～絵合わせで遊ぶ～

◆かまぼこ板に子どもたちのマークを描いておく。
○遊びながら友達のマークもわかるように、言葉をかけていく。

絵合わせの作り方

①かまぼこ板の角をやすりで削って丸みを付け、サンドペーパーでしあげておく。

②板を3枚並べて、ペンで絵を描く。
★絵を描く板の枚数は、いろいろあると楽しい。

♪○○ちゃん ♪はーい!
～友達・先生の名前を覚える～

●楽器を使って、名前を呼んだり返事をしたりする。
◆楽しくできるように、親しめるような楽器を用意しておく。

○○ちゃん
はい!

♪れんげつもか はなつもか♪
～わらべうた遊びを楽しむ～

れんげつもか

♩=96
れ んげ つ もか は なつ も か
こ とし の れ んげ は よ うさ い た
お めめ を ま わし て スッ ト ン トン
も ひと つ ま わし て スッ ト ン トン

〈遊び方〉

①♪れんげ～ようさいた
手拍子や友達と手合わせする。

②♪おめめをまわして～もひとつまわして
両手ひとさし指で目の前でくるくる円を描く。

③スットントン♪
手を3回たたく。
★最後にジャンケンをしても楽しい。

何が見つかるかな?
～友達と園庭や戸外散歩を楽しむ～

いっぱい咲いているね
～花摘みを楽しむ(レンゲ、タンポポ、シロツメクサ　など)～

花のつなぎ方

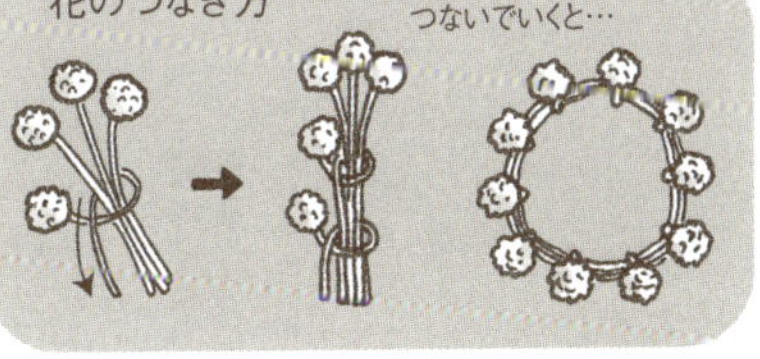
つないでいくと…

いっぱい集めよう
～サクラの花びらを集める～

◆集めた花びらを入れる容器を用意しておく。

お花のケーキだよ
～砂場で遊ぶ～

◆遊ぶ前に砂場を掘り起こして、危険がないか点検しておく。

きれいだね

◆摘んできた花を保育室や給食のテーブルに飾る。

わかる！書ける！
書き方解説をチェック！

マーク（★◆◎✿）が付いているところを見て、右ページの書き方解説を読んでください。指導計画のしくみがだんだんわかるようになり、自分で書けるようになります。

★…つながりを意識して　◆…具体的に
◎…保育の専門的な目線で　✿…GOOD表現

5月　2歳児

今月のねらい

クラス全体としてのねらい
ねらいは、養護と教育をより意識してたてましょう。

○新しい環境に慣れ、不安や甘え、要求を受け止めてもらいながら安心して過ごせるようにする。（養護）

○保育者や友達とかかわり、戸外でのびのびと体を動かして遊ぶ。（教育）

今月の予定

★内科検診
★ぎょう虫検査
★身体計測
★誕生会
★避難訓練

前月末の子どもの姿

○新しい環境に少しずつ慣れ、楽しく過ごしているが、新入園児の中には、登園時に保護者と離れることを渋り泣く子どももいる。

○手づかみやスプーン、フォークを使って自分で食べようとしている。

★1 ○トイレに行くことをいやがったり、間に合わず漏らしてしまったりする子どもがいる。

○できないところは、保育者に手伝ってもらいながら、簡単な衣服の脱ぎ着を自分でしようとしている。

○午睡時になると泣きだす子どももいるが、保育者がそばで見守ることで安心して眠っている。

◆1 ○戸外に出ることを喜び、保育者といっしょにシロツメクサを摘んで喜んだり、ダンゴムシを虫カゴに入れたりして楽しむ姿が見られる。

◎1 ○園庭に飾っているこいのぼりを見ながら、歌を口ずさんだり、「おおきいね」など思ったことを言葉にしたりと関心を持っている。

○保育者や友達といっしょに歌をうたったり、わらべうたあそびをしたりして喜んでいる。

○パスを使ってこいのぼりに色を塗り、できた作品を飾って喜んでいる。

内容（は食育に関して）

○保育者に見守られながら、安心して過ごす。

○楽しい雰囲気の中で、友達といっしょに食事をする。（食育）

★2 ○パンツがぬれていることを知らせたり、保育者に見守られながらトイレで排せつしようとしたりする。

○パンツやズボンの脱ぎ着を自分でしようとする。

○静かな雰囲気の中で安心して眠る。

○春の草花や虫に触れて遊ぶ。

○散歩に出かけ、かけっこや鬼ごっこを楽しむ。

○地域の人とのふれあいを喜ぶ。

○あいさつをしたり、してほしいことを言葉で伝えたりする。

○季節の歌をうたったり、音楽に合わせて体を動かしたりすることを楽しむ。

○パスを使って、なぐり描きを楽しむ。

個別配慮

Y児（3歳1か月）

✿ 環境の変化により、落ち着かず保育室をうろうろしたり、玩具を次から次へ出したりして落ち着かないようすが見られる。

ねらいと内容

●保育者に見守られながら、安心して過ごす。

○好きな遊びを見つけ、保育者や友達といっしょに遊ぶことを楽しむ。

保育士等のチームワーク

★子どもの不安や甘えなど、ひとりひとりの気持ちを受け止めていけるよう一貫性を持ったかかわり方や対応ができるように、十分に話し合っておく。

★子どもの食事状況を栄養士や調理師に伝え、好みや量などを把握してもらう。

★嘱託医と検診事項を確認し、職員全員が検診内容について把握しておく。

延長保育を充実させるために

☆各遊びコーナーに玩具を十分に用意しておき、好きな遊びができるようにしておく。

家庭・地域との連携 保護者への支援も含む

★登園を渋る子どもの中には、保護者が不安を抱えていることもあるので、登園後の園でのようすを細かく伝えることで安心してもらえるようにする。
★内科検診やぎょう虫検査の結果について保護者に知らせ、治療が必要な場合は病院へ行き受診してもらう。また、その結果については、園に知らせてもらうように声をかけておく。
★散歩コースにあるグループホーム（高齢者施設）や高等学校などと事前にコンタクトを取っておき、ふれあう機会を持てるようにしておく。

健康・食育・安全への配慮

●環境の変化や連休などで疲れが出やすい時期なので、ひとりひとりの体調やきげんなどを把握しておき、健康に過ごせるようにする。
●給食室前に掲示している食材や「給食メニュー」を見に行き、さまざまな食材に興味を持てるようにする。
●散歩コースを下見しておき、危険な箇所や危ない物がないか確認しておく。

環境づくり（◆）と援助・配慮（○） ➡ P.128の遊びの展開に対応！

○子どもひとりひとりの気持ちを受け止めながら、ふれあいを多く持ち、安心して過ごせるようにする。
◆テーブルクロスを敷いたり、ゆったりとした音楽を流したりして落ち着いた雰囲気の中で食べられるようにする。
○「○○がおいしいね」「いいにおいがするね」など子どもの気持ちに寄り添い、楽しく食事ができるようにする。
◆トイレ内は、換気、採光に気をつけ、清潔に保つようにしておく。
★3 ○パンツがぬれたことを知らせたり、トイレで排せつしたりしたときは「できたね」「また次も教えてね」など次への意欲を持てるようにする。
◆パンツやズボンがはきやすいように手作りのイスを用意しておく。（P.129・遊びの展開『自分ではけたよ』参照）
○時間がかかっても自分でしようとしているときは見守り、できないところはいっしょにするようにする。
○保育者がそばにつき、安心して眠れるようにする。
◆園周辺の草花や、地域の人とふれあえる場所を下見しておき、子どもたちが楽しみにできるよう写真などを撮っておく。（P.129・遊びの展開『散歩に出かけよう』参照）
○「こんにちは」など地域の人とあいさつを交わし、人とのふれあいを楽しめるようにする。
◆思い切り体を動かせるよう広いスペースを確保しておく。
○いっしょに走ったり動物のまねをしたりして、体を動かして遊ぶ楽しさを感じられるようにする。
◆のびのびと描けるよう大きな紙を用意しておく。
○「じょうずにできたね」など声をかけることで、表現する楽しさを味わえるようにする。

○Y児が興味を持つ玩具を用意しておく。
○かたづける場所や準備のしかたなど、ひとつひとつていねいに伝え、安心して活動できるようにする。

わかる！書ける！書き方解説

指導計画のマークを追って解説を読んでください。

★1～3
つながりを意識して書きましょう。

自己主張が出始め、トイレに行くのをいやがったり、漏らしたりする姿が★1にありますが、★2ではパンツがぬれたことを知らせるなどの内容を押さえています。それに対する援助として、次への意欲が持てるようなことばがけが★3に記されています。

◆1
子どもの姿が目に浮かぶように具体的に書きましょう。

戸外でどのようなことを楽しんでいるのか、具体的に書かれていて、子どもの姿が目に見えるように書く重要性がわかります。

◎1
保育の専門的な目線を持って書きましょう。

園庭にひるがえっているこいのぼりを見て、歌をうたったり、「おおきいね」と言葉にしたり、言語の発達に注目している専門性がうかがえます。

◎は、**GOOD表現**のしるしです。

（自己評価）として大切にしたいこと 反省・評価 今月の保育終了後の文例として

★環境の変化や連休の疲れから体調を崩し長期で休んでいた子どもがいた。休み明けに泣いて不安がることもあったが、ひとりひとりの気持ちを十分に受け止め、安心して過ごせるようにゆったりとかかわったことで泣くこともなくなった。
★天候のよい日は、園庭や散歩に出かけるようにし、保育者や友達と思い切り体を動かすことができた。また、地域の人との交流を持つことができ、子どもたちも喜んでいたので、引き続きふれあう機会を持てるようにしたい。

（山新田敦子）

P.126の指導計画に対応

環境づくりと援助・配慮がひと目でわかる!

遊びの展開

月案（P.126-127）の「環境づくりと援助・配慮」の一部を基に、その環境や援助による遊びの広がりをイラストで解説します。
（●は子どもの活動（ねらい・内容も含む）、◆は環境、○は援助・配慮について記入しています）

子どもたちが作っているときのようすや言葉にしたことなどを文章にしておき、保護者に知らせる。

保護者が見やすい入り口付近に置いておく。

動物さんに変身
～体を動かして遊ぶことを楽しむ～

◆まねっこしたくなるような動物の出てくる絵本や動物カードを用意しておく。

ぼく、わたしが作ったよ
～作った物を見て喜ぶ～

◆子どもたちが描いた物を利用してクローバーを作っておき、ついたてを利用して飾っておく。
○子どもたちがなぐり描きをした物で作っていることを知らせ、子どもとできた喜びを感じてもらえるようにする。

思いっ切り

お外が大好き!
～春の草花に触れる～

○花壇の草花やこいのぼりのようすを見て、気づいたり空想したりする姿に共感する。
◆いろいろなものに興味を持って見られるように、手作りの虫メガネを用意する。

虫メガネの作り方

①画用紙を虫メガネの形にする。
②ラミネートを掛けて、持てるようにする。

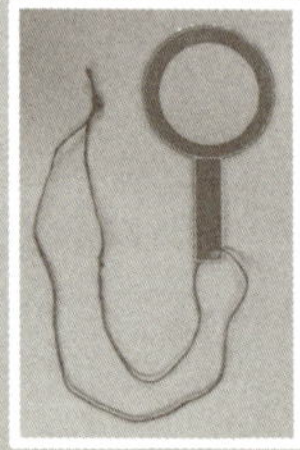

③柄の部分に穴をあけ、ひもを通してもよい。

クローバー畑を作ろう
～パスを使ってなぐり描きを楽しむ～

◆大きく腕を動かして、なぐり描きを楽しめるよう、友達との間隔に気をつけて席を用意しておく。

青空に泳ぐこいのぼり、花壇に咲く花々…、子どもたちの「楽しそう」を刺激する環境が戸外にいっぱいです。友達といっしょに自分の好きな遊びを見つけて遊ぶ姿を見守りましょう。

（田中三千穂）

執筆 山新田敦子

遊ぼう

散歩に出かけよう
～高齢者施設や中学生・高校生との交流～

○高齢者とのふれあいは、気候のよい日を選び、高齢者の負担にならないようにする。
○子どもの中には、知らない人とのかかわりをためらう子もいるので、子どものようすを見てかかわれるようにする。

◆散歩でよく行く場所を写真にしておく。（写真は拡大し、ラミネートを掛けておく）
○写真を見せながら、行き先を知らせる。目的地までを楽しみにできるようにする。
○その場、その場でいろいろな発見や驚きを言葉にして話す子どもの姿をとらえ、子どもといっしょに共感し、散歩の楽しさを味わえるようにする。

○○公園
○○ホーム
○○高校

かけっこ「よーいドン」 ～のびのびと体を動かす～

自分ではけたよ
～パンツ、ズボンをはく～

◆はきやすいように手作りの腰掛けイスを用意しておく。

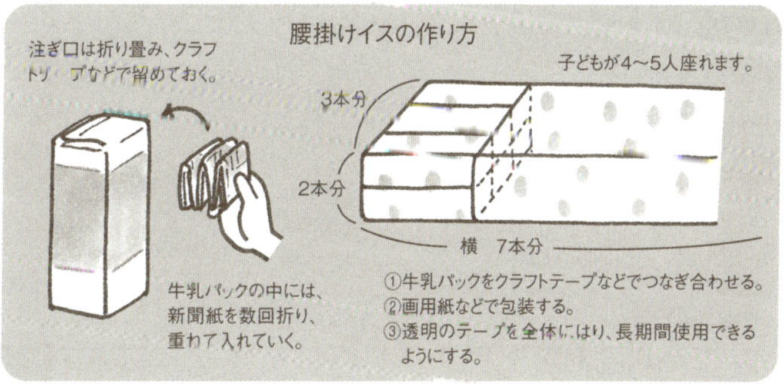
腰掛けイスの作り方
注ぎ口は折り畳み、クラフトテープなどで留めておく。
子どもが4～5人座れます。
3本分
2本分
横 7本分
牛乳パックの中には、新聞紙を数回折り、重ねて入れていく。
①牛乳パックをクラフトテープなどでつなぎ合わせる。
②画用紙などで包装する。
③透明のテープを全体にはり、長期間使用できるようにする。

きれいだね ～楽しい雰囲気で食事する

◆散歩で取ってきた草花をテーブルに飾る。

今日のメニューは何かな？ ～献立や食材を知る～

○給食室のようすをいっしょに見たり、献立や食材を知らせたりして、子どもたちが「食べたい」と感じられるようにする。

こんだてひょう

わかる！書ける！
書き方解説をチェック！

マーク（★◆◎）が付いているところを見て、右ページの書き方解説を読んでください。指導計画のしくみがだんだんわかるようになり、自分で書けるようになります。

★…つながりを意識して　◆…具体的に
◎…保育の専門的な目線で　…GOOD表現

6月 2歳児

今月のねらい

クラス全体としてのねらい
ねらいは、養護と教育をより意識してたてましょう。

〇梅雨期を健康で快適に過ごせるようにする。（養護）
〇保育者や友達といっしょに身近な自然にふれて遊ぶ。（教育）

今月の予定

★保育参観（参加）
★給食試食会
★避難訓練
★歯みがき指導
★誕生会
★身体計測

前月末の子どもの姿

〇保育室や保育者に慣れ、落ち着いた雰囲気の中で安心して過ごしている。

〇給食時、「これ好き」「これ嫌い」「もっと食べる」など食べ物の好き嫌いの主張が多くなってきた。

〇トイレに誘うと、タイミングが合えば排尿しているが、タイミングが合わず漏らしてしまう子どももいる。

★1 〇自分で衣服を脱ごうとしたり、汗をかいていて脱ぎにくいときは「できない」と言って介助を求めたりしている。

〇新入園児は眠りが浅く、すぐに目覚めてしまうこともあるが、進級児は安定して眠っている。

◆1 〇手足口病が流行し始め、休んでいる友達を気にしたり、治って登園して来た友達を喜んで迎えたりしている。

〇畑の野菜のようすを見に散歩に行くと、生長したキュウリやミニトマトなどを興味深く見ている。

〇砂遊びや粘土遊びを楽しんでいる。

◎1 〇好きな絵本を繰り返し見ている。

内容（は食育に関して）

〇生活の流れが徐々にわかり、安心して過ごせるようになる。

〇楽しい雰囲気の中で、嫌いな物もひと口でも食べてみようとする。

〇保育者に誘われて排尿しようとする。

★2 〇保育者に見守られパンツやズボンを自分で脱いだりはいたりする。

〇保育者に寄り添われ、安心して一定時間眠る。

〇友達の遊ぶようすに興味を持ち、名前を呼んだり、同じ遊びをしたりして楽しむ。

〇野菜の生長や小動物に興味を持つ。

〇砂・泥・水・粘土に触れて遊ぶ。

〇絵本の中の言葉を楽しんで使う。

〇好きな曲に合わせて体を動かしたり、知っている小動物の表現をしたりして喜ぶ。

個別配慮

W児（2歳8か月）

弟が生まれたこともあって、さらに情緒が不安定になる。体格も大きく、保護者から離れる際に泣いて暴れ回るので、ほかの子どもたちに影響が及ばないか注意が必要である。

ねらいと内容

●気持ちを受け止め、安心して過ごせるようにする。

〇静かな場所で保育者と好きな遊びを楽しむ。

保育士等のチームワーク

★給食試食会は栄養士や調理師と連携し、家庭でも取り入れやすい献立や子どもの人気メニューなどを検討する。

★散歩に出かけるときは、ひとりひとりの子どもの動きに目を配れるよう役割分担を決めておく。

★子どもたちが安全に楽しく水遊びや泥んこ遊びができるように、遊び方や準備、後始末のしかた・手順について話し合っておく。

延長保育を充実させるために

☆雨の日が多いので、室内でゆったりと遊べるよう、玩具を選び配置しておく。

家庭・地域との連携 保護者への支援も含む

★水遊びに必要な用品の準備や、体調チェック表の記入のしかたを知らせる。
★年齢に応じたサイズの歯ブラシとコップを、毎日清潔にして持参してもらう。
★保育参観（参加）を通じて、子どもの園での姿を知ってもらい、子育てをしていく楽しさを共感できるよう働きかける。
★感染症の予防や対策をわかりやすく掲示したり、疲れが出やすい時期なので、健康に留意し生活リズムが整うよう、家庭でも協力をしてもらったりする。

健康・食育・安全への配慮

●室内の除湿や換気をこまめに行ない、衛生管理に注意する（手洗い、汗の始末、玩具の消毒　など）。また、水分を十分にとれるよう湯茶の準備をしておく。
●子どもたちと収穫した野菜（タマネギ　など）を給食の献立に使い、興味を持って味わえるようにする。
●雨の後の戸外遊びや散歩の前には、ぬれた固定遊具をふいたり、近隣の道路や河川の状況を把握したりして、安全に遊べるよう配慮する。

環境づくり（◆）と援助・配慮（○）

P.132の遊びの展開に対応！

○身の回りの始末や手洗い、歯みがきなど、保育者が見本を示しながら繰り返し知らせる。
○“食べてみよう”という気持ちを持てるように、言葉や表情で味を楽しく伝える。
○ひとりひとりの排尿の間隔を把握してトイレに誘い、排尿できたときには褒めて自信を持てるようにする。また、ぬれてしまったときには着替えて、気持ち良さを感じられるようにする。
◆排せつ時には、パンツを着脱する場所に清潔なタオルマットを敷いておく。
★3 ○パンツやズボンを、子どもがはきやすいように整えておくようにする。
★4 ○衣服が脱ぎにくかったり、パンツが上げにくかったりするときは、さりげなく保育者が手伝うようにする。また、汗をかいているときには、蒸しタオルで体をふくなどして気持ち良さを知らせる。
◆室内の風通しをよくし、静かな音楽を流すなどして快適に眠れるようにする。
○友達のマーク当てや、ふれあい遊びをする中で友達の名前に親しみ、少人数での遊びが楽しめるよう仲立ちする。（P.132・遊びの展開『マーク当て遊びをしよう!』参照）
◆子どもの興味や関心に合わせながら野菜の生長を見たり、収穫したり、虫を見つけたりして楽しめるよう、時間に余裕を持って散歩に出るようにする。
○園庭の水たまりや、雨にぬれた草花や木々のようすに興味を持てるよう言葉をかけたり、子どもの発見やつぶやきに共感したりする。
◆言葉遊びを楽しめるような絵本を選び、置いておく（『もこもこもこ』『コロコロどんどん』　など）。
◆砂場の砂をほぐしておいたり、湿らせておいたりして遊びやすい状態にしておく。
○子どもが好きな曲を選び、保育者もいっしょに体を動かして楽しんで表現する。

○W児が落ち着いて遊びを楽しめるように、できるだけ同じ保育者がかかわるようにする。
○気持ちに余裕が見られたら、友達の遊ぶようすを知らせ、保育者が仲立ちとなりながら、かかわりを持てるようにしていく。
○保護者には育児の大変さを共感しながら、W児にかかわれる時間を持てるよう話し合う。

わかる！書ける！書き方解説

指導計画のマークを追って解説を読んでください。

★1～4 つながりを意識して書きましょう。

梅雨は蒸し暑く汗をかきやすいですが、衣服の脱ぎ着の自立をし始めた子どもが困る場面が★1に書かれています。それに対する内容は、★2の「見守られパンツやズボンを自分で脱いだりはいたりする」となり、援助は★3・4に温かく書かれています。

◆1 子どもの姿が目に浮かぶように具体的に書きましょう。

6月ごろになると、友達への関心が強まりますが、どんな場面で友達を気にするのか、目に浮かぶように表現することで内容や援助の読み取りが深まります。

◎1 保育の専門的な目線を持って書きましょう。

2歳児は、言葉の発達が盛んな時期であり、虚構が楽しめるようになり、絵本を好みます。好きな絵本を繰り返し読んでいる姿を、専門的な目で喜ばしく見つめている保育者の姿勢がわかります。

◎は、**GOOD表現**のしるしです。

反省・評価

（自己評価）として大切にしたいこと

今月の保育終了後の文例として

★5月に引き続き手足口病が流行したが、体調をこまめに把握し、保護者と連携を密にすることで回復も早く、1～3日ほどで皆元気に登園できた。また、保育室の湿度や温度の管理や、汗の始末や衣服の調節などをして、快適に過ごすことができた。
★散歩では野菜の収穫を楽しみ、小雨の日には、作っておいたビニールの雨ガッパを着けて水たまりを歩き、雨の音を聞いたり、木の葉から流れ落ちるしずくが光るのを発見したりして、身近な自然にふれることができた。これからも機会を逃さず子どもたちと発見や驚きを共感したい。

（城　加代子）

6月 遊びの展開 2歳児

P.130の指導計画に対応

環境づくりと援助・配慮がひと目でわかる!

遊びの展開

月案（P.130-131）の「環境づくりと援助・配慮」の一部を基に、その環境や援助による遊びの広がりをイラストで解説します。
（●は子どもの活動（ねらい・内容も含む）、◆は環境、○は援助・配慮について記入しています）

マーク当て遊びをしよう!
～友達の名前に親しむ～

●お散歩バッグにマークを付けて、友達の名前当てを楽しむ。

これは
だれのかな?
○○くんの
マークだよ
ぼくの!

タマネギ掘ったよ!
～野菜の収穫を喜ぶ～

雨上がりの散歩は楽しい!
～身近な自然に親しむ～

◆草花や小動物の絵本を持って出るようにし、子どもの興味や発見につながるようにする。
○散歩から持ち帰った草花は花瓶に飾るなどして、余韻を楽しめるようにする。

雨の日も

泥んこ遊びの前に ～泡クリームで感触を楽しむ～

●カップに泡クリームを入れて、ビーズやモールなどでトッピングをすればソフトクリームのでき上がり! おいしそうだね。
○泡クリームからフィンガーペインティングやボディペインティングに発展し、泥んこ遊びにつながるようにする。

泡クリームの作り方

①入浴用の固形せっけんをおろし金で細かく削る。
②削ったせっけんが浸る程度に水を加える。
③ドロドロになるまで1～2日置く。
④泡立て器で、硬いクリーム状になるまでかき混ぜてしあげる。
⑤泡クリームに食紅や絵の具を少し混ぜる。

畑で取れたタマネギが入ってるよ!
～嫌いな物も食べてみる～

○菜園で取れた野菜が献立に入っていることを知らせ、興味を持てるようにする。
○嫌いな食材でもひと口でも食べられたらいっしょに喜ぶ。
○「おなかすいた」「たべたい」という気持ちを持てるよう体を動かしたり、満足感を感じられる遊びを工夫したりする。

食べた後はしっかり、歯をみがこう
～歯みがきに関心を持つ～

子ども用歯ブラシの選び方

1.柄の部分は太めでしっかり握れること
2.柄の部分がまっすぐな物
3.ブラシ（植毛）部分がストレートなもの
4.ブラシ部分は子どもの指2本分
*しあげみがきをしてあげましょう。
*ブラシが広がってきたら交換時期です。

指2本分

戸外遊びが大好きな子どもたちにとっては、なかなか戸外に出られない日が続きますが、手作りの雨ガッパを着て園庭を探索するなど、梅雨ならではの遊びをたくさん経験できるようにしていきたいと思います。また、この時期は気温の変化も大きく、体調を崩しやすいときでもあります。ひとりひとりの健康状態を把握し、十分な休息を取るように配慮しましょう。

（田中三千穂）

執筆 城　加代子

楽しいね！

あめ、あめふれふれ
～水たまりを楽しむ～

○雨の音や、木の葉に落ちるしずくのようすに気づけるよう言葉をかける。
○雨の降り方に注意し、危険のないように見守る。

ポリ袋で雨ガッパ作り ～雨の日を楽しみにする～

ポリ袋の雨ガッパの作り方

①ポリ袋の片方を切り開く。
60cm
輪
80cm
②顔を出す部分を切り抜く。
この部分を切り開く
16～17cm
12～13cm
油性ペンで描く
③広げると三角形になる。
（前）
あごの位置にスズランテープをはる
（後）
①頭の大きさに合わせてギャサーを寄せ、セロハンテープで留める。
でき上がり

カエルやカタツムリを探そう
～小動物に親しむ～

●小動物の動きをまねて体を動かして遊ぶ。
○小動物に触れた子どものつぶやきや、感じた思いに共感する。

七夕飾りを作ろう！
～作りたいと思えるように～

◆簡単なシールはりや、描くことなどを楽しみ、満足感を味わえるように材料を準備しておく。
○でき上がった作品を壁面に飾り、子どもと保護者がいっしょに喜んで見られるようにする。

できたー

ササ舟で遊ぼう！
～水たまりや小川でササ舟を流して楽しむ～

ササ舟の作り方

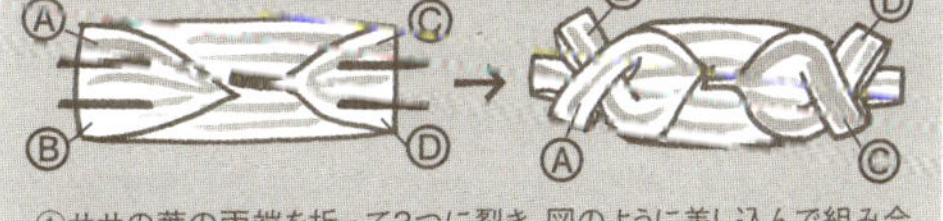
Ⓐ
Ⓑ
Ⓒ
Ⓓ

①ササの葉の両端を折って3つに裂き、図のように差し込んで組み合わせる。
②水に浮かべて息を吹きかけて動かしてみよう。

わかる！書ける！

書き方解説をチェック！

マーク（★◆◎🏵）が付いているところを見て、右ページの書き方解説を読んでください。指導計画のしくみがだんだんわかるようになり、自分で書けるようになります。

★…つながりを意識して　◆…具体的に
◎…保育の専門的な目線で　🏵…GOOD表現

7月　2歳児

今月のねらい

クラス全体としてのねらい
ねらいは、養護と教育をより意識してたてましょう。

○活動と休息のバランスを十分に取り、夏を健康に過ごせるようにする。（養護）
○保育者に見守られながら、身の回りのことを自分でしようとする。（教育）
○水遊びを楽しむ。（教育）

今月の予定

★プール開き
★七夕祭り
★身体計測
★誕生会
★避難訓練

前月末の子どもの姿	内容（🍴は食育に関して）
★1 ○暑さのためか食欲が落ちて、好きなものだけを食べる子どもがいる。	★2 ○落ち着いた雰囲気の中で友達といっしょに楽しく食べる。 ○スプーンやフォークを持って食べる。🍴
🏵 ○遊びに夢中になっておもらしをする子どももいるが、尿意を感じたら保育者に知らせ、トイレで排尿する子どももいる。 ○着替えなど身の回りのことを、自分でしようとする姿が多く見られるようになってきた。	○パンツがぬれていることを知らせ、自分からトイレに行き、排せつをする。 ○排せつの後始末を知り、保育者といっしょに行なう。 ○簡単な衣服の脱ぎ着を自分でしようとする。
○水に触れることが楽しくて、日常の手洗いが水遊びになっている子どもがいる。	○保育者に見守られながら、手洗いをする。 ○プールでの遊びを楽しむ。
◆1 ○雨の日が続き、室内で遊ぶことが増え、玩具の取り合いなどトラブルがよく見られる。	○友達といっしょに遊ぶ中で、「かして」「どうぞ」「ありがとう」などの気持ちのやりとりを言葉で伝えようとする。
○夏野菜に興味を持ち、水やりを喜んでしている。 ○簡単な手遊びや、わらべうたあそびを楽しんでいる。 ◎1 ○のりやハサミを使って、はったりつなげたりしながら、七夕飾りを喜んで作っている。	○夏野菜や花の生長を見て楽しむ。 ○夏の歌や曲に合わせて、体を動かすことを楽しむ。 ○いろいろな素材の感触を楽しみながら遊ぶ。

個別配慮	ねらいと内容
S児（3歳2か月） ○保育者の話はよく聞いているが、友達を押したり、友達が持っている玩具を取りに行ったりする。	**●気持ちを受け止め、安心して過ごせるようにする。** ○保育者といっしょに、ゆったりとした気持ちで遊ぶ。

保育士等のチームワーク

★畑で栽培している夏野菜を使った給食のメニューについて、調理師と話し合う。
★水遊びに参加できない子どもの保育や遊びについて、話し合っておく。
🏵★水に慣れてくると動きも大胆になることもあるので、危険がないように、プール遊びでの進め方や役割について決めておく。

延長保育を充実させるために

☆1日の活動や健康状態を担当者に知らせ、落ち着けるコーナーも設けるなど、ゆったり過ごせるようにする。

家庭・地域との連携
保護者への支援も含む

★水遊び・プール遊びなどへの参加には、毎日の健康チェック欄への記入と押印を忘れずにしてもらう。
★感染症、皮膚の状態、目やになどについて、園便りで知らせ、症状が見られた場合は早期の対処を勧める。
★汗で汚れることが多くなるので、着替えの衣服は多めに持ってきてもらうようにする。

健康・食育・安全への配慮

●水分をこまめにとり、室温の調節をして、休息を十分に取れるようにする。
●畑で収穫した夏野菜の形や中身に興味を持てるように触れられる機会を持つ。
●プールの水位・水温に気を配り、プールにはテントを立て、紫外線に対する配慮をしておく。また、プールの清掃を毎日行なう。

環境づくり(◆)と援助・配慮(○)

➡ P.136の遊びの展開に対応!

◆気持ち良く食事ができるように、風通しをよくしたり、室温の調節をしたりして、心地良い環境を整える。
★3 ○その日の体調に応じて、食べる量を加減して、全部食べたという満足感を得られるようにする。
○「散歩に行くので、その前にトイレに行きましょう」など、次の活動の見通しが持てるような言葉をかける。
○女児には、排せつ後に紙でふくときは、前から後ろへふくことを伝え、不十分なときは介助する。
◆着替えが取り出しやすいように、ロッカーの棚へ並べておく。
○自分でしようという気持ちを大切にしながら、励ましたり援助したりする。
◆手洗いの大切さがわかる絵本を用意しておく。
◆体を動かした後は休息できるように、ゆったりと過ごせる時間を取っておく。
◆ひとりひとりに応じてプール遊びを楽しめるように、小さなプールやタライを用意しておく。
○日ごろ遊んでいるふれあい遊びを、プール遊びに取り入れながら、少しずつ水に慣れるようにする。
◆友達といっしょに楽しく遊べるような遊びのコーナーを設けておき、興味のある玩具、遊具を十分に用意しておく。
○自分の思いを伝えきれないので、保育者が仲立ちとなり、子どもの思いを受け止めて、言葉で伝えられるようにする。
◆年長児が植えた夏野菜を、保育者といっしょに見たり収穫したりする機会をつくる。
◆保育者や友達といっしょに楽しめるような曲や、波や魚になって踊れるような曲を用意しておく。(P.136·遊びの展開『すーい　すーい』参照)
◆感触を楽しみながら遊べるように、いろいろな素材を用意しておく(片栗粉、絵の具、クレヨン、油性ペン　など)(P.137·遊びの展開『むにゅむにゅ·ぺたぺた』『魚を作ってみよう!!』参照)
○子どもの表現を大切にし、もっとしてみたいと思えるように保育者もいっしょに楽しんだり、共感したりしていく。

○園では十分にスキンシップを取り、しっかり抱き締めて情緒の安定を図る。
○保育者が仲立ちとなり、友達とのかかわり方を知らせていく。

わかる!書ける! 書き方解説

指導計画のマークを追って解説を読んでください。

★1~3
つながりを意識して書きましょう。

暑さが厳しくなってくると食欲が落ち、好きな物だけを食べる子どもの姿が見受けられます。そのような★1の子どもに対して、★2の内容では友達といっしょに楽しく食べることを目ざします。★3では、その日の体調に応じて、食べる量を加減するなどの配慮が書かれています。流れを意識しましょう。

◆1
子どもの姿が目に浮かぶように具体的に書きましょう。

7月前半は梅雨が残っていて、室内遊びが増えますが、そこで起こりやすい玩具の取り合いなどのトラブルを書いています。この予測から、遊びのコーナーづくりや、玩具の数をそろえるなどの環境づくりが考えられます。

◎1
保育の専門的な目線を持って書きましょう。

7月は七夕飾りの製作などで、ハサミやのりを使う機会が増えますが、手先の発達を考え適切に対応することが、この項目でうかがうことができます。

は、GOOD表現のしるしです。

反省・評価
(自己評価)として大切にしたいこと
今月の保育終了後の文例として

★ひとりひとりの姿に合わせ、休息や水分をできるだけこまめにとったことで、元気に過ごせた。また、夏の感染症についてはお便りで知らせ、早期の処置を依頼しているので、園での感染の広がりはなかった。次月も引き続き、見守っていきたい。
★プール遊びで着替えることが多くなり、自分でしようとする姿やできることが増えてきた。
★日ごろ遊んでいるふれあい遊びをプール遊びに取り入れることで、水遊び・プール遊びなど戸外での活動をおおいに楽しむことができた。

(三浦朋子)

P.134の指導計画に対応

環境づくりと援助・配慮がひと目でわかる！

遊びの展開

月案（P.134-135）の「環境づくりと援助・配慮」の一部を基に、その環境や援助による遊びの広がりをイラストで解説します。
（●は子どもの活動（ねらい・内容も含む）、◆は環境、○は援助・配慮について記入しています）

いっぱい遊んで

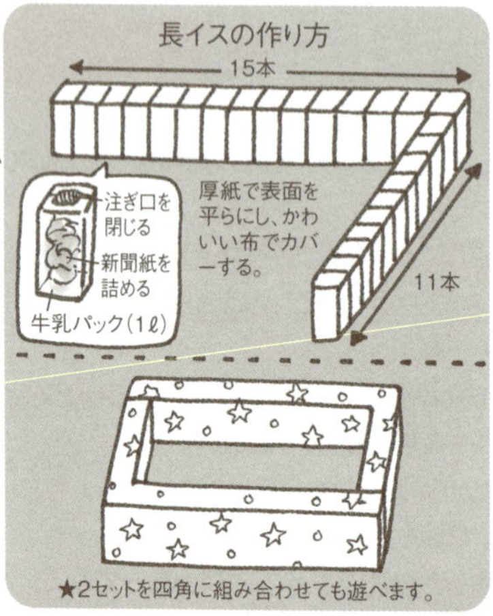
長イスの作り方
15本
注ぎ口を閉じる
新聞紙を詰める
牛乳パック（1ℓ）
厚紙で表面を平らにし、かわいい布でカバーする。
11本
★2セットを四角に組み合わせても遊べます。

おはなしタイム
～絵本をみんなで見る～

◆手洗いのしかたや水遊びに関する絵本を選んでおく。
●牛乳パックで作った長イスに座る。
◆落ち着いて楽しく話を聞けるようなコーナー作りをする。

大きくなってきたね
～野菜や花の生長を楽しむ～

◆ジョウロや手作りシャワー、野菜を入れるカゴを用意しておく。
○収穫した野菜を給食のメニューに加えてもらえるように、栄養士と話し合っておく。

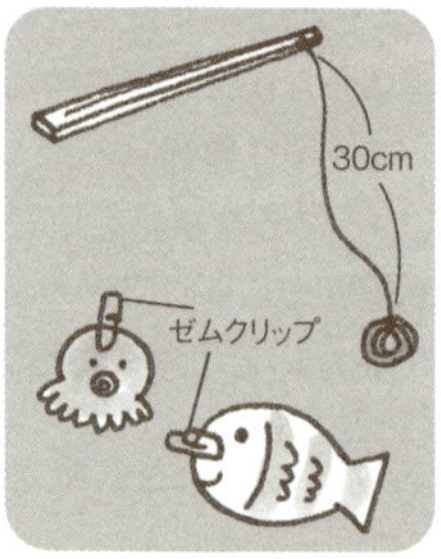
30cm
ゼムクリップ

釣れるかな
～作った魚で遊ぶ～

◆魚釣りができるように、たこ糸にマグネットを付けた割りばしのさおを用意する。作った魚の口にゼムクリップを付けておく。

すーい　すーい
～リズム遊びを楽しむ～

◆子どもと作った魚をお面にしておく。
◆ピアノや曲に合わせて室内を泳いだり、魚になり切って踊れたりするような曲を用意する。（サン＝サーンスの『水族館』（『動物の謝肉祭』より）や、『ツッピンとびうお』　など）
○かくれんぼうをしたり、寝転んだり…、いろいろな動きが楽しめるように、曲の速さや音の大小・高低をつけて演奏する。

自分で着替えるよ
～身の回りのことを自分でしようとする～

◆タオルや着替えの衣服がわかるように、個人用のカゴを用意しておく。

日ざしがまぶしい季節となりました。いよいよ夏本番！　安全面に十分に配慮しながら、思いっ切り水や砂、泥の感触をたくさん味わってほしいと思います。また、休息を十分に取り、元気に夏を乗り切れるように配慮しましょう。

（田中三千穂）

執筆 三浦朋子

ゴロンとなろう
～十分な休息を取る～

◆風通しが見ても感じられるように、モビールをつるす。
○水遊びの後は、冷房しすぎないように室内温度を設定し、風通しをよくして体を冷やさない配慮をする。

ひんやり＊つめたーい
～ポンプからの水に慣れる～

●園庭の築山からポンプで水をくみ出し、流れる水で遊ぶ。
◆足下が滑らないように、確認しておく。
※先を縛り、等間隔で穴をあけた水道ホースで水遊びを楽しむのもよい。

魚になったよ
～プール遊びを楽しむ～

◆座って遊べるように、水深は10～15cmくらいにしておく。
●日ごろ遊んでいるふれあい遊びや、魚や動物などになり切って遊ぶ。

わーい　お魚だ ～玩具の魚と遊ぶ～

◆プールの中に、玩具の魚を入れておく。
◆テントを立てたり帽子をかぶったりして、日ざしに気をつけて遊べるようにしておく。

夏を楽しもう♪

魚を作ってみよう!!
～いろいろな素材に触れる～

〈その1〉
◆発泡スチロール、牛乳パック、スチレン皿などを、魚の形に切っておく。パス、油性ペン、絵の具などで、目やうろこを描く。絵筆は、絵の具が垂れないスポンジ筆（割りばしにスポンジを巻いた物）を使う。

〈その2〉
◆①空き容器などを利用して型押しをする。（子ども）
②魚の形に保育者が切る。
③魚のうろこや目を描いたり、シールをはったりする。

むにゅむにゅ・ぺたぺた
～ボディペインティングを楽しむ～

◆手や足に付けてスタンピングができるように、大きな紙を用意しておく。
◆片栗粉1：水1に食紅を少しずつ混ぜ合わせて、ボディーペインティングの液を作る。（小麦アレルギーの子どもも安全）
●好きな色で手形をつけ、保育者もいっしょに目やひれを描いて魚やタコ、カニを作る。

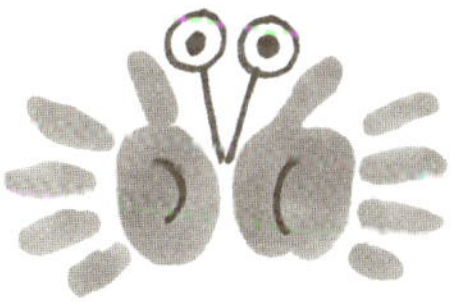

わかる！書ける！
書き方解説をチェック！

マーク（★◆◎◎）が付いているところを見て、右ページの書き方解説を読んでください。指導計画のしくみがだんだんわかるようになり、自分で書けるようになります。

- ★…つながりを意識して
- ◆…具体的に
- ◎…保育の専門的な目線で
- ◎…GOOD表現

8月 2歳児

今月のねらい

クラス全体としてのねらい
ねらいは、養護と教育をより意識してたてましょう。

○ひとりひとりの健康に留意し、夏を快適に過ごせるようにする。（養護）
○保育者や友達といっしょに、夏の遊びを十分に楽しむ。（教育）

今月の予定

★身体計測
★誕生会
★避難訓練

前月末の子どもの姿	内容（は食育に関して）
★1 ○持ち物の始末などを自分でしようとするが、思うようにできず、「できない」という子どももいる。	★2 ○保育者に手伝ってもらいながら、身の回りのことを自分でしようとする。
○暑さのため、水分を欲しがり、食欲が落ちている子どもがいる。	○スプーンやフォークを使い、自分で食べようとする。
○暑くて寝つけなかったり、早く目が覚めたりする子どもがいる。	○快適な環境の中で、一定時間眠る。
○綿パンツで過ごす子どもが増え、尿意を態度や言葉で知らせるようになってきている。	○尿意・便意を知らせ、トイレで排せつしようとする。
◆1 ○汗で衣服やパンツが体に付き、介助されて着替える子どもが増える。	○見守られながら、パンツやズボンをひとりではく。
◎1 ○友達と同じ玩具で遊んでいるが、自分の思いが伝わらず、押したりたたいたりすることがある。	◎ ○自分の思いを言葉で表しながら、友達といっしょに遊ぶことを楽しむ。
○畑やプランターの野菜や花に興味を持ち、水やりをすることを喜んでいる。	○夏の野菜に触れたり、味わったりすることを喜ぶ。
○水が顔にかかるのをいやがる子どももいるが、保育者といっしょに水遊びを楽しんでいる。	○プール遊びや水遊びを楽しむ。
○水、砂、絵の具、小麦粉粘土などに触れて喜んで遊んでいる。	○水、砂、泥などの感触を味わって遊ぶことを楽しむ。

個別配慮	ねらいと内容
S児（2歳10か月） ○玩具で落ち着いて遊べず、友達が持っている玩具を取ったり、壊したりする。	**●保育者や友達といっしょに遊ぶことを楽しむ。** ○好きな遊びを十分に楽しむ。

保育士等のチームワーク

★プールや砂場の使用時間について、各クラス担任と連絡を取り合い、調整しておく。
★体調がすぐれず、水遊びやプール遊びなどができない子どもの過ごし方について、担任間で話し合っておく。
★収穫した夏野菜を給食時に食べられるよう調理師と連絡を取り合っておく。
◎★給食やおやつは、のど越しがよく食べやすい献立について給食担当者と話し合っておく。

延長保育を充実させるために

☆日中の活動量が多かったときは、その旨を担当保育者に伝え、ゆったりと過ごせるようにする。

家庭・地域との連携
保護者への支援も含む

★手足口病・プール熱やとびひの症状や、処置のしかたなどを掲示物や保健便りなどで知らせ、症状が見られた場合は早期に受診してもらうようにする。
★汗をかいて着替えることが多くなるので、吸水性・伸縮性のある衣服を数多く用意してもらう。
★お盆休みを長く取って家族旅行や家族で過ごす時間が増える家庭もあるので、休み中の体調や出来事などを園に伝えてもらう。

健康・食育・安全への配慮

●感染症に注意し、そのような症状が見られたときは対応できるようにしておく。
●収穫した野菜は、新鮮なうちに食べるようにする。
●砂場に日よけネットを付けたり、水遊び場所にテントを立てたりして、直射日光が当たらないようにする。

環境づくり（◆）と援助・配慮（○） ➡ P.140の遊びの展開に対応！

◆室内の温度・湿度に留意できるように、温湿計を子どもの背の高さの位置に設置しておく。
◆窓を開けて風通しをよくしておいたり、食事時や睡眠時には、扇風機・エアコンを効果的に使用し、快適な空間をつくったりしておく。
★3 ○持ち物の始末など、ひとりひとりのようすを把握し、必要に応じて適切な援助をする。
◆水分をいつでも取れるように、湯茶を十分に用意しておく。
○食欲が落ちている子どもには、状態に合わせて量を減らしたり、励ましたりして少しでも食べられるようにかかわる。
○尿意・便意を知らせたときは、すぐにトイレに連れて行くようにし、排せつできたことを共に喜ぶ。またパンツに出たときはすぐに着替えるようにし、気持ち良さを知らせる。
◆戸外遊びなどで汗をかいた後は、さっぱりした爽快感が味わえるように、蒸しタオルを用意しておく。
○汗で衣服の脱ぎ着がしにくいときは、さりげなく手を添えるなどして、自分でできたという満足感を味わえるようにする。
○保育者もいっしょに遊び、子どもの思いを言葉で仲介したり、補ったりして楽しめるようにする。
◆夏野菜や花に興味を持つことができ、進んで水やりをするように、取り出しやすい位置にジョウロを数多く用意しておく。
◆プール遊びや水遊びが楽しめるような玩具を十分に用意しておく。
○水をいやがる子どもには、そばにつき、友達の遊んでいるようすを見るなどして、少しずつ慣れていけるようにかかわる。
◆絵の具や小麦粉粘土など、感触を味わえるような素材を用意しておく。
○汚れることや感触をいやがる子どもには、無理なく少しずつ触れられるようにかかわる。

◆ブロックや積み木など、興味がある玩具を十分に用意しておく。
○保育者もいっしょに遊びながら、友達とのかかわりが持てるように、言葉でつなげていく。

わかる！書ける！書き方解説

指導計画のマークを追って解説を読んでください。

★1～3 つながりを意識して書きましょう。

8月になると自分の持ち物の始末を自分でしたがるものですが、思いと動作がともなわず、つまずく子どもが★1で書かれています。★2で手伝ってもらいながら自分でしようとする内容を押さえています。★3ではひとりひとりのようすを把握し、自立への援助のしかたが書かれています。

◆1 子どもの姿が目に浮かぶように具体的に書きましょう。

2歳になると衣服の脱ぎ着は自分でできるのですが、真夏の汗で体にまといつき、脱ぎにくいようすを書いています。あたりまえのようなことでも書くことによって、介助のしかたにつながります。

○1 保育の専門的な目線を持って書きましょう。

友達とのかかわりが増えますが、言葉による伝達が不十分なために起こるトラブルを、この時期の配慮点として、専門的な書き方をしています。この時期の目の付け所が、社会性の育ちに影響します。

（花マーク）は、**GOOD表現**のしるしです。

反省・評価

（自己評価）として大切にしたいこと
今月の保育終了後の文例として

★快適な生活を送れるように、保育室内外の環境に配慮した。また、戸外遊びやプール遊びの後には十分な休息を取るように心がけたので、健康に過ごすことができた。まだまだ暑い日が続くので、引き続き快適に過ごせるように、十分に配慮していきたい。
★プール遊びや水遊びは回数を重ねるたびに、怖がったりいやがったりする子どもがいなくなり、十分に楽しめた。また、絵の具（フィンガーペイント用）のヌルヌル感や水の冷たさなどを味わえたことを喜んでいたので、今後もいろいろな感触を味わえるような素材・環境を用意していこうと思う。

（河下眞貴子）

8月 2歳児 遊びの展開

P.138の指導計画に対応

環境づくりと援助・配慮がひと目でわかる！

遊びの展開

月案（P.138-139）の「環境づくりと援助・配慮」の一部を基に、その環境や援助による遊びの広がりをイラストで解説します。
（●は子どもの活動（ねらい・内容も含む）、◆は環境、○は援助・配慮について記入しています）

“夏”って

気持ち良い～
～夏を快適に過ごせるように～

◆ハンドタオルを用意し、保温庫に入れて蒸しタオルを用意しておく。
（保温庫がない場合は、バケツなどにお湯を入れ、熱めのお湯で絞るとよい）
※タオルはジッパー付きの袋に入れて持ってきてもらうように知らせると持ち帰りがしやすい。
◆使用する時間帯や室温に配慮する。
※エアコンが効いているときは、熱を奪うので逆効果になる。

先生にもしてあげるね
～夏を快適に過ごせるように～

◆心地良い風が送れるように、うちわを数多く用意しておく。

涼しいね
～夏を快適に過ごせるように～

◆スズランテープをのれんのようにして窓に飾っておく。
○風で揺れるようすをいっしょに見ながら、涼しさを感じられるように言葉をかける。

ビリビリ・ペタペタしよう
～ちぎったりはったりして遊ぶことを楽しむ～

●色紙をはりたい所へ事前にスプレーのりを吹き付け、ちぎった紙をその上にはっていく。
◆色紙や包装紙、のり、スプレーのり、手ふきタオルを用意しておく。
○紙が破れる音や小さくなっていくようすを知らせながら、いっしょに楽しむ。

ヌルヌルするよ
～いろいろな感触を味わって遊ぶことを楽しむ～

◆フィンガーペインティングが楽しめるように、模造紙、トレイ、絵の具を数か所に用意しておく。
○絵の具の感触をいやがる子どもには、無理に触らせようとせず、友達のようすを見て楽しめるようにそばにつく。

ぬげないよ～！　はけないよ～！
～パンツやズボンをひとりではく～

○自分でしようとしているときは見守る。
○汗で脱ぎにくいときは、ひとりでできない部分を介助する。

夏本番の暑さでも子どもたちは夏バテ知らず!　水を怖がっていた子どももプール遊びに夢中!　水遊びを中心に夏の遊びを楽しみたいと思います。また、汗をたくさんかく子どもたち。あせもからとびひなどの皮膚疾患に広がることもあるので、快適な環境をつくり、肌の清潔を心がけたいものです。

（田中三千穂）

執筆　河下眞貴子

楽しいね!

お水が光ってるよ!
～プール遊びを楽しむ～

◆プールに入るときは気温・水温などに留意し、入水前は、必ず残留塩素値を測定する。
◆プールの水深は15cm以上にならないようにする。
○子どもの動きから目を離さないように担任間で声をかけ合う。

きれいにしてあげるね
～洗濯ごっこを楽しむ～

◆人形の服やハンカチなどを用意しておく。
◆洗面器やタライ、物干しやロープ、洗濯バサミなどを用意しておく。

クルクル回って おもしろいね
～水遊びを楽しむ～

◆牛乳パックを組み合わせて、水車を作っておく。
◆十分に楽しめるように数個用意しておく。
◆水をためておく容器や、水を入れるプリンカップなどを用意しておく。
○水を入れると水車のようにクルクル回るようすをいっしょに楽しむ。

牛乳パックの水車の作り方

《用意するもの》
・牛乳パック（1ℓ）　10本
・ストロー　1本（長さ7cm　直径3～5mm）
・竹ひご　1本（長さ27cm　※ストローの直径より細いもの）
・新聞紙　・テープ（布テープ　など）

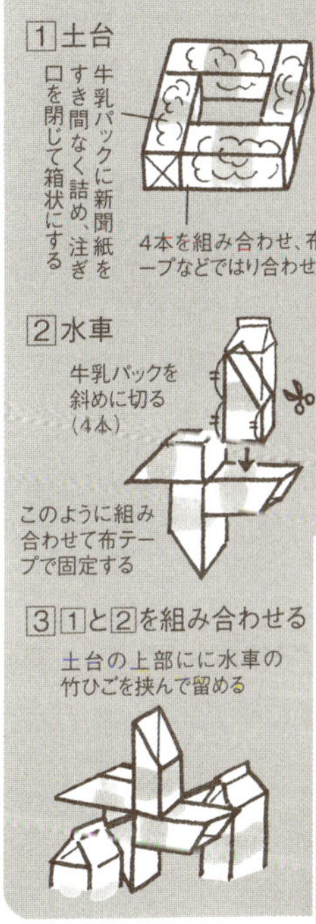
1 土台
牛乳パックに新聞紙をすき間なく詰め、注ぎ口を閉じて箱状にする
4本を組み合わせ、布テープなどではり合わせる
牛乳パックを2本、中央に立て、布テープで固定する
2 水車
牛乳パックを斜めに切る（4本）
このように組み合わせて布テープで固定する
ストローと竹ひごを中心に通す
竹ひご
ストロー
3 1と2を組み合わせる
土台の上部にに水車の竹ひごを挟んで留める

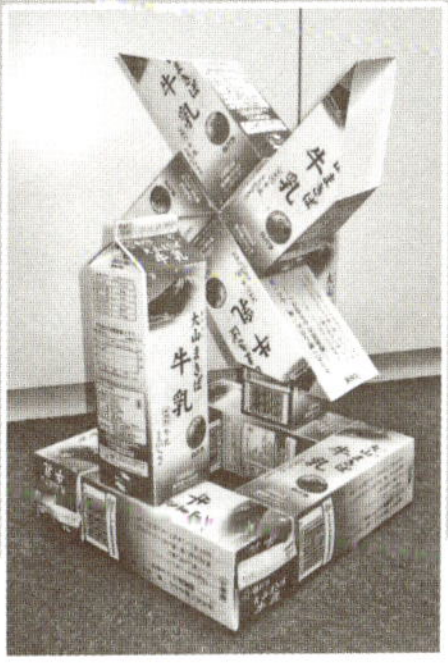

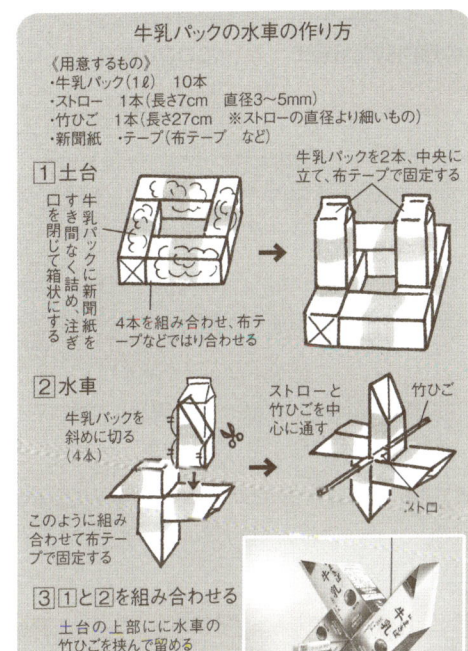

ヒマワリっておっきいね
～夏の花に興味を持つ～

◆毎日、ヒマワリに水やりができるように、ジョウロを人数分用意しておく。
○水やりをしながら、背比べをするなどして興味を持てるようにかかわる。

わっ!　お星さまみたい!
～夏の野菜に触れたり味わったりすることを喜ぶ～

◆プランターにできているオクラを収穫できるように、ザルを用意しておく。
○輪切りにしたオクラを手に取っていっしょに見たり、味わったりする。
○その日の給食で食べられるように調理師と連絡を取り合っておく。

わかる！書ける！
書き方解説をチェック！

マーク（★◆◎㊐）が付いているところを見て、右ページの書き方解説を読んでください。指導計画のしくみがだんだんわかるようになり、自分で書けるようになります。

★…つながりを意識して　◆…具体的に
◎…保育の専門的な目線で　㊐…GOOD表現

9月　2歳児

今月のねらい

クラス全体としてのねらい
ねらいは、養護と教育をより意識してたてましょう。

○休息を十分に取り、ゆったりと過ごせるようにする。（養護）
○戸外で体を動かして遊ぶことを楽しむ。（教育）

今月の予定

★敬老会
★身体計測
★誕生会
★避難訓練

前月末の子どもの姿	内容（は食育に関して）
○友達とのおしゃべりに夢中になって、食事が進まないことがある。	○スプーンやフォークを持って最後まで自分で食べる。
㊐○尿意がわかり、自分から知らせる子どもや、トイレに行こうとする子どもがいる。	○保育者に見守られてトイレで排せつをしようとする。
○暑さのためなかなか寝つけなかったり、寝起きの悪い子どもがいたりする。	㊐○心地良い環境の中で一定時間眠る。
○保育者に手伝ってもらいながら、衣服の脱ぎ着を自分でしようとしたり、畳んだりしている。	○見守られながら、自分で衣服を畳んだりかたづけたりする。
★1○戸外で走ったり、跳んだりして体を動かして遊ぶことを喜んでいる。	★2○保育者や友達といろいろな運動遊具を使って、体を十分に動かして遊ぶ。
○保育者や友達といっしょに、言葉のやりとりをしながらごっこ遊びやままごと遊びを楽しんでいる。	○保育者や友達とごっこ遊びを楽しむ。
◆1○トンボを見つけて追いかけたり、プランターの野菜に興味を持って見たりしている。	○野菜の水やりや、収穫を喜ぶ。
○ハサミやのりを使って、切ったりはったりすることを楽しんでいる。	○ハサミやのりを使って、切ったりはったりすることを喜ぶ。
◎1○気の合う友達といっしょに曲に合わせて体を動かして喜んでいる。	○曲やリズムに合わせて体を動かして楽しむ。

個別配慮

Y児（2歳6か月）
○保育室や園庭で遊んでいるときや散歩の途中などで、自分の興味のあるものを見つけると、飛び出して何でも触ろうとする。

ねらいと内容

●簡単な決まりを守る。
○生活する中で簡単な決まりがわかり、待ったり危険なことを知ったりする。

保育士等のチームワーク

★子どもひとりひとりの体調を把握し、看護師や栄養士と連携を取るようにする。
㊐★ひとりひとりの運動能力に合わせたかかわり方や援助のしかたについて話し合い、保育者間で同じ対応ができるようにする。
★収穫した野菜を調理してもらえるように、栄養士と話し合っておく。

延長保育を充実させるために

☆1日の活動量や健康状態を担当者に伝え、ゆったり過ごせるようにする。

家庭・地域との連携
保護者への支援も含む

★とびひやりんご病について、保健便りや掲示物で知らせ、症状が見られたときは早めに受診してもらうようにする。
★自分で脱ぎ着しやすい衣服を用意してもらう。
★敬老会について園便りや掲示物で知らせ、園児の祖父母の参加を呼びかける。

健康・食育・安全への配慮

●残暑が厳しい時期なので、保育室の中に風を通したり室温調節を行なったりして、心地良く過ごせるようにする。
●収穫した野菜は、その日の内に食べられるように栄養士に相談しておく。
●戸外で過ごすことが多くなるので、園庭の小石を拾っておき、固定遊具や運動遊具の点検をこまめに行なう。

環境づくり（◆）と援助・配慮（◎）

➔ P.144の遊びの展開に対応！

◆体を動かして遊んだ後は湯茶を飲み、ゆっくり休息が取れる場所を作っておく。
○ひとりひとりの動きに合わせた活動ができるように時間にゆとりを持っておく。
◆机とイスは余裕を持って配置し、ゆったりした雰囲気の中で食事ができるようにする。
○保育者といっしょに食事をしながらおいしさを共感したり、スプーンやフォークの持ち方を伝えたりする。
◆トイレは常に清潔にし、気持ち良く使えるようにしておく。
○自分で排せつできたことをいっしょに喜びながら、排せつの始末のしかたをていねいに知らせていく。
○気持ち良く目覚められるよう音楽をかけたり抱き締めたりする。
◆衣服を畳みやすいようにひとりひとりのスペースを広く取っておく。
○ひとりでできないときは、さりげなく手助けをして自分でできたという満足感を味わえるようにする。
★3 ◆いろいろな遊具や運動用具を用意しておく。
★4 ○手を添えたり、保育者もいっしょにやってみたりして、無理なく遊べるようにする。
○保育者も遊びの中に加わり、言葉のやりとりをいっしょに楽しみながら遊びが広がるようにする。
○野菜の色や形の違いに気づくように言葉をかけたり、子どもたちの発見や驚きに共感したりする。
○のりやハサミを使うときは、少人数のグループで進め、そばで見守りながら扱い方をていねいに知らせる。
◆楽しく体を動かせるように、子どもの好きな曲やリズミカルな曲を用意しておく。
○遊びの輪に入れない子どもには、友達が楽しんでいるようすをいっしょに見て楽しさを伝え、保育者もいっしょに体を動かしながら楽しさを伝えていく。

○子どもの興味や関心を受け止め、安全に遊べるように見守る。
○保育者もいっしょに過ごす中で簡単な決まりを伝えていく。

わかる！書ける！ 書き方解説

指導計画のマークを追って解説を読んでください。

★1～4
つながりを意識して書きましょう。

残暑が厳しいものの、運動機能が発達してきた2歳児は、★1のように走ったり跳んだり、体を動かして遊ぶことを喜ぶ姿があります。それを受けて、★2では、体を十分に動かすことを内容としてとらえて書きます。★3の環境には、いろいろな遊具や運動用具を用意し、★4の援助では、手を添えたり、保育者もいっしょにしたり、無理なく遊べるように書くことで、一貫性がわかります。

◆1
子どもの姿が目に浮かぶように具体的に書きましょう。

初秋らしくこのように、トンボを見つけて追いかけたり、プランターの野菜に興味を持って見たりしているなど、かわいい子どもの姿を書くことも大切です。

◎1
保育の専門的な目線を持って書きましょう。

保育者の目から見て、気の合う友達や曲に合わせて、体を動かして喜んでいる姿は、こまやかな観察力がわかる書き方です。

◎は、**GOOD表現**のしるしです。

反省・評価
（自己評価）として大切にしたいこと
今月の保育終了後の文例として

★暑い日もあったが、戸外で遊ぶ時間を考慮しながら休息を十分に取り、保育室ではゆったりした時間を過ごすよう心がけたことで、元気に過ごすことができた。
★運動用具や遊具を使って体を十分に動かして遊ぶことができたが、楽しさのあまりルールを守れない場面が見られることもあった。来月もいっしょに遊びながらルールを伝え、危険のないよう楽しく遊べるように見守っていきたい。

（松本真澄）

9月 遊びの展開

2歳児

P.142の指導計画に対応

環境づくりと援助・配慮がひと目でわかる!

遊びの展開

月案(P.142-143)の「環境づくりと援助・配慮」の一部を基に、その環境や援助による遊びの広がりをイラストで解説します。
(●は子どもの活動(ねらい・内容も含む)、◆は環境、◯は援助・配慮について記入しています)

パッタンパッタン はんぶんこできるかな?
~衣服の畳み方を知る~

◆ラグマットを敷いておき、ひとりひとりのスペースを広く取っておく。
◯自分でしようとしているときは見守り、必要に応じて援助する。

おはなししてね
~絵本を見る~

◆ゆったりした時間に、楽しく話を聞けるように、長イスやラグマットを用意しておく。

楽しいこと

いっしょに遊ぼうね
~風車作りを楽しむ~

◆紙皿、ストロー(細・太)を用意しておく。
◯でき上がった風車は敬老会でいっしょに遊ぶことを作りながら伝え、敬老会を楽しみに待てるようにする。

風車の作り方

①紙皿にシールをはる。
②紙皿4か所に切り込みを入れて折る。

③紙皿の裏側に細いストローを付ける。(ストローの先は4か所に切り込みを入れ、セロハンテープで付けやすいようにしておく)

④太いストローを差し込むとでき上がり。(細いストローのじゃばらの部分を折り、抜けないようにする)

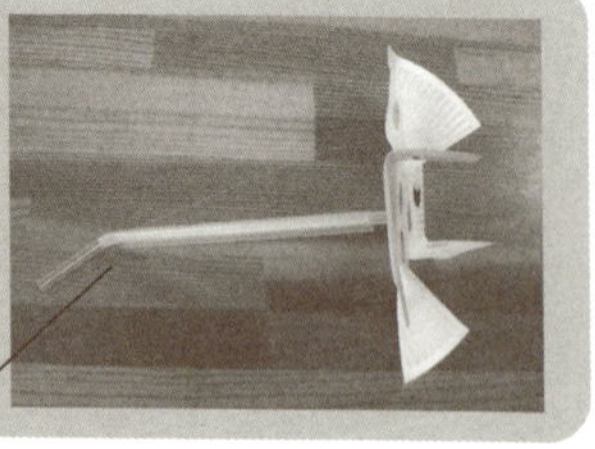

ようこそ おじいちゃん おばあちゃん
~祖父母とふれあい遊びを楽しむ~

◆参加された祖父母と子どもたち全員がかかわれるような、手遊びやふれあい遊び、歌遊びを用意しておく。

大きくなったよ
~野菜の生長に関心を持つ~

◆ジョウロは子どもが取り出しやすい場所に、数多く用意しておく。また、収穫した野菜を入れるカゴを置いておく。
◯収穫した野菜を給食のメニューに加えてもらえるように、栄養士と事前に話し合っておく。

楽しいね
~曲に合わせて楽器を鳴らすことを楽しむ~

◆子どもたちの好きな曲や秋の歌のCDを用意しておく。
◆スズ、タンバリン、カスタネットを用意しておく。
◯全員でいろいろな楽器遊びを楽しめるように、楽器を交替できるように言葉をかけていく。

残暑があるとはいえ、少し過ごしやすい季節になりました。戸外での活動が多くなり、畑で大きくなった野菜に歓声を上げたり、秋風の中、風車を持ってかけっこしたり…。生き生きとした子どもたちの表情が見られることでしょう。

（田中三千穂）

執筆 松本真澄

みーつけた

元気いっぱい
～体を十分に動かして遊ぶ～

◆高さのある運動用具の周りには、マットを敷いておく。また、スタートとゴールを決めておく。
○運動用具の要所要所には必ず保育者がつき、使い方や順番を知らせていく。

よーいどん
じゅんばんね
待つ場所がわかるよう円を描く
とべるかな
みんなでしようね
じょうずにあるけるかな

ゆっくり休もうね
～休息を十分に取る～

◆気持ち良く休息を取れるように室温調節をする。
◆戸外にはテントを張って、シートを敷いておいたり、ベンチを置いておいたりする。また、湯茶の準備をしておく。

弁当のおかずはなあに?
～弁当作りを楽しむ～

●おかずを作ったり、弁当箱に詰めたりして楽しむ。

弁当の作り方

《用意するもの》
・色紙の大きさに切ったいろいろな色の画用紙
・クラフト紙、片段ボール
・好きな弁当箱を選べるように使い捨ての弁当箱
・のりを使った後、手をふけるようにぬれたタオル
*市販されているバラン・しょうゆ入れ・銀紙ケースなどを用意しておくと楽しい。

◎**たまごやき**‥黄色の片段ボール(5×10cm)を巻いてセロハンテープで留める。

◎**ブロッコリー**‥緑色の画用紙(5×10cm)を細く巻き、筒状になった画用紙の先をハサミで切り込みを入れ開く。

◎**ウインナー**‥赤色の画用紙(5×10cm)を細く巻き、筒状になった画用紙の先をハサミで切り込みを入れ開く。

◎**エビフライ**‥クラフト紙を細長く丸める。しっぽは赤の画用紙をのりで付ける。

◎**おにぎり**‥2枚のティッシュペーパーを丸めセロハンテープで留める。のりは黒の画用紙を使い、おにぎりに巻いてセロハンテープで留める。

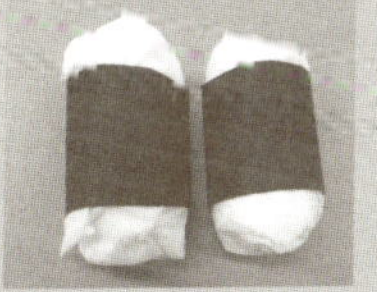

パクパクモグモグおいしいね
～保育者や友達と遠足ごっこを楽しむ～

◆子ども用のレジャーシートを多く用意しておく。また、遊びが広がるように、弁当のおかずを入れ替えたり、カバンを交換したりする。
○遠足気分を味わえるように、保育室だけでなく戸外でも楽しめるように保育者間で話し合っておく。

バスごっこ
出かける雰囲気を楽しめるよう、ついたてなどを利用する

わかる！書ける！

書き方解説をチェック！

マーク（★◆◎）が付いているところを見て、右ページの書き方解説を読んでください。指導計画のしくみがだんだんわかるようになり、自分で書けるようになります。

★…つながりを意識して　◆…具体的に
◎…保育の専門的な目線で　…GOOD表現

10月 2歳児

今月のねらい

クラス全体としてのねらい
ねらいは、養護と教育をより意識してたてましょう。

○休息を十分に取り、快適に過ごせるようにする。（養護）
○秋の自然物に触れ、保育者や友達といっしょに遊ぶことを楽しむ。（教育）

今月の予定

★運動会　★イモ掘り
★秋の遠足
★焼きイモパーティー
★内科検診
★誕生会
★避難訓練
★身体計測

前月末の子どもの姿	内容（は食育に関して）
◆1 ○戸外から帰ったときは、自分から手を洗おうとする姿が見られるが、ふき切れずに水滴が付いていることが多い。	○体を動かして遊んだ後は、十分に休息を取る。 ○見守られながら手洗いやうがいを自分でしようとする。
○食欲が増し、からになった食器をうれしそうに見せている。	○全部食べ終えたことを喜ぶ。
○トイレでパンツやズボンを下ろし排せつしようとしている子どもや、全部脱いで排せつする子どももいる。	○自分でズボンやパンツを下ろして排せつする。
○自分で布団に入るが、おしゃべりをしてなかなか寝つけない子どももいる。	○保育者に見守られながら一定時間眠る。
○土手を登ったり、友達とかけっこをしたりして遊んでいる。	○いろいろな遊具を使って体を動かして遊ぶことを楽しむ。
★1 ○色づいた葉っぱを集めたり、虫を見つけて興味を示し触ろうとしたりしている。	★2 ○木の実や落ち葉などの自然物を集め、触れて遊ぶことを楽しむ。
◎1 ○友達といっしょにお店屋さんになって言葉のやりとりを楽しんでいる。	○保育者や友達と言葉のやりとりを楽しむ。
○ハサミを使って切ったり、のりではったりして楽しんでいる。	○自然物を使って作ることを楽しむ。

個別配慮

M児（2歳7か月）
○自分のやりたいことをしているときに友達が寄ってくると、何もしていないのにたたいたりかんだりすることがある。

ねらいと内容

●ひとり遊びを十分に楽しむ。
○保育者といっしょに好きな遊びを楽しむ。

保育士等のチームワーク

★うがい、手洗いの手順・しかたについて話し合い共通認識しておく。
★戸外でのようすや行動範囲を確認し、安全に遊べるように見守る位置など、保育者間で連携を取る。
★イモ掘りや焼きイモパーティーの参加のしかたについて話し合っておく。
★運動会の参加種目について話し合う。

延長保育を充実させるために

★戸外で見つけた木の実や落ち葉など見せ合ったり飾ったりすることを楽しめるようにする。

家庭・地域との連携 保護者への支援も含む

★うがい・手洗いの大切さを知らせ、家庭でも励行してもらう。
★寒暖の差が見られるので調節しやすいように衣服を用意してもらう。
★運動会や遠足などの行事の参加のしかたや持ち物など園便りで知らせ、保護者も楽しく参加できるようにする。

健康 食育 安全への配慮

●運動した後や戸外から帰った後は、水分や休息を十分にとるようにする。
●収穫したサツマイモは、焼きイモパーティーをして楽しく食べられるようにする。
●園外に行くときには安全を確認しておき、携帯電話・救急用具などを持参する。
●焼きイモをするときには、火の周りに近寄らないようにカラー標識やついたてなどでしきり、水の入ったバケツを用意して危険のないように配慮する。

環境づくり(◆)と援助・配慮(◎)

P.148の遊びの展開に対応！

◆戸外で体を十分に動かした後は、十分に休息を取れるように時間配分を考えておく。
○ひとりひとりの気持ちを受け止め、ゆったりした気持ちでかかわるようにする。
◆手の洗い方やうがいのしかたに興味を持てるように、洗面所に絵をはっておく。
○保育者もそばにつき、手洗いやうがいのしかたをていねいに知らせることで習慣づけるようにする。また、手洗い後の水分のふき取りが十分でないときは「ここもふけたかな？」などと気づくように働きかけて、ハンカチやタオルできれいにふき取るように伝える。
○「いっぱい食べたね」と優しく言葉をかけるなどして、完食したことを共に喜び、意欲につなげる。
○トイレでは、自分でしようとする姿を見守り、必要に応じてパンツやズボンがぬれないように手を添えるなどして援助する。
◆寝具の調節や静かな曲をかけるなどして、ゆったりとした気持ちで眠れるようにする。
◆マットや巧技台、トンネルなどの組み合わせは、十分に体を動かして遊べるように空間を広く取っておく。
○遊びの形態で体を十分に動かし、安全に遊べるように見守ったり、必要に応じ援助したりして運動会に参加させ、楽しさを味わえるようにする。
★3 ○散歩や園庭で見つけた葉っぱの色の違いや、形の違いなどに関心を持ったり驚いたりする姿を受け止め、共感する。
◆ままごと遊びや電車ごっこなどを楽しめるように木の実や落ち葉、サツマイモのツルなどを種類別に入れておく。
○子どもの発見や気づきを受け止め、作った喜びを持てるようにする。

◆好きな玩具を用意しておく。
○保育者もいっしょに遊びながら、他児の遊ぶようすに目を向けられるように配慮していく。

わかる！書ける！書き方解説

指導計画のマークを追って解説を読んでください。

★1～3 つながりを意識して書きましょう。

★1では、色づいた葉っぱを集めたり、虫を見つけて興味を示したりする姿を受けて、ねらいに「秋の自然物に触れ、保育者や友達といっしょに遊ぶことを楽しむ」と挙げています。内容の★2では、木の実、落ち葉などの自然物を集め、触れて遊ぶことを掲げ、★3の援助では、散歩や園庭で見つけた葉っぱに関心を持ったり驚いたりする姿を受け止め、共感するとつないでいます。

◆1 子どもの姿が目に浮かぶように具体的に書きましょう。

戸外から帰った後の、手洗いのようすを、こまやかに観察し、手がふき切れず、水滴が付いていると書かれていますが、このように具体的に書くと、内容や援助が書きやすくなります。

◎1 保育の専門的な目線を持って書きましょう。

2歳児も10月ごろになると、ごっこ遊びなどで言葉のやりとりが増えてきます。単にお店屋さんごっこをしていると書くのではなく、発達の姿として、言葉のやりとりを専門的な視点で取り上げたいものです。

◎は、GOOD表現のしるしです。

反省・評価

(自己評価)として大切にしたいこと

今月の保育終了後の文例として

★戸外で遊んだ後、手洗いやうがいをていねいにすることに努めた。これからも引き続き行ない習慣づけていきたい。また、休息や水分を十分にとったり、室温を調節したりしたことで快適に過ごせた。
★保育者や友達といっしょに散歩や戸外で秋の自然物に触れ遊んだことで、発見や驚きを共感できてよかった。

（廣葉佳子）

10月 遊びの展開 2歳児

P.146の指導計画に対応

環境づくりと援助・配慮がひと目でわかる！

遊びの展開

月案（P.146-147）の「環境づくりと援助・配慮」の一部を基に、その環境や援助による遊びの広がりをイラストで解説します。
（●は子どもの活動（ねらい・内容も含む）、◆は環境、○は援助・配慮について記入しています）

ちょっといっぷく
～十分に休息や水分をとる～

◆湯茶を十分に用意しておく。
○楽しく遊んだことを話しながら、ゆったりした気持ちで湯茶を飲み、休息を取れるようにする。

遊んだ後は、手洗い・うがいを
～ていねいに手をふいたり、うがいをしたりする～

◆手の洗い方やうがいのしかたに関心を持てるように、図解したものを子どもの目の高さにはっておく。

ホラ、できたよ
～ひとりでズボン・パンツの着替えをする～

秋

よいしょ よいしょ
～イモ掘りを楽しむ～

◆掘ったイモを入れたり並べたりできるようにカゴやシートを用意しておく。
◆ツルは電車ごっこなどで遊べるようにとっておく。
○土の中から出てきたイモや虫などを見て驚いたり喜んだりしている子どもに共感する。

乗ってくださ～い
～保育者や友達といっしょに電車ごっこを楽しむ～

さわやかな10月です。青く広がる空の色や、日々変わりゆく木の葉に秋の訪れを感じます。1年中でいちばん過ごしやすいこの時期は、子どもたちにとっても心と体の“実り”の時期ともいえます。秋の自然の中で、たくさんの経験をしてほしいと思います。（田中三千穂）

執筆 廣葉佳子

み～つけた

土の滑り台楽しいよ!

～保育者や友達といっしょに体を動かして楽しむ～

◆子どもひとりが入れる大きさの段ボール箱にひもを付けたものを用意しておく。
○子どものようすを見て加減をしながら箱を引っ張るようにする。

お散歩 大好き

～自然物に触れ、集めることを楽しむ～

◆ドングリやマツボックリがある散歩コースを選んで下見しておく。
○子どもの発見や驚きに共感する。
○保育者は、子どもたちが拾ったものを入れられるようなもの（袋など）を持って行く。

集めた物で遊ぼう

～自然物に興味を持つ～

◆ドングリ・マツボックリ・小枝・落ち葉などを種類別に分けて用意しておく。
◆いろいろな形や大きさの紙粘土、手ふき用タオルを用意しておく。
○子どもの自由な発想を受け止め、作る喜びを持てるようにかかわる。

お料理はいかが?

～木の実などを使ってままごと遊びを楽しむ～

◆砂場などの戸外でドングリや落ち葉を使って遊べるように用意しておく。

ドングリごはん どうぞ
いらっしゃいませ

甘くて、おいしいおイモ

～焼きイモを味わう～

◆たき火の周りにはカラー標識を置いたり、ラインを引いたりして境界線をつくり、危険のないように見守る。
○煙のようすやイモが焼けたにおいに気づくようかかわり、いっしょに楽しむ。

おいしい焼きイモにするための下準備

①イモの大きさに合わせて新聞紙を用意する。
②イモを新聞紙で包んだ後は塩水につけてぬらす。（甘さが引き立つ）
③さらにアルミホイルに包む。

アルミホイル

わかる！書ける！

書き方解説をチェック！

マーク（★◆◎✿）が付いているところを見て、右ページの書き方解説を読んでください。指導計画のしくみがだんだんわかるようになり、自分で書けるようになります。

★…つながりを意識して　◆…具体的に
◎…保育の専門的な目線で　✿…GOOD表現

11月 2歳児

今月のねらい

クラス全体としてのねらい
ねらいは、養護と教育をより意識してたてましょう。

○気温の変化やひとりひとりの体調に留意しながら、健康に過ごせるようにする。（養護）
○友達や保育者といっしょに秋の自然にふれて遊ぶことを楽しむ。（教育）

今月の予定

★身体計測
★誕生会
★避難訓練

前月末の子どもの姿	内容（🍴は食育に関して）
◎1 ○はしを使って食べようとする子どもが増えてきている。	○はしの使い方を知り、自分で持って食べようとする。🍴
○尿意を感じると保育者に知らせてトイレに行く子どもや、遊びに夢中になり間に合わない子どもがいる。	○保育者に知らせてトイレで排せつしようとする。
○自分から布団に入り、眠ろうとする。	○落ち着いた雰囲気の中で安心して眠る。
★1 ○自分で脱ぎ着をしているが、脱いだ服をそのままにしている。	★2 ○保育者といっしょに衣服の脱ぎ着やかたづけをする。
◆1 ○戸外から帰ったら、手洗いやうがいをしようとするが、コップに水を入れたり出したりして遊ぶ子どももいる。	○保育者に見守られながら、手洗い・うがいをていねいにする。
○保育者に鼻水が出ていることを知らせてもらい、鼻水をふこうとしている。	○自分で鼻水をふこうとする。
○気の合う友達と戸外で追いかけっこやごっこ遊びをして楽しく遊ぶ姿が見られる。	○戸外で友達といっしょに体を動かして遊ぶ。 ○身近な秋の自然にふれて遊ぶ。
✿ ○散歩に出かけることを喜び、木の実や木の葉を集めて楽しんでいる。	○木の葉や木の実を使って、いろいろな物を作って楽しむ。
○音楽に合わせて体を動かすことを楽しんでいる。	○保育者や友達と歌をうたったり、曲に合わせて楽器を鳴らしたりして遊ぶ。

個別配慮

H児（3歳6か月）
○自分の思いが通らないと、すぐに玩具を投げたり、友達の作っているものを壊したりする。

ねらいと内容

●**保育者に思いを受け止めてもらい安心して過ごす。**
○自分の気持ちをすなおに表す。

保育士等のチームワーク

★園外に出る機会が多くなるので、安全面について役割分担を十分に話し合う。
★クッキングで、子どもができる調理方法や過程について栄養士と打ち合わせをしておく。
✿★おう吐や下痢の処理について保育者間で確認し合い、統一しておく。

延長保育を充実させるために

✿○日中の健康状態を担当者に伝えるとともにコーナーやカーペットを使いゆったりと過ごせるようにする。

CD-ROM P.121-169_2歳児 ▶11月_月案.doc

11月 2歳児

家庭・地域との連携
保護者への支援も含む

★かぜやおう吐・下痢などによる体調の変化を観察し、家庭と連絡を取り、健康状態を把握する。また、園ではやっている病気を感染症ボードで知らせ、症状が見られたときは早めの受診を勧める。
★薄着の大切さを伝え、気温に応じて調節しやすい衣服の準備をしてもらうよう声をかける。

健康・食育・安全への配慮

●気温差が大きい時期なので、気温や体調に合わせてこまめに衣服の調節をする。
●収穫した野菜でクッキングをし、旬の野菜に興味を持てるようにする。
●散歩に出かける前には、事前に下見し、危険な箇所がないか確認しておく。

環境づくり(◆)と援助・配慮(○)

➡ P.152の遊びの展開に対応！

◆献立によってはスプーンやフォークも使えるようにしておく。
○保育者が食べている姿を見せたり手を添えたりし、はしの使い方を知らせる。
◆トイレは便座カバーやマットを敷き、暖かく清潔に気持ち良く使えるようにする。
○ひとりひとりの排尿の間隔を把握し、トイレに誘い「気持ち良いね」と共感する。
◆気温の変化に応じて室温や寝具の調節をし、心地良く眠れるようにする。
◎ひとりひとりに優しく言葉をかけ、ゆったりとかかわって安心して眠れるようにする。
◆衣服の脱ぎ着がしやすいように、着替えのコーナーのスペースを広く取っておく。
★3 ○保育者がそばについて衣服の表返しや畳み方を知らせ、必要に応じて援助する。
◆子どもたちが使いやすいように、手の届くところに液体せっけんやコップ、ティッシュペーパーなどを置いておく。
○保育者もいっしょに行ないながら、ていねいな手洗い・うがいのしかたを知らせていく。
○鼻水が出ていることに気づかせ、かみ方を知らせたり、ふいたりする。
◆体を動かして遊ぶことを楽しめるように、ボールやしっぽ取りに必要な用具を準備しておく。
◎保育者もいっしょに遊び、友達とかかわり合いながら遊びの中で必要な言葉を知らせたり、仲立ちになったりする。
◆ダイコン抜きに必要な用具や入れ物を用意しておく。
○ダイコンの大きさや形に歓声を上げる子どもに共感し、クッキングに期待を持たせる。
◆落ち葉や木の実などを種類別に入れられるように、箱やカゴを用意しておく。
◎子どもの発見や驚きに耳を傾け、友達に知らせるなどしてみんなで共感できるようにする。
◆子どもたちの作った作品を壁面や保育室の入り口に飾るなどする。
○子どもたちの好きな曲を選び、いっしょに手作り楽器を鳴らしながら楽しめるようにする。

◆好きな玩具を使ってじっくりと遊べるスペースを用意しておく。
○H児の言葉にしっかりと耳を傾け、わかりやすい言葉で伝えられるように仲立ちとなる。

わかる！書ける！書き方解説

指導計画のマークを追って解説を読んでください。

★1～3
つながりを意識して書きましょう。

★1では自分で脱ぎ着をするようになるものの、脱いだ服をそのままに放置する子どもの姿が見られます。そこで★2では保育者といっしょに衣服の脱ぎ着やかたづけをする内容を入れています。そして★3では、保育者がそばについて、表返しや畳み方などのかたづけ方を知らせる援助へとつながっています。

◆1
子どもの姿が目に浮かぶように具体的に書きましょう。

戸外遊びが多くなる時期です。帰ってくると手洗いや、うがいをしようとするのですが、つい水遊びになってしまう姿が、具体的に書かれていて共感してしまいます。

◎1
保育の専門的な目線を持って書きましょう。

食具としてのはし使いは、指先の神経支配が進み、器用さが要求されるものですが、2歳後半になるとはしを使おうとする子どもが多くなります。専門的な指導が必要です。

◎は、**GOOD表現**のしるしです。

反省・評価
（自己評価）として大切にしたいこと
今月の保育終了後の文例として

★1日の気温の変化に十分に気をつけながら、日中は薄着を心がけ戸外で元気に体を動かして遊ぶ機会を多く持つようにした。また、手洗いやうがいをていねいにすることを知らせ、いっしょにすることで進んでしようとする姿も見られ、健康に過ごすことができた。引き続き感染症の予防に気をつけていきたい。
★散歩に出かける機会を多く持つことができ、いろいろな木の実や葉っぱに触れて自然を楽しんだり、ダイコン抜きをしたりして形や大きさに興味を持ったりする姿が見られるようになってきた。

（竹中ひとみ）

P.150の指導計画に対応

環境づくりと援助・配慮がひと目でわかる!

遊びの展開

月案（P.150-151）の「環境づくりと援助・配慮」の一部を基に、その環境や援助による遊びの広がりをイラストで解説します。
（●は子どもの活動（ねらい・内容も含む）、◆は環境、○は援助・配慮について記入しています）

秋と

混ぜて・丸めて ～ダイコンもちクッキングをする～

◆事前に栄養士と調理方法について打ち合わせをして準備をする。
○自分で作って食べる楽しさを感じられるように進める。

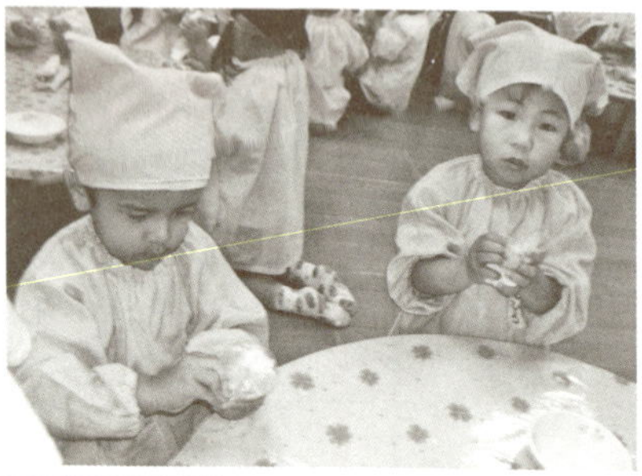

ダイコンもちの作り方

材料（6人分）
・ダイコン（皮付き）　160g
A
・白玉粉　80～100g（ダイコンの水分で調節する）
・塩こうじ　小さじ1/2
・干しエビ（戻してみじん切り）　5g
・ネギ（小口切り）　5g

①ダイコンは皮をむいて、おろすようすを見る。
②袋にダイコンおろしとAの材料を入れ、粉っぽさがなくなるまで混ぜ、耳たぶくらいの硬さにする。
③袋から出して6等分し、ひとつずつ形を整えてホットプレートで焼く。

元気いっぱい! ～体を動かして遊ぶ～

◆しっぽ取りに必要な傘袋を用意しておく。
○保育者もいっしょに体を動かして遊び、楽しさを感じられるようにする。
◆子どもの背の高さに合わせて傘袋の長さを調節する。

“しっぽ”の作り方

傘袋の30㎝くらいのところまでフラワーペーパーを入れ、少し空気を抜いて結ぶ。

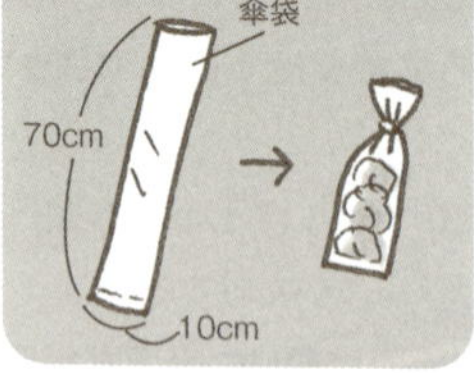
傘袋
70cm
10cm

いろいろな形があるね! ～畑で収穫を楽しむ～

◆ダイコンが抜きやすいように、左右に少し動かしておく。
◆大小のダイコンを分けて入れられるように、箱を用意しておく。
○土の中から出てくるいろいろな大きさのダイコンに興味を持ち、子どもといっしょに形のおもしろさを伝えていく。

ひんやりしないよ! ～トイレで排せつをする～

◆便座に気持ち良く座れるように便座カバーを付けておく。

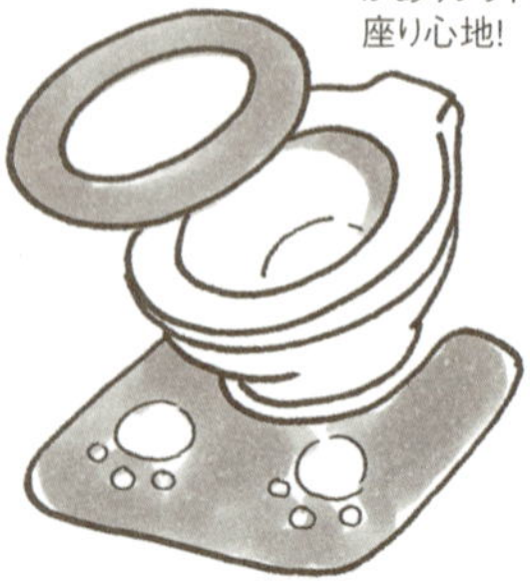
すぐに取り外し丸洗いOK!
クッション性がありソフトな座り心地!
足下にはマットを敷く

自分でできるよ! ～鼻をふく～

◆ティッシュペーパーの場所がわかりやすいように、カバーを付けておく。

執筆 竹中ひとみ

戸外は秋の自然でいっぱいです。探索意欲の旺盛《おうせい》な子どもたちは「ホラ、ミテ!」「コレナニ?」と目を輝かすことでしょう。そんな子どもの思いをていねいに受け止め、好奇心を満たすようにかかわりましょう。

（田中三千穂）

遊ぼう

お散歩! 楽しいね
～秋の自然にふれる～

◆天気のいい日は散歩に出かける機会を多く持つ。

葉っぱの声が聞こえるよ!
～落ち葉で遊ぶ～

◆落ち葉がたくさんある場所を見つけておく。
○木の葉の色の美しさや形の違いなどに気づくように言葉をかけながら、自然物に興味を持たせる。

大きいの見つけたよ!
～自然物を集めて遊ぶ～

◆散歩で集めたドングリやマツボックリなどを形や種類別に箱やカゴに入れ、子どもたちの見えるところに置いておく。
○大きさや形の違いに気づくように、触ったり並べたりしていっしょに遊ぶ。

なが～く つながれ!
～指先を使った遊びを楽しむ～

◆用意するもの
木の実（キリや穴あけ機などを使って穴をあけておく）
・ストロー
・いろいろな形に切った紙
・モール、毛糸、ひも　など（毛糸やひもの先には穴を通しやすいようにセロハンテープを巻いておく）
・ラミネートした木の葉（パンチで穴をあけておく）
○保育者もいっしょにしながら、通したり長くつなげたりするおもしろさを楽しめるようにする。（通すときに、ストローやいろいろな形の紙なども通すと楽しい）

どんな音?
～手作り楽器で遊ぶ～

◆ドングリやジュズダマなどの、大きさの違う自然物を入れたペットボトルなど用意しておく。
○音楽に合わせて踊ったり鳴らしたりして、マラカスの大きさや、ドングリの量、ジュズダマによる音の違いに興味を持ちながら、楽しめるようにする。

気をつけましょう!
～家庭との連携～

◆園内で流行している感染症についてホワイトボードで知らせる。

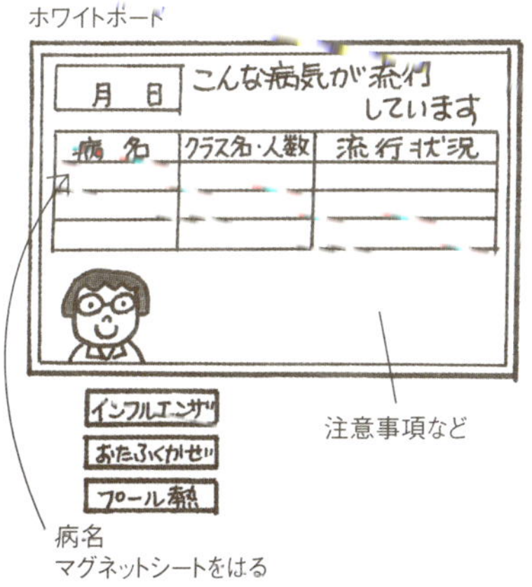
ホワイトボード
月 日
こんな病気が流行
しています
病名
クラス名・人数
流行状況
インフルエンザ
おたふくかぜ
プール熱
注意事項など
病名
マグネットシートをはる

わかる！書ける！

書き方解説をチェック！

マーク（★◆◎🏵）が付いているところを見て、右ページの書き方解説を読んでください。指導計画のしくみがだんだんわかるようになり、自分で書けるようになります。

★…つながりを意識して　◆…具体的に
◎…保育の専門的な目線で　🏵…GOOD表現

12月 2歳児

今月のねらい

クラス全体としてのねらい
ねらいは、養護と教育をより意識してたてましょう。

○冬の感染症に留意し、健康に過ごせるようにする。（養護）
○元気に体を動かして遊ぶ。（教育）
○友達や保育者といっしょに遊ぶことを楽しむ。（教育）

今月の予定

★身体計測
★誕生会
★避難訓練
★お楽しみ会
★大売り出しごっこ

前月末の子どもの姿	内容（🍴は食育に関して）
○苦手な物も、保育者に促されて少しずつ食べようとしている。	○全部食べられた喜びを味わう。🍴
○尿意、便意を事前に言葉や動作で知らせるようになっている。	○尿意、便意を感じたら自分でトイレに行こうとする。
○簡単な着脱はひとりでできるようになっているが、◆1ボタン掛けなどできないところは保育者に介助を求める子どももいる。	○衣服の着脱を自分でしようとする。
★1○保育者に見守られながら手洗い・うがいなどを自分でしようとしている。	★2○自分から手洗い・うがいをしようとする。
◎1○友達といっしょに遊ぶ姿が見られるが、思いをうまく言葉で伝えられずトラブルになることもある。	○友達や保育者と簡単なルールのある遊びや、体を動かして遊ぶことを楽しむ。
○集めた落ち葉や木の実などを使って遊ぶことを喜んでいる。	○冬の自然に興味を持つ。
○絵本を読んでもらい、友達や保育者と気に入った場面や言葉のやりとりを楽しんでいる。	○お楽しみ会や大売り出しごっこに喜んで参加する。 ○友達や保育者といっしょに言葉のやりとりをし、ごっこ遊びを楽しむ。 ○音楽に合わせて歌ったり、体を動かしたりすることを楽しむ。
○のりやハサミを使って、作ることを楽しんでいる。	○いろいろな素材で作って遊んだり、飾ってもらったりすることを喜ぶ。

個別配慮

E児（3歳2か月）
○母親の出産後、気持ちが不安定になり、友達とのトラブルが増えている。登降園時にぐずることも多い。

ねらいと内容

●思いを十分に受け止めてもらい、安定した気持ちで過ごせるようにする。
○保育者に見守られながら友達とかかわって遊ぶことを楽しむ。

保育士等のチームワーク

★冬の感染症についての予防や対処のしかたなどを確認しておく。
★子どもの体調について連絡を十分に取り合い、保護者に伝えもれがないようにする。
★室内での遊びが充実してくる時期なので子どもの興味を確認し合い、活動について話し合っていく。
★旬の野菜を献立に取り入れたり、実物を見たり触れたりできるよう栄養士と連携を取っておく。

延長保育を充実させるために

☆異年齢児といっしょにごっこ遊びを楽しめるように、🏵エプロン・カバン・買い物券などを用意しておく。

家庭・地域との連携
保護者への支援も含む

★冬の感染症などの予防方法を保健便りで知らせ、情報を共有し、家庭と園での双方で予防に努めていく。また、体調の変化などについてこまめに連絡を取り合う。

★厚着をしてくる子どもが増える時期なので、室内は暖かいことを知らせ、調節や着脱がしやすく動きやすい衣服を用意してもらう。

★戸外で子どもたちが楽しんでいるようすを伝え、冬も健康で過ごすために戸外遊びが大切なことを知らせる。

健康・食育・安全への配慮

●感染症が流行しやすい時期なので、ひとりひとりの健康状態を把握し、保育室の換気や消毒をこまめに行ない、予防に努める。

●旬の野菜を知らせたり、調理のようすを見せたりし、興味を持って食べられるようにする。

◎露や霜で遊具がぬれているときは、滑ってけがをしないようにふいておく。

環境づくり(◆)と援助・配慮(○)

→ P.156の遊びの展開に対応！

◆室内外の温度差に留意し、室温や衣服の調節・換気をこまめに行なう。

○苦手な物も少しずつでも自分で食べようとする姿や全部食べられた姿を認め、共に喜ぶ。

○自分からトイレに行き排せつできたことを褒め、自信につなげていく。

◎◆上着はわかりやすく、取り出しやすいように個人のシールや名前の付いたフックを用意しておく。

○できない部分は手伝いながら、自分でしようとする姿を見守り、できたときにはいっしょに喜び、自信を持てるようにかかわる。

◆手洗い・うがいのしかたがわかりやすいようにイラストを手洗い場にはっておく。

★3 ○手洗い・うがいを保育者もいっしょに行ない、大切さを知らせるとともに習慣づけていく。

◆室内外で、全身を使って遊べるように、マットや巧技台、簡単なルールのある遊びを用意しておく。

○子どもたちの気づきやつぶやきに耳を傾け、冬の自然に興味を持てるようにする。

◆クリスマスや大売り出しの雰囲気を味わえるように近くの商店街に出かける機会を持つ。

◆羽子板やたこ、こま、カルタなどを壁や棚に飾り、正月の雰囲気をつくっておく。

○子どものイメージや発想を大切にしながら、いっしょに楽しむようにする。

◆言葉のやりとりを楽しめるような絵本を取り出しやすいところに用意しておく。

○子ども同士のかかわりを見守り、友達と遊ぶ楽しさを味わえるようにする。

◆クリスマスリースなどを製作しやすい素材を十分に用意し、選びやすいように分類しておく。

○のりやハサミの使い方は危険のないようにそばで見守り、必要に応じて正しい使い方を知らせていく。また、作った物で遊んだり、飾ったりして喜びを共感していく。

◆好きな遊びを通して友達とかかわれるように玩具を十分に用意しておく。

○甘えたい気持ちを十分に受け止め、園と家庭でのようすを伝え合いながら安心して過ごせるようにする。

わかる！書ける！書き方解説

指導計画のマークを追って解説を読んでください。

★1〜3
つながりを意識して書きましょう。

かぜなど感染症の流行する時期を迎え、★1では、保育者に見守られながら、手洗い・うがいなどを自分でしようとする姿を押さえています。それを踏まえ★2では、自分から手洗い・うがいをしようとする内容を書いています。★3の援助では、保育者もいっしょに行ない、手洗いやうがいの大切さを知らせつつ習慣として身につけていきます。

◆1
子どもの姿が目に浮かぶように具体的に書きましょう。

簡単な着脱はひとりでできるようになっていますが、つまずいている姿を具体的に書くことによって、援助のあり方がつかめます。

◎1
保育の専門的な目線を持って書きましょう。

12月にもなると友達といっしょにすることを喜ぶのですが、まだまだ思いを言葉にして伝えられず、トラブルが起こりやすいです。発達課題として意識する必要があります。

◎は、GOOD表現のしるしです。

反省・評価
（自己評価）として大切にしたいこと
今月の保育終了後の文例として

★室温の調節や換気、消毒をこまめに行なったり、衣服の調節をしたりしていたが、中には熱を出したり、下痢をしたりしている子どももいたので、今後も衛生面に気をつけていきたい。

★簡単なルールのある遊びを取り入れたことにより、体を動かして遊ぶことができた。

★ごっこ遊びを通して、友達と言葉のやりとりを楽しむ姿が増えてきた。さらにやりとりが広がるような遊びを工夫していきたい。

（岡本由美）

12月 遊びの展開

2歳児

P.154の指導計画に対応

環境づくりと援助・配慮がひと目でわかる!

遊びの展開

月案(P.154-155)の「環境づくりと援助・配慮」の一部を基に、その環境や援助による遊びの広がりをイラストで解説します。

(●は子どもの活動(ねらい・内容も含む)、◆は環境、○は援助・配慮について記入しています)

寒いのなんて

からだポカポカあったかいね
～体を動かして遊ぶ～

○『むっくりくまさん』や『あぶくたった』など簡単なルールのある遊びを取り入れ、少しずつルールがわかるように繰り返して遊ぶようにする。

◆危なくないように広い場所を確保しておく。

キャー! にげろ～
～ごっこ遊びを楽しむ～

◆マットを家に見たてて遊べるように数多く用意しておく。

○保育者がオオカミとなり、言葉のやりとりをしたり、追いかけたりしてみんなで楽しめるようにする。

せんせい 飾って!
～切ったりはったりして楽しむ～

◆ひも通しができるように、厚紙や段ボールに穴あけパンチであらかじめ穴をあけておく。

◆クリスマス模様の包装紙やいろいろな色の画用紙を、1回切りができるように用意しておく。

○できた作品は窓や壁にはり、できた満足感を得られるようにする。

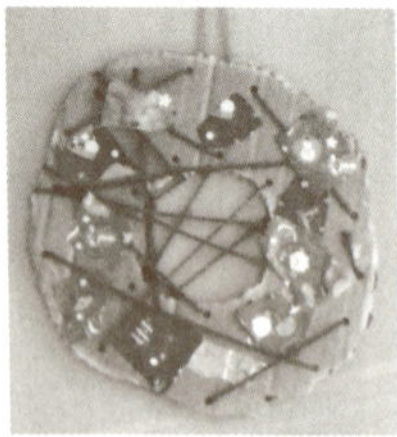

サンタさんに聞こえるかな?
～楽器遊びを楽しむ～

◆楽器遊びを楽しめるように鈴やマラカスなどを数多く準備しておく。

○リズミカルな曲や、クリスマスソングを流して、いっしょに楽しむ。

いらっしゃいませ～
～お店屋さんごっこを楽しむ～

◆エプロンやカバン、買い物券などを十分に用意する。

○保育者もいっしょに行ない、スムーズにやりとりを行なえるように言葉をかける。

○売り買いのルールをいっしょに行ないながら知らせていく。

執筆 岡本由美

ひとりでできることが増えてきて、生活も遊びも広がってきました。新しい年を前に、商店街の大売り出しのようすを見に行ったり、大掃除ごっこをしたりと遊びを楽しみましょう。

（田中三千穂）

へっちゃらだよ！

こんな家吹き飛ばすぞ〜！

〜言葉のやりとりを楽しむ〜

◆『おおきなかぶ』『三匹の子ぶた』など、繰り返しの言葉のある絵本を選んでおく。

○簡単な言葉の繰り返しを楽しめるように、保育者も遊びに加わり仲立ちをする。

落ち葉のベッドふかふか〜

〜冬の自然に興味を持つ〜

◆冬の自然に興味を持てるよう戸外に出る機会を多く持つ。

○たくさんの落ち葉に触れて遊べるようにする。

ひとりでできるよ！

〜冬を健康に過ごす〜

◆うがいや手洗いのしかたがわかりやすいよう、イラストを子どもの目の高さにはっておく。

どれにしようかな？

〜年中・年長児の大売り出しごっこに喜んで参加する〜

◆大売り出しごっこを楽しめるように年長児が作った買い物券を用意しておく。

○子どもたちの選んでいるようすをそばで見守りながら、必要に応じて言葉をかける。

お店屋さんがいっぱいだね

〜大売り出しの雰囲気を味わう〜

◆大売り出しなどで人出が多いことなどを予想し、危険がないようにあらかじめ商店街を下見しておく。

○保育者間で連携を取り、大売り出しの雰囲気を味わえるようにする。

もうすぐお正月　みてみて！ピカピカだよ

〜大掃除ごっこを楽しむ〜

◆薄手のタオルや子どもの手の大きさに合ったぞうきんを用意しておく。

○いつも使っているロッカーや玩具をきれいにし、正月を迎えることを知らせる。

わかる! 書ける!
書き方解説をチェック!

マーク(★◆◎❀)が付いているところを見て、右ページの書き方解説を読んでください。指導計画のしくみがだんだんわかるようになり、自分で書けるようになります。

★…つながりを意識して　◆…具体的に
◎…保育の専門的な目線で　❀…GOOD表現

1月 2歳児

1月から3月まで、3歳児進級に向けて、週案要素を含む月案を紹介していきます。

前月末の子どもの姿

◎1 ○鬼ごっこやしっぽ取りなど簡単なルールのある遊びを保育者や友達といっしょに楽しんでいる。
○盆やはしを運んだり、おしぼりを用意したりと自分で給食の準備をしている。
★1 ○インフルエンザで休んでいる子どもがいる。

今月の予定

★正月遊び
★もちつき
★鏡開き
★身体計測
★誕生会
★避難訓練

今月のねらい

クラス全体としてのねらい

ねらいは、養護と教育をより意識してたてましょう。

★2 ○冬の寒さに負けず健康で元気に過ごせるようにする。(養護)
○保育者や友達といっしょに正月遊びやごっこ遊びを楽しむ。(教育)
○冬の自然事象にふれて遊ぶことを楽しむ。(教育)

経験する内容(🍴は食育に関して)

○身の回りのことを保育者に見守られながら自分でしようとする。
○食器に手を添え、はしを使って食べようとする。🍴
❀ ○鼻汁が出たことに気づき保育者に知らせたり、ふいたりする。
○簡単な正月遊びを楽しんだり、異年齢児と正月行事を楽しんだりする。
○霜柱や氷などを見たり、触れたりして遊ぶ。
◆1 ○絵本の中の登場人物になり切ってごっこ遊びを楽しむ。

環境づくり(◆)と援助・配慮(○)

P.160の遊びの展開に対応!

1週・2週

◆玄関先にしめ縄を飾ったり、新年のあいさつ文をはり出したりしておき、新しい年が始まる雰囲気を味わえるようにする。

1週

○休み明けは、休み中の話をしたり、聞いたりしながらゆったりと過ごせるようにする。
◆ティッシュペーパーの箱やゴミ箱は、子どもの手の届くところに用意しておく。
○鼻汁のふき方、かみ方を知らせ、かんだ後の心地良さを知らせていく。
○十分にふけない子どもには、保育者が手を添えていっしょにふくようにする。

2週

◆準備しやすいよう配ぜん台に盆やはし、おしぼりの用意をしておく。
❀ ○自分でする気持ちを大切にし、できたときにはいっしょに喜ぶ。
○保育者もいっしょに食べながら、皿に手を添えることや正しいはしの持ち方を伝えていく。

1週・2週

◆いつでも遊べるよう、室内外の各コーナーに正月遊びを用意しておく。(絵カルタ、手回しごま、たこ　など)
❀ ○保育者がいっしょにしながら遊び方を知らせ、正月遊びを楽しめるようにする。

1週

◆もちつきに期待を持てるよう、うすやきねを用意し飾っておく。
○年長児がもちをついているようすを見たり、「よいしょ」とかけ声をかけたりしてもちつきを楽しめるようにする。
❀ ○「あたたかいね」「やわらかいね」などもちの感触を感じながら、自分たちが食べるもちを喜んで丸められるようにする。

2週

○獅子舞や鏡開きを保育者と見ながら、昔から伝わる伝統行事を楽しむ。

保育士等のチームワーク

★休み明けの子どものようすや体調を把握し、ひとりひとりゆったりとかかわりながら、園での生活リズムを整えていけるように話し合う。
★行事食について栄養士と話し合い、献立に入れてもらうようにする。
★看護師と熱や感染症が出たときの対応を話し合っておき、感染予防に努める。

延長保育を充実させるために

☆各コーナーに絵カルタや手回しごまなど正月遊びを用意しておき、異年齢児といっしょに遊べるようにしておく。

個別配慮 Y児(3歳1か月)

○保護者の仕事が忙しくなりY児とかかわる時間が減ったことで、わざと話を聞かなかったり、ウロウロしたりするY児の姿が見られるようになった。
●1対1のかかわりをたくさん持ち、安定して過ごせるようにする。

CD-ROM P.121-169_2歳児 ▶1月_月案.doc

家庭・地域との連携
保護者への支援も含む

★寒くなり、せきや鼻汁、発熱などで体調が変調している子どもがいる。また、インフルエンザや感染性胃腸炎など感染症が流行していることを保健掲示板で知らせ、手洗い、うがいなど予防に努めてもらう。
◎★身の回りのことを自分でしようとする気持ちが日に日に増してきていることを伝え、家庭でもその気持ちを受け止め見守ってもらうように協力してもらう。
★正月行事のようすを写真などで知らせたり、ふるまいぜんざいがあることを知らせたりして、伝統行事にふれてもらう。

健康・食育・安全への配慮

●インフルエンザが流行しているので、手洗い、うがいをていねいに行なう。
●昔から伝わる伝統的な食べ物に興味を持てるよう、見たり、食べたりできるようにする。
★3 ●換気をこまめに行ない、室内の温度、湿度の調節を適切にして暖房器具の取り扱いに注意する。

3週

◆思い切り体を動かせるよう広い場所を用意しておく。
◎○保育者が鬼になって追いかけたり、子どもといっしょに逃げたりしながら思い切り体を動かすことを楽しめるようにする。（鬼ごっこ、しっぽ取り、かごめかごめ、あぶくたった　など）
○体を動かして遊ぶことで体がポカポカしてくることを感じ、寒さの中でも遊びを楽しめるようにしていく。

○看護師にうがい、手洗いのしかたや大切さを伝えてもらう。
○保育者もいっしょにしながら、ていねいに手洗い、うがいができるように言葉をかけていく。

○排せつ後、トイレットペーパーの取り方やふき方を知らせ、自分でふけるように見守る。
◆衣服の脱ぎ着がしやすいようにイスを用意しておく。
◎○脱いだ服の畳み方を知らせ、自分で畳んでみようとする気持ちを持てるようにする。

◆ごっこ遊びが展開していくよう、お面や小道具を用意しておく。
◆絵本はいつでも見られるように絵本コーナーに用意しておく。
○子どもの親しんでいる絵本を繰り返し読んだり、保育者も役になり切ったりして、子どもたちの遊びが広がっていくようにする。

○風の冷たさや吐く息が白いことに気づけるよう言葉をかけたり、霜柱や氷ができたときには、機会を逃さず子どもたちに知らせ、見たり、触れたりして楽しめるようにする。

4週

わかる！書ける！書き方解説

指導計画のマークを追って解説を読んでください。

★1～3
つながりを意識して書きましょう。

★1で正月休み明けに、インフルエンザで休む子どもが見られます。そこでねらいを★2「冬の寒さに負けず健康で元気に過ごせるようにする」と挙げています。★3の健康への配慮として、「換気をこまめに行ない、室内の温度、湿度の調節を適切にして暖房器具の取り扱いに注意」を書いています。

◆1
子どもの姿が目に浮かぶように具体的に書きましょう。

2歳後半になると、言葉の数も増え、言葉による活動が多様になってきます。特に、虚構の世界のつもり遊びが盛んになりますが、「なり切って」と書くことによってこの段階の特徴がよくわかります。

◎1
保育の専門的な目線を持って書きましょう。

この時期になると、簡単なしっぽ取り遊びなどルールのある遊びがわかるようになり、集団遊びが深まってきます。ルールをわきまえるのは、社会性の発達にとって大切な節ですので、見逃さず書きましょう。

◎は、**GOOD表現**のしるしです。

（自己評価）として大切にしたいこと
反省・評価
今月の保育終了後の文例として

★寒い日が続き、戸外へ出ることをいやがる子どもがいたが、鬼ごっこやしっぽ取りなど体を動かす遊びをたくさん取り入れたことで、寒さに負けず元気に遊ぶことができた。
★正月遊びやごっこ遊びを通して、友達とのかかわりを十分に広げることができた。
★氷ができたときは、機会を逃さず知らせたことで子どもたちの驚く表情を見ることができてよかった。

（山新田敦子）

環境づくりと援助・配慮がひと目でわかる!

P.158の指導計画に対応

遊びの展開

月案(P.158-159)の「環境づくりと援助・配慮」の一部を基に、その環境や援助による遊びの広がりをイラストで解説します。
(●は子どもの活動(ねらい・内容も含む)、◆は環境、◯は援助・配慮について記入しています)

ぜんざいおいしいね
～行事食を食べる～

◆お迎え時に、保護者にも味わってもらう容器とはしを用意しておく。

鏡開きだよ 獅子舞がきた!
～伝統行事を楽しむ～

◆鏡開きができるよう木づちを用意しておく。
◯鏡開きや獅子舞をすることで1年間元気に過ごせることをわかりやすく伝え、伝統行事の雰囲気を楽しめるようにする。
◯獅子舞を怖がる子どももいるので、そばについて見守る。

春の七草って?
～行事食を食べる～

◯春の七草を用意し、見たり、食べたりして春の七草について知らせていく。
◯保護者にも昔から伝わる日本の伝統行事や行事食を知ってもらい、正月の雰囲気を楽しんでもらう。

寒くても

やわらかいね
～もちを丸めることを喜ぶ～

◆机にはテーブルクロスを敷き消毒をして、衛生管理を十分に行なう。
◆手洗い、消毒をしっかり行ない、エプロン、三角きんを着ける。
◯「あたたかくてやわらかいね」「まるくなってきたよ」などもちの手触りを感じながら、自分たちが食べるもちを喜んで丸められるようにする。
◆丸めたもちは、給食室で湯通しをしてもらい食中毒に注意をする。
◆もちがのどに詰まらないよう大きさに注意する。

ぺったんこ
～もちつきを楽しむ～

◆うすの周りにはカラー標識を置き、危険のないようにする。
◯うすときねでもちをつくことを知らせる。
◯蒸し上がったもち米のにおいをかいだり、つき上がってくるもちを見たりして、もちつきの雰囲気を楽しめるようにする。

氷できるかな
～氷作りを楽しむ～

寒さが厳しくなってきました。ともすれば保育室の中にこもりがちですが、園庭で「よーいどん」とかけっこをして思い切り体を動かす遊びに誘いましょう。また、枯れ木に揺れるミノムシや畑で見つけた霜柱など、冬ならではの自然や季節の営みに気づかせましょう。（田中三千穂）

執筆 山新田敦子

平気だよ

はい！ あったよ
～絵カルタを楽しむ～

くるくる回れ
～こま回しを楽しむ～

◆手作りや市販のこまを用意しておく。
○保育者がしているようすを見て、自分でも回してみようとこま回しを楽しむ。

たこたこあがれ
～作った物で遊ぶ～

たこの作り方

①レジ袋に子どもたちが油性フェルトペンでなぐり描きをする。
②レジ袋にたこ糸を付ける。
③レジ袋の底に細く切った新聞紙をセロハンテープで付ける。

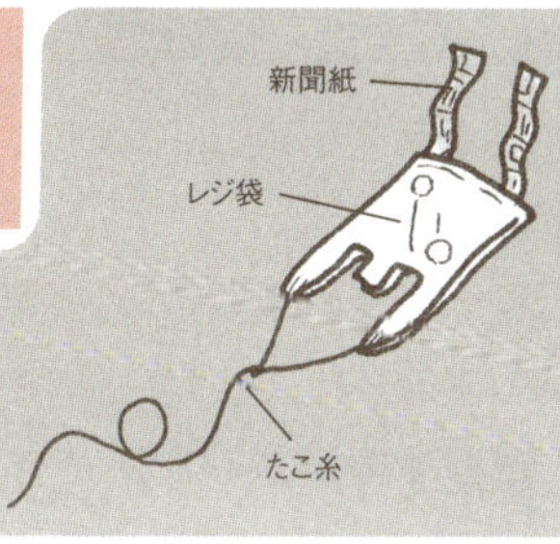

体がポカポカするね
～体を動かして遊ぶことを楽しむ～

◆思い切り体を動かせるよう広いスペースを用意しておき、危険物など取り除いておく。
○保育者が鬼になり、しっぽ取りや鬼ごっこなど逃げたり追いかけたりして、しぜんと体が動かせるようにする。

オオカミなんてこわくない
～ごっこ遊びを楽しむ～

◆絵本に出てくる登場人物のお面を用意しておく。（『三匹の子ぶた』など）
○保育者もいっしょにお面を付けたり、小道具を持ったりして、子どもたちと遊ぶ中でイメージが広がっていくように楽しんでいく。

ハァ～ハァ～
～冬の自然事象にふれる～

○吐く息が白いことや氷が張っていることを知らせ、子どもたちと見たり触ったりして冬の自然事象に気づけるようにする。
○子どもたちの発見や気づきに共感して楽しむ。

バイキンがいっぱい
～手洗い、うがいをする～

◆手洗い、うがいのしかたをわかりやすくカードにしてもらい、看護師から伝えてもらう。
○手や口の中にはバイキンがたくさん付いていることや、手洗い、うがいをしないとどうなってしまうのかをカードを見ながら知らせていき、保育者もいっしょにしながら、手洗い、うがいをしっかりできるようにする。

わかる！書ける！
書き方解説をチェック！

マーク（★◆◎✿）が付いているところを見て、右ページの書き方解説を読んでください。指導計画のしくみがだんだんわかるようになり、自分で書けるようになります。

★…つながりを意識して　◆…具体的に
◎…保育の専門的な目線で　✿…GOOD表現

2月 2歳児

1月から3月まで、3歳児進級に向けて、週案要素を含む月案を紹介していきます。

前月末の子どもの姿

★1 ○衣服の脱ぎ着や脱いだものののかたづけなど、自分でできるようになってきている。
○寒い日も園庭に出て追いかけっこをして遊んでいる。
○季節の歌をうたったり手遊びを楽しんだりしている。

今月の予定

★豆まき
★生活発表会
★高齢者施設訪問
★身体計測
★避難訓練
★誕生会

今月のねらい

クラス全体としてのねらい

ねらいは、養護と教育をより意識してたてましょう。

○寒い時期を元気に過ごせるようにする。（養護）
★2 ○身の回りのことを自分でする。（教育）
○戸外遊びを楽しむ。（教育）
○ごっこ遊びや表現遊びを保育者や友達といっしょに楽しむ。（教育）

経験する内容（🍴は食育に関して）

✿身の回りのことを進んでしようとし、できたことを喜ぶ。
○友達といっしょに食べることを喜ぶ。🍴
○排便の後始末を自分でする。
○戸外に出て体を動かして遊ぶことを楽しむ。
✿ごっこ遊びをする中で言葉のやりとりを楽しむ。
○いろいろな素材や用具を使って、作ることを楽しむ。

環境づくり（◆）と援助・配慮（○）

P.164の遊びの展開に対応！

1週・2週

◆室内の温度や湿度に留意し、適宜換気をする。また、いつでも水分をとれるように湯茶を用意しておく。
○体調をこまめに観察し、変化に気づいたらすぐに対応する。

◆身の回りの準備やかたづけがしやすいようにスペースを広く取る。
★3 ○自分で脱ぎ着しようとする気持ちを大切にし、できたときには褒め、やりにくそうにしているときにはさりげなく手助けをする。

1週

◆異年齢児といっしょに豆まきを楽しめるように鬼の面やチラシで作った豆を用意し、広い場所を確保しておく。

○自分で作った面を付けたり、保育者といっしょに豆をまいたりして伝承行事を楽しめるようにする。
✿◆場面や言葉の繰り返しのある絵本を用意しておく。（『おおきなかぶ』『三匹の子ぶた』『おおかみと7匹の子やぎ』　など）
○お話の中に出てくる繰り返しのせりふを保育者とやりとりしながら楽しめるようにする。
✿◆ごっこ遊びを楽しめるように小道具を用意し、自由に使えるようにしておく。
○保育者もいっしょに遊び、ごっこ遊びを楽しめるようにする。

2週

✿◆いっしょに食べることを楽しめるように、テーブルの配置を工夫し、献立によってスプーンやフォークも用意しておく。

○楽しい雰囲気の中でいっしょに食べながら、はしの使い方を知らせていく。
○散歩の距離は短いコースや長いコースなどその日の気温に合わせて調節する。
◆異年齢児といっしょにわらべうたあそびを楽しめる機会を持つ。
◆劇遊びのようすを見せ合い、互いに楽しめるような機会を持つ。
○ほかのクラスのようすを見て楽しんだり、見に来てもらったりして、発表会に期待を持てるようにする。

保育士等のチームワーク

★ひとりひとりの健康状態をよく観察し、共通理解する。体調に合わせて戸外遊びや室内遊びを楽しめるように声をかけ合う。
★異年齢児とのかかわりについて、ほかのクラスとの連携を取る。

延長保育を充実させるために

☆カーペットを敷くなど、温かい雰囲気をつくり、絵本を見たりパズルをしたりしてくつろげるようなコーナーをつくる。
☆体調の変化などに気づけるよう十分な健康観察を行ない、ゆったりとかかわる。

個別配慮 M児（3歳2か月）

◆1 ○生活や遊びの切り替えがうまくできず、泣いたりすねたりしてその場を動こうとしない。
◎1 ●そばにつき、「もっと○○したかったのね」「ひとりでかたづけたかったのね」などのM児の思いを言葉に変えながら十分に受け止める。落ち着くのを待って、保育者といっしょに次の行動に移れるように誘う。

家庭・地域との連携
保護者への支援も含む

★冬の感染症（インフルエンザやおう吐、下痢　など）について、感染症お知らせボードで発症状況を掲示するとともに、保健便りに予防法を載せて配布し、保護者に伝える。

★訪問予定の高齢者施設と、高齢者と無理のない交流ができるよう打ち合わせをしておく。

★生活発表会を通して子どものようすを知らせ、成長を共に喜ぶ。

健康 食育 安全への配慮

●気温や活動内容によって衣服の調節をする。

●菜園で取れた冬の野菜に関心を持てるように献立の中に入れてもらい、味わえるようにする。

●霜や氷など、滑りやすくなっている場所で転倒しないように点検をしておく。

3週 / 4週

○寒さのためにうがい、手洗いを簡単にすませがちなので、保育者もいっしょにしながらていねいに洗うことを知らせる。また、洗った後はよくふけているか確認する。

◆排便後の始末がしやすいようにトイレットペーパーを1回分ずつ切って箱に入れておく。

◆追いかけっこやしっぽ取り鬼ごっこ、ボール遊びなど、全身を使う遊びを用意しておく。

○保育者もいっしょに遊びながら誘いかけ、体を動かして遊ぶことの楽しさを感じられるようにする。

3週

◆氷や霜に触れた後は、冷えた手を温められるように、湯や温めたタオルを用意しておく。

○水たまりの氷に気づいたときや、雪が降ったときには機会を逃さずにいっしょに見たり触れたりし、驚きや発見に共感する。

○発表会当日は保育者もいっしょにせりふを言ったり、表現遊びをしたりし、緊張や不安を取り除けるようにする。

4週

◆スイセンやパンジー、ビオラなどの季節の花に気づけるように、目につきやすい所にプランターを置いておく。

○花を見ながら、季節の変化を感じられるような言葉をかける。

◆高齢者の方々とふれあう機会をつくり、子どもたちと共に楽しめるようなわらべうたやふれあい遊びを用意しておく。

○照れたり、恥ずかしがったりする子どもには保育者がそばにつき、高齢者との間をつなぐ。

◆いろいろな素材を切ったりはったりできるよう、扱いやすい大きさの色画用紙や色紙などを十分に用意しておく。

○ハサミを使うときはそばにつき、安全に使えるように見守る。

わかる！書ける！書き方解説

指導計画のマークを追って解説を読んでください。

★1～3
つながりを意識して書きましょう。

2歳児もこの時期になると自分の身の回りのことが、おおむねひとりでできるようになります。★1では「衣服の脱ぎ着や脱いだ物のかたづけ」など、自分でできる姿が見られるようになり、★2のねらい・内容に、身の回りのことを自分で進んですることを挙げています。★3の援助では、自分でしようとする気持ちを大切にしつつ、褒めたり手助けしたりするように書かれています。

◆1
子どもの姿が目に浮かぶように具体的に書きましょう。

生活や遊びの切り替えにうまく適応できない子どものようすを、泣いたり、すねたり、動こうとしなかったりと具体的に書いています。

◎1
保育の専門的な目線を持って書きましょう。

切り替えの難しい子どもへのかかわり方として、子どもの思いを言葉に変えたり、受け止めたりすると挙げています。専門的な対応はこうすればいいのだと、学ぶことが多い書き方になっています。

（花マーク）は、GOOD表現のしるしです。

反省・評価
（自己評価）として大切にしたいこと
今月の保育終了後の文例として

★ひとりひとりの体調を把握して、個別に配慮することにより、元気に過ごすことができた。

★自分でしたい気持ちが強く、身の回りのことを進んでしようとする姿が多く見られたので、自分でできた喜びを感じられるよう十分に認めた。引き続き、ひとりひとりに合わせて援助していきたい。

（畑山美香子）

2月 遊びの展開 2歳児

P.162の指導計画に対応

環境づくりと援助・配慮がひと目でわかる!

遊びの展開

月案(P.162-163)の「環境づくりと援助・配慮」の一部を基に、その環境や援助による遊びの広がりをイラストで解説します。
(●は子どもの活動(ねらい・内容も含む)、◆は環境、◯は援助・配慮について記入しています)

春はそこまで! 楽しいこと

おいしいかな? ~冬野菜に興味を持つ~

◯冬野菜の育つようすや収穫のようすを見る。

わぁ 冷たい! ~氷に触れて遊ぶ~

◆バケツに水を張り、サザンカの花びらを浮かべて氷を作っておく。
◯氷を見つけたり、触れたりしたときの冷たさや驚き、不思議さに共感する。

チョッキンできるよ ~1回切りを楽しむ~

◆ハサミで紙を1回切りできるよう2cm幅の色画用紙を用意しておく。
◯ハサミをうまく持てない子どもには、手を添えて危険のないようにする。

もうすぐひな祭り ~ひな人形を飾る~

作ってみよう ~のりではる~

◆のりを使うときは製作用の台紙を敷き、手をふけるようにぬれタオルを用意しておく。

ひな人形の作り方

①半円の色画用紙に子どもが色紙をのりではる。
② ①を丸めて着物にし、顔をはる。
③ひもでひな人形をつなげ、窓辺に飾る。

製作用の台紙の作り方

新聞紙を5~6枚重ねて半分に折り、縁をクラフトテープで留めて作る。のりを使う台や絵を描く台に使えて便利。

執筆 畑山美香子

暦のうえでは立春とはいえ、まだまだ寒い日が続きます。いちだんと活発さも増し言葉も増えてきた2歳児クラス。1年中でもっとも日数が少ない2月が逃げ出さないうちに、「楽しいこと」をいっぱい見つけましょう。

（田中三千穂）

見つけよう！

走って 走って
～体を動かして遊ぶ～

●鬼の面を付けて追いかけっこを楽しむ。
●ボールをけったり投げたりして走る。

自分でできるよ
～脱いだ服を畳んでしまう～

◆自分のロッカーの前で服を畳んでカバンに入れられるよう、スペースを確保しておく。

きれいになったよ
～自分でふいてみる～

◆1回分に切ったトイレットペーパーをかわいく飾った牛乳パックに入れ、子どもが手の届くところに置いておく。

お話大好き
～絵本を楽しむ～

◆じゅうたんを敷いてコーナーをつくり、温かな雰囲気の中で絵本に親しめるようにする。
○繰り返しの言葉や、やりとりを楽しめるようにかかわる。

オオカミだぞー
～ごっこ遊びを楽しむ～

◆大きな段ボール箱（自転車が入っていた箱　など）に　子どもが出入りしやすい大きさのドアを開けて、家を作っておく。
○オオカミと子ヤギの役を交代して楽しめるよう保育者も遊びに加わり仲介する。

いっしょが楽しいね
～わらべうたあそびを楽しむ～

◆高齢者や異年齢児といっしょに楽しめるわらべうたを用意する。（『お寺の花子さん』『ならの大仏さん』『うさぎのもちつき』『なべなべそこぬけ』　など）

芽が出て膨らんで～

お寺の花子さん（わらべうた）
♩=120
おてらのけなこさん おてらの
にわでたねまいて たねまいて
めがでてふくらんで はなが
さいてしぼんだ ジャンケンポン

わかる！書ける！

書き方解説をチェック！

マーク（★◆◎🏵）が付いているところを見て、右ページの書き方解説を読んでください。指導計画のしくみがだんだんわかるようになり、自分で書けるようになります。

★…つながりを意識して　◆…具体的に
◎…保育の専門的な目線で　🏵…GOOD表現

3月 2歳児

1月から3月まで、3歳児進級に向けて、週案要素を含む月案を紹介していきます。

前月末の子どもの姿

○はしや食器を持って自分で食べようとしている。
○戸外で友達と鬼ごっこやかくれんぼうなど、体を動かして遊んでいる。
★1 ○サクラの花のつぼみや小さな花を見つけて喜んでいる。

今月の予定

★お別れ会
★身体計測
★誕生会
★避難訓練

今月のねらい

クラス全体としてのねらい
ねらいは、養護と教育をより意識してたてましょう。

○自分でしようとする気持ちを大切にしながら安心して過ごせるようにする。（養護）
○戸外でのびのびと体を動かして遊ぶ。（教育）
★2 ○春の自然にふれて遊ぶ。（教育）

経験する内容（🍴は食育に関して）

◆1 ○自分でできる喜びを感じながら身の回りのことを進んでする。
◎1 ○食べ物により、はし、スプーン、フォークを使って食べる。🍴
○保育者や友達といっしょに簡単なルールのある遊びを楽しむ。
🏵 ○春の自然に親しむ。
○異年齢児と過ごすことを楽しみ、進級に期待を持つ。
○いろいろな素材で作った物で遊ぶことを楽しむ。

環境づくり（◆）と援助・配慮（○）

P.168の遊びの展開に対応！

1週

◆衣服を畳んだり、荷物の始末をしたりしやすいように、広いスペースを取っておく。
○身の回りのことを自分でしようとする気持ちを大切にしながら、できたときは十分に褒め、共に喜ぶ。（4週目まで）

◆献立によってはしやスプーン、フォークを使えるようにしておく。
🏵 ○はしで食べにくそうにしている場合は、スプーンやフォークに持ち換えられるように言葉をかける。

◆体を十分に動かして遊べるような用具や遊具を準備しておく。
○遊びのルールをわかりやすく伝え、いっしょに遊びながら楽しさを共感する。

◆3歳児クラスに遊びに行く機会を持つ。
○いつもと違う保育室の雰囲気を知ったり、目新しい玩具で遊んだりすることで進級への期待を持てるようにする。

★3 **◆戸外に出て、春の自然にふれて遊ぶ機会を多く持つ。**
★4 ○子どもたちの発見や驚きを聞き逃さず、共感する。

◆異年齢児と楽しめる遊びを考え、必要なものを用意しておく。
○異年齢児とのかかわりを見守りながら、遊びのルールや必要な言葉を知らせたり、自分の思いをうまく伝えられないときは、保育者が言葉を添えたりして思いが伝わるようにする。🏵

2週

保育士等のチームワーク

★異年齢児クラスの担任と連携を取り、交流する日時や内容を話し合っておく。
🏵 ★ひとりひとりの成長や健康状態などを保育者間で確認し合い、来年度への引き継ぎをていねいにしておく。
★収穫したツクシを調理できるよう、給食室担当者と話し合っておく。

延長保育を充実させるために

☆異年齢児とかかわって遊べる玩具や用具を用意して、安心して楽しく過ごせるようにする。
☆戸外で遊ぶ時間を設けるようにする。

個別配慮 S児（3歳1か月）

○母親が妊娠しているため、登園時母親と離れにくかったり、午睡時に布団に入ると泣きだしたりすることがある。
●S児の気持ちを受け止め、ようすを見ながら気分を換えたり、「いっしょに○○して遊ぼうか」と興味のある遊びに誘ったりする。
●午睡時は、そばにつき安心して眠れるようにする。

家庭・地域との連携
保護者への支援も含む

★1年間の子どもの成長を送迎時や連絡帳などで伝え合い、保護者と共に喜び合う。
★進級に伴い、準備するものや新しい保育室での生活のしかたなどを事前に園便りやクラス便りを配布して、不安を取り除く。

健康 食育 安全への配慮

●日によって気温差があるため、室温に留意し、子どもの体調の変化によって衣服の調節をする。
●季節の食材を実際に触れたり味わったりして興味を持てるようにする。
●園外へ出かける際は、事前に下見をして危険箇所を把握しておく。

3週

◆コップや皿などをかたづけしやすいようにトレイを用意しておく。
○「両手で持って運ぼうね」と言葉をかけ、かたづけができるようにする。

4週

◆収穫したツクシのはかまをいっしょに取ったり、調理する姿を見る機会をつくったりする。
○ツクシを調理するようすを見ながら、でき上がりに期待を持てるように言葉をかける。

◆事前に散歩コースを下見し、草花が咲いている場所を把握しておく。
◆身近な草花に興味を持てるように、写真表示の図鑑や絵本を子どもたちが取り出しやすい場所に置いておく。また、見つけた草花を飾れるように容器を用意しておく。
○子どもたちのつぶやきや思いを受け止め、さらに関心が深まるように言葉をかける。

(3週)

◆年長児のお別れ会に参加したり、いっしょに食事をしたりする機会を持つ。
○年長児といっしょに遊んだり、世話をしてもらったりして、あこがれや自分でしたいという気持ちを大切にする。

(4週)

◆掃除ごっこを楽しんでできるように、手作りのほうきやちり取りを用意しておく。
○子どもが楽しんでいる姿を受け止めながら、きれいにする気持ち良さを知らせていく。

◆少人数で落ち着いてできる製作コーナーを設け、さまざまな素材を箱に分けて用意しておく。
◆作った作品は、いつでも取り出せる場所に置いておく。
○自分で作った物で遊ぶことを楽しみ、喜びを共感する。また、友達と見せ合ったり、いっしょに遊んだりできるように仲立ちとなる。

わかる! 書ける! 書き方解説

指導計画のマークを追って解説を読んでください。

★1～4
つながりを意識して書きましょう。

★1では年度最後の3月、サクラのつぼみや、小さな花を見つけて喜んでいる子どもの姿があります。★2には、春の自然に親しみふれて遊ぶねらい・内容を挙げています。★3・4では戸外に出て、春の自然にふれて遊ぶ機会を多く持ち、子どもの発見や驚きを聞き逃さず、共感する環境・援助を書いています。

◆1
子どもの姿が目に浮かぶように具体的に書きましょう。

身の回りのことが、自分でほぼできるようになってきていますが、自分でできる「喜びを感じ」ながら、身の回りのことを「進んでする」という書き方は、学びたい文例です。

◎1
保育の専門的な目線を持って書きましょう。

2歳になると、ほとんどの子どもがはしを使って食事ができるようになっていきます。そして、食べ物の形態により、汁物はスプーン、スパゲティーなどはフォークというように、食べやすい食具を自分で選び、おいしく食べられます。その発達の実態を、専門的な目で見抜いて、書いていく力量が求められます。

は、GOOD表現のしるしです。

反省・評価
（自己評価）として大切にしたいこと
今月の保育終了後の文例として

★自分でできる喜びを感じながら、身の回りのことを進んでするようになった。ひとりひとりの成長をていねいに伝え、来年度に引き継いでいきたい。
★気温がなかなか上がらず、春探しは予定より遅れたが、さまざまな草花遊びをすることができた。

（米田光子）

3月 遊びの展開 2歳児

P.166の指導計画に対応

環境づくりと援助・配慮がひと目でわかる!

遊びの展開

月案(P.166-167)の「環境づくりと援助・配慮」の一部を基に、その環境や援助による遊びの広がりをイラストで解説します。
(●は子どもの活動(ねらい・内容も含む)、◆は環境、○は援助・配慮について記入しています)

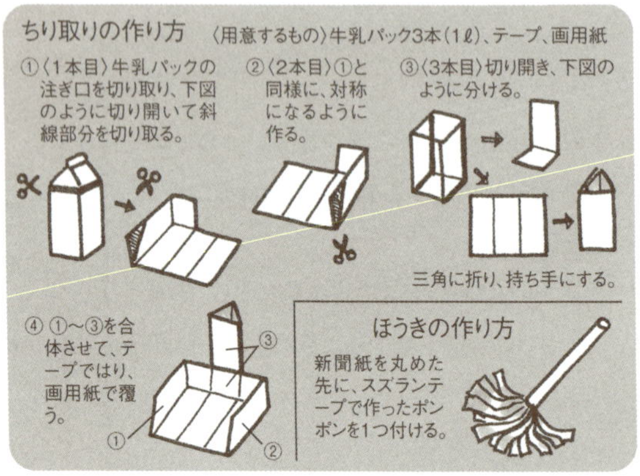
ちり取りの作り方 〈用意するもの〉牛乳パック3本(1ℓ)、テープ、画用紙
①〈1本目〉牛乳パックの注ぎ口を切り取り、下図のように切り開いて斜線部分を切り取る。
②〈2本目〉①と同様に、対称になるように作る。
③〈3本目〉切り開き、下図のように分ける。
三角に折り、持ち手にする。
④①〜③を合体させて、テープではり、画用紙で覆う。
①
②
③
ほうきの作り方
新聞紙を丸めた先に、スズランテープで作ったポンポンを1つ付ける。

ひとりでできるよ!
～身の回りのことを進んでしようとする～

◆給食の準備やかたづけをていねいにできるように十分な時間を持つ。
◆衣服を畳んだり、身の回りの始末をしたりしやすいように広いスペースを取っておく。
○子どもの意欲を大切にしながら見守り、できたときは共に喜ぶ。

おいしそうだね!!
～実際に見て給食に興味を持つ～

◆給食ができ上がりしだい掲示して、子どもの目が届きやすい場所に置いておく。
○友達と「きょうは○○だね」と伝え合う姿を受け止め、食べる意欲が高まるようにする。

いただきます!!
～異年齢児といっしょに食事を楽しむ～

◆異年齢クラスと食事をする日時を決めておく。
◆いつもと違う雰囲気を味わえるよう、テーブルクロスや子どもの席札を準備しておく。
○異年齢児同士で座るようにして、食事や会話を楽しめるようにする。

きれいになったよ!
～掃除ごっこを楽しむ～

◆手作りのほうきとちり取りをいつでも取り出しやすい場所に置いておく。

大きくなったよ!
～進級に期待を持って過ごす～

“春”が

おにいちゃん、おねえちゃん大好き♪
～異年齢児といっしょに遊ぶことを楽しむ～

◆異年齢クラスと連携を取り、子どもたちが楽しめる遊びを考えておく。
○遊びの中で言葉のやりとりを楽しめるように保育者もいっしょに遊び、必要に応じて仲立ちとなる。

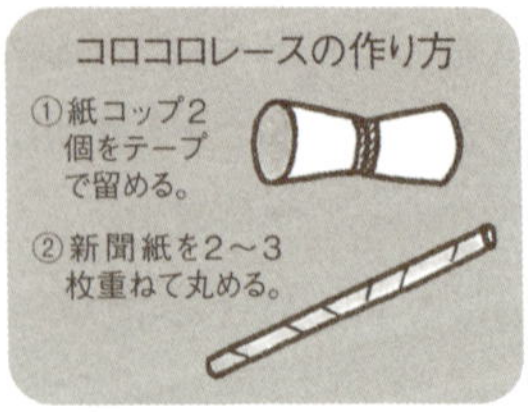
コロコロレースの作り方
①紙コップ2個をテープで留める。
②新聞紙を2〜3枚重ねて丸める。

〈コロコロレース〉
紙コップを新聞紙の棒で転がして遊ぶ。

そのほかに、〈貨物列車ごっこ〉〈むっくりくまさん〉 など

ふんわり吹く風に春の暖かさを感じられるようになり、動きもますます活発になってきました。ポカポカ暖かい戸外に出て春の散策も楽しみたいと思います。また、進級へ向けての必要な基本的生活習慣がしっかりとついているか再確認! そして保育室の掃除ごっこをしながらいろいろな楽しかった思い出を話し合い、またお別れ会では年長児とゲームや食事も楽しみたいと思います。

(田中三千穂)

執筆 米田光子

やってきた!!

いろいろ何色?
～保育者や友達とルールのある遊びを楽しむ～

◆思い切り体を動かせるよう広い場所を確保し、5色のフープをまんべんなく広げて並べておく。

○子どものようすを見ながらルールを変えて遊びを盛り上げていく。

【遊び方】

★「イチゴの赤色!」「タンポポの黄色!」などと保育者が言った色のフープの中に入る。

★フープの中に入る人数は何人でもよい。

★慣れてきたらフープの数を減らしたりフープに入る人数をひとりにしたりと変化をつける。

イチゴの赤色!

ツクシっておいしいよ!
～春の草花を見たり、味わったりする～

◆下ごしらえしたツクシを給食時に食べられるよう給食室で調理してもらう。

ツクシの卵とじの作り方

①ツクシのはかまをていねいに取り、水を入れたボウルに浸す。
②何度か水を替え、きれいに洗い流す。
③さっと湯通ししてアクを抜く。
④フライパンに油を熱し、ツクシを入れて炒める。
⑤砂糖、しょうゆ、みりんで味付けし、とき卵でとじたらでき上がり。

み～つけた!!
～春の自然にふれる～

◆草花遊びを楽しめるように図鑑や絵本を用意しておく。

ナズナ(ペンペングサ)

葉っぱじゃないよ。
実なんだよ!

実の付け根を切れないように下に引っ張り、茎を回すと音が鳴る。

スギナ(どーこだ?)

スギナはツクシの親だよ!

節を1か所そっと抜き、また元に戻して、どこが切れているか当てっこする。

タンポポ(ネックレス)

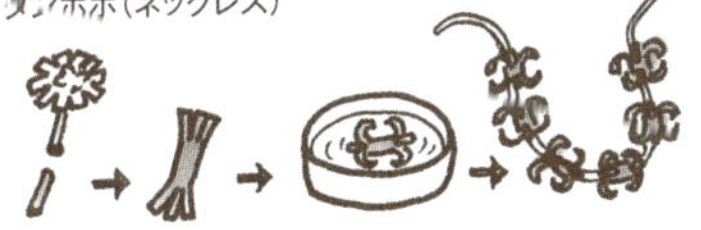

茎に切り込みを入れて、水につけるとくるくる巻く。それにひもを通してでき上がり。

タンポポできたよ!
～ハサミで1回切りを楽しむ～

◆少人数で落ち着いてできる製作コーナーを設け、必要な用具を準備しておく。

タンポポの作り方

①帯状に切った黄色の画用紙に線を引く。
②ハサミで線まで1回切りをする。
③丸めてテープで留める。
④先を広げてでき上がり。

タンポポのメリーゴーラウンドだぁ
～いろいろな素材を使って作ることを楽しむ～

◆フェルトペンや紙皿、3cm幅に切った色紙などいろいろな素材を用意しておく。

タンポポのメリーゴーラウンドの作り方

(1)紙皿に色紙をはったり、自由に絵を描いたりする。
②紙皿の周囲4か所に、自分で作ったタンポポをたこ糸でつるす。
③紙皿の中央に穴をあけ輪ゴムを通し、短く切った竹ひごで留める。
④輪ゴムの先を持ちながら紙皿を回し、手を離すとくるくると回ります。

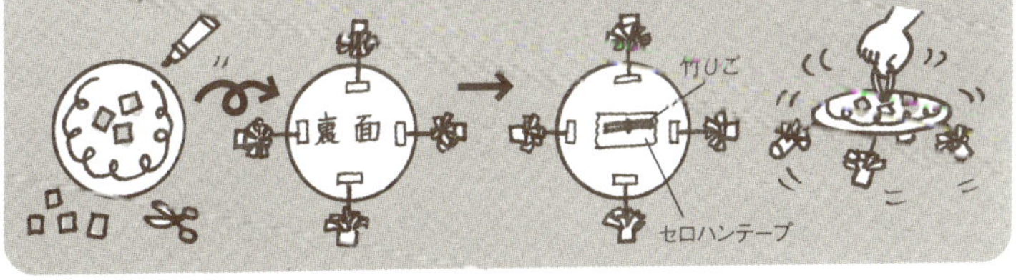
裏面
竹ひご
セロハンテープ

CD-ROMの使い方

ここからのページで、CD-ROM 内のデータの使い方を学びましょう。

ご利用になる前に必ずお読みください！

CD-ROMをお使いになる前に

付属の CD-ROM は、Word データを収録しています。
付属 CD-ROM を開封された場合、以下の事項に合意いただいたものとします。

●動作環境について

本書付属の CD-ROM を使用するには、下記の環境が必要となります。CD-ROM に収録されている Word データは、本書では、文字を入れるなど、加工するにあたり、Microsoft Office Word 2010 を使って紹介しています。処理速度が遅いパソコンではデータを開きにくい場合があります。

○ハードウェア
　Microsoft Windows XP 以上
○ソフトウェア
　Microsoft Office Word 2003 以上
※一太郎ではご使用になれませんのでご注意ください。
○ CD-ROM を再生するには CD-ROM ドライブが必要です。

●ご注意

○本書掲載の操作方法や操作画面は、『Microsoft Windows 7 Professional』上で動く、『Microsoft Office Word 2010』を使った場合のものを中心に紹介しています。
お使いの環境によって操作方法や操作画面が異なる場合がありますので、ご了承ください。
○データは Word 2010 以降に最適化されています。お使いのパソコン環境やアプリケーションのバージョンによっては、レイアウトなどが崩れる可能性があります。
○お客様が本書付属 CD-ROM のデータを使用したことにより生じた損害、障害、その他いかなる事態にも、弊社は一切責任を負いません。
○本書に記載されている内容に関するご質問は、弊社までご連絡ください。ただし、付属 CD-ROM に収録されているデータについてのサポートは行なっておりません。

※ Microsoft Windows, Microsoft Office Word は、米国マイクロソフト社の登録商標です。
※その他記載されている、会社名、製品名は、各社の登録商標及び商標です。
※本書では、TM、®、©、マークの表示を省略しています。

● CD-ROM 収録のデータ使用の許諾と禁止事項

CD-ROM 収録のデータは、ご購入された個人または法人・団体が、営利を目的としない社内報、学校新聞、掲示物、園だより、その他、家庭への通信として自由に使用することができます。ただし、以下のことを遵守してください。

○他の出版物、企業の PR 広告、商品広告などへの使用や、インターネットのホームページ（個人的なものも含む）などに使用はできません。無断で使用することは、法律で禁じられています。なお、CD-ROM 収録のデータを変形、または手を加えて上記内容に使用する場合も同様です。
○ CD-ROM 収録のデータを複製し、第三者に譲渡・販売・頒布（インターネットを通じた提供も含む）・賃貸することはできません。
（弊社は、CD-ROM 収録のデータすべての著作権を管理しています）

● CD-ROM 取り扱い上の注意

○付属のディスクは「CD-ROM」です。一般オーディオプレーヤーでは絶対に再生しないでください。パソコンの CD-ROM ドライブでのみお使いください。
○CD-ROMの裏面に指紋を付けたり、傷を付けたりするとデータが読み取れなくなる場合があります。CD-ROM を扱う際には、細心の注意を払ってお使いください。
○ CD-ROM ドライブに CD-ROM を入れる際には、無理な力を加えないでください。CD-ROM ドライブのトレイに正しくセットし、トレイを軽く押してください。トレイに CD-ROM を正しく乗せなかったり、強い力で押し込んだりすると、CD-ROM ドライブが壊れるおそれがあります。その場合も一切責任は負いませんので、ご注意ください。

指導計画を作ろう

CONTENTS

● データを開く・保存・印刷する …………………………… P.172
● 文字を打ち換える …………………………………………… P.173
● 枠を調整する ………………………………………………… P.174

マウスの基本操作

マウスは、ボタンが上にくるようにして、右手ひとさし指が左ボタン、中指が右ボタンの上にくるように軽く持ちます。手のひら全体で包み込むようにして、机の上を滑らせるように上下左右に動かします。

【クリック】

カチッ

左ボタンを1回押します。ファイルやフォルダ、またはメニューを選択する場合などに使用します。

【ダブルクリック】

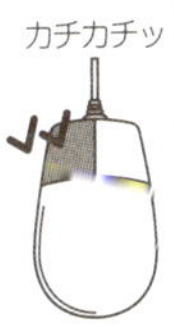
カチカチッ

左ボタンをすばやく2回押す操作です。プログラムなどを起動したり、ファイルやフォルダを開く場合に使用します。

【ドラッグ】

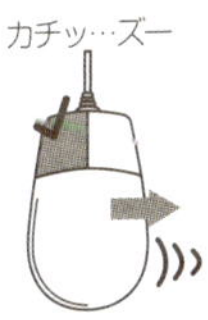
カチッ…ズー

左ボタンを押しながらマウスを動かし、移動先でボタンを離す一連の操作をいいます。文章を選択する場合などに使用します。

【右クリック】

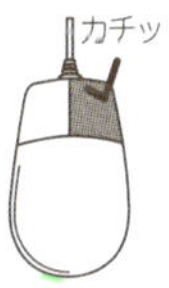
カチッ

右ボタンを1回押す操作です。右クリックすると、操作可能なメニューが表示されます。

収録データ

「0･1･2歳児の指導計画書き方サポート」というフォルダの中に、「P.021-069_0歳児」、「P.071-119_1歳児」、「P.121-169_2歳児」の3つのフォルダがあります。中にはそれぞれ、年の計画、4月から3月までの月案のWordファイルが入っています。

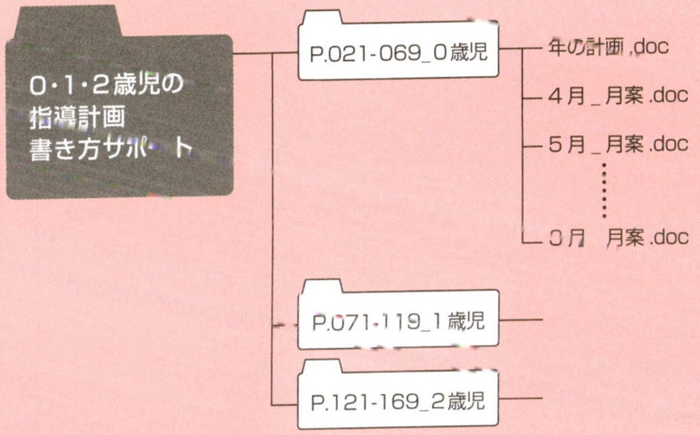
0･1･2歳児の
指導計画
書き方サポート
P.021-069_0歳児
年の計画.doc
4月_月案.doc
5月_月案.doc
3月_月案.doc
P.071-119_1歳児
P.121-169_2歳児

データを開く・保存・印刷する

Word のデータを開く

1. CD-ROM をパソコンにセットする

パソコンの CD-ROM ドライブを開き、トレイに CD-ROM を入れます。

2. 「コンピューター」を開く

● 『Windows 7』の場合

画面の左下にある「スタート」をクリック。項目の中から「コンピューター」をクリックします。

※デスクトップ上に「コンピューター」がある場合は、そのアイコンをダブルクリックします。パソコンの設定により、自動で開くこともあります。

3. Word のデータを開く

現れた「コンピューター」の画面から CD-ROM をダブルクリックし、目的の Word データを開きます。ここでは作例として、本書の「P021-069_0 歳児」フォルダから「4 月 _ 月案」を開きます。

「Word」が起動して、下の画面が現れます。

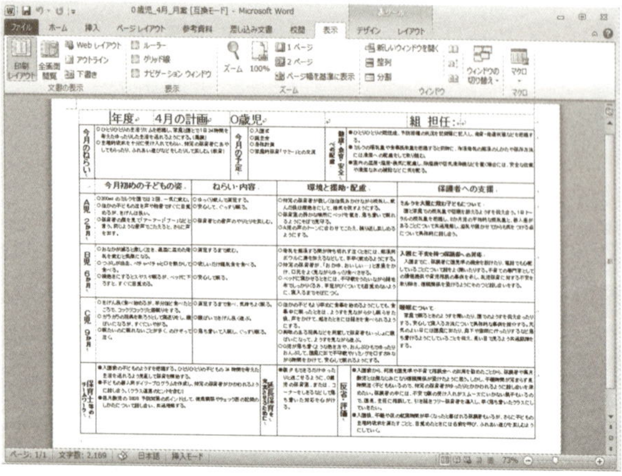

データを保存・印刷する

1. 「名前を付けて保存」する

「ファイル」タブ→「名前を付けて保存」をクリックし、現れた画面で保存先（「ドキュメント」など）を指定します。わかりやすい名前を付け、最後に「保存」をクリックします。保存後に開くことのできる形式で保存しましょう。

2. 印刷する

プリンターに用紙をセットし、「ファイル」タブ→「印刷」をクリックします。現れた画面で、設定をお使いのプリンターに合わせ、「OK」をクリックします。

※ CD-ROM 所収の指導計画のデータは、A4 サイズの設定になっています。適宜、用紙サイズの設定を変えて拡大縮小してお使いください。

保存したファイルを開くには

画面の左下にある「スタート」をクリック。項目の中から「ドキュメント」（データを保存した保存先）を選択します。

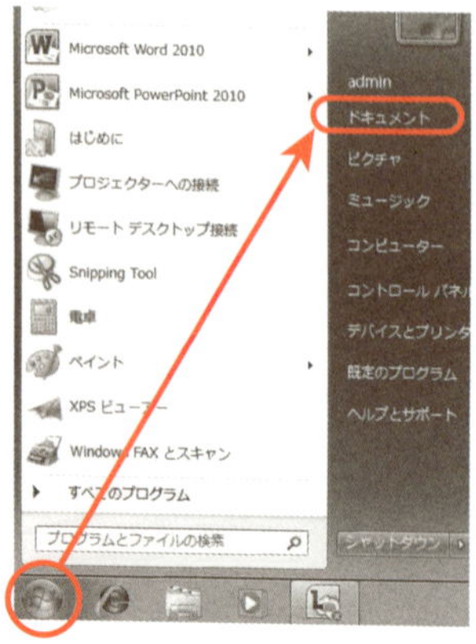

※デスクトップ上に「ドキュメント」がある場合は、そのアイコンをダブルクリックします。現れたウィンドウから保存したファイルをダブルクリックします。

文字を打ち換える

必要に合わせて文字を打ち換えてみましょう。
書体や大きさなどを変えたりしてアレンジしてみてください。

1. 変更したい文章を選択する

変更したい文章の最初の文字の前にカーソルを合わせてクリックし、ドラッグして変更したい文章の範囲を選択します。

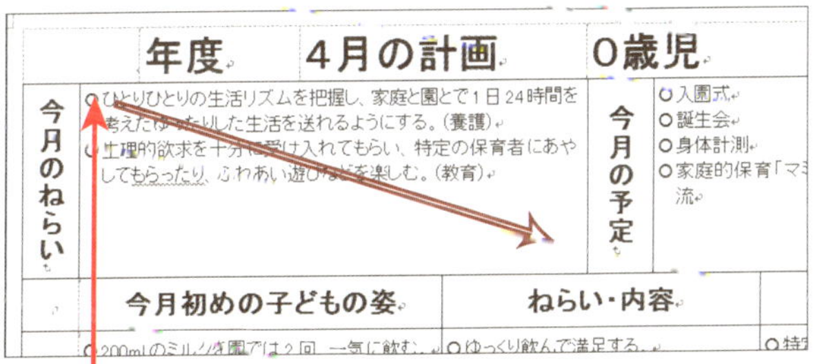

ここにカーソルを合わせて、
変更したいところまでドラッグします。

選択された文字の背景の色が変わります。

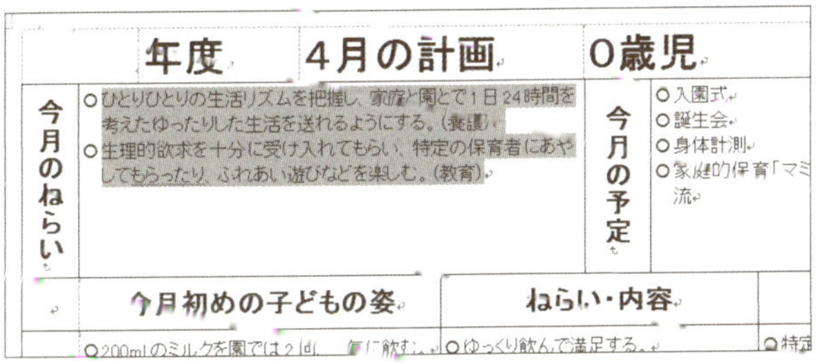

2. 新しい文章を打ち込む

そのまま新しい文章を打ち込みます。

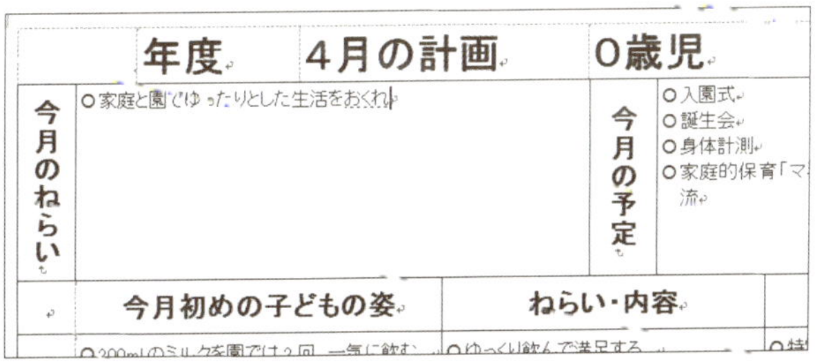

3. 文章の「書体」や「大きさ」を変えてみましょう

文章を好きな書体（フォント）に変えたり、大きさを変えたりして、読みやすくしてみましょう。
変更したい文章の範囲をドラッグして選択し、「ホーム」タブから下図のように、フォントとサイズを選択します。文章が新しい書体と大きさに変わります。

（Word2003の場合、メニューバーの「書式」→「フォント」から選択）

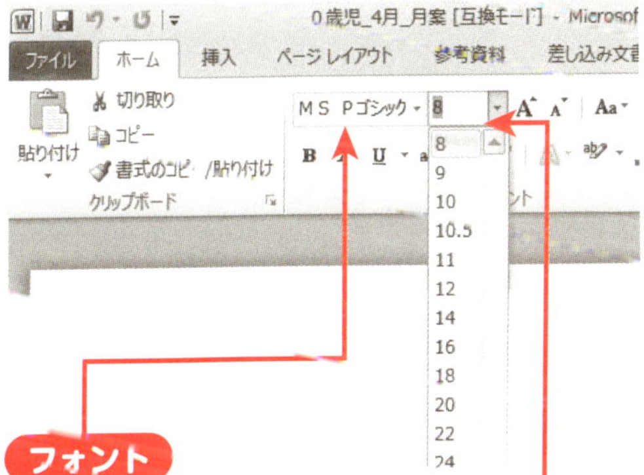

フォント

ここをクリックすると、使用できる書体が下に表示されます。希望の書体を選択し、変更します。

フォントサイズ

ここをクリックすると、サイズが下に表示されます。希望のサイズを選択し、変更します。

4. 文字の配置や文字列を変更してみましょう

変更したい文章を選択し、「レイアウト」タブの「配置」から希望の文字配置や文字列の方向を選択します。

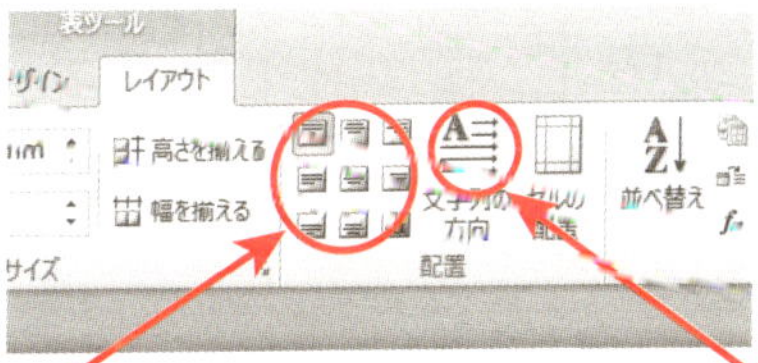

上揃え・中央揃え・下揃え　　横書き・縦書き

5.「行間」を調整してみましょう

行間を変更したい文章の範囲を選択します。次に、「ホーム」タブの「段落」の右下の「◲」をクリックすると、「段落」のメニューが表示されます。

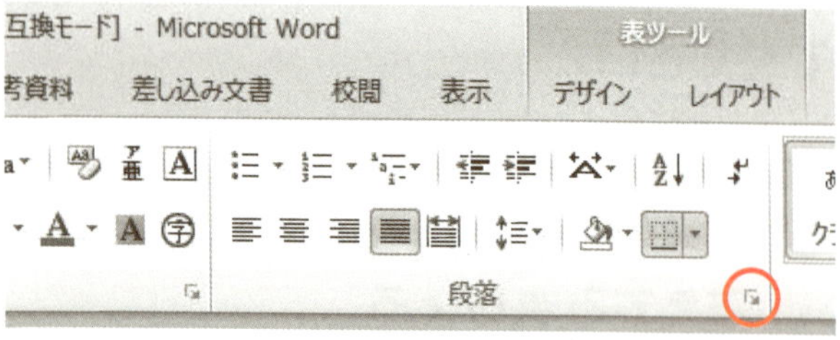

「インデントと行間幅」の「行間」から希望の行間を選択します。

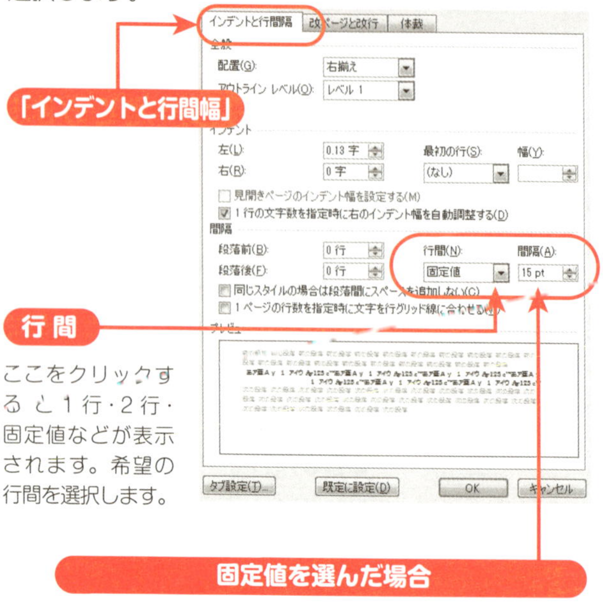

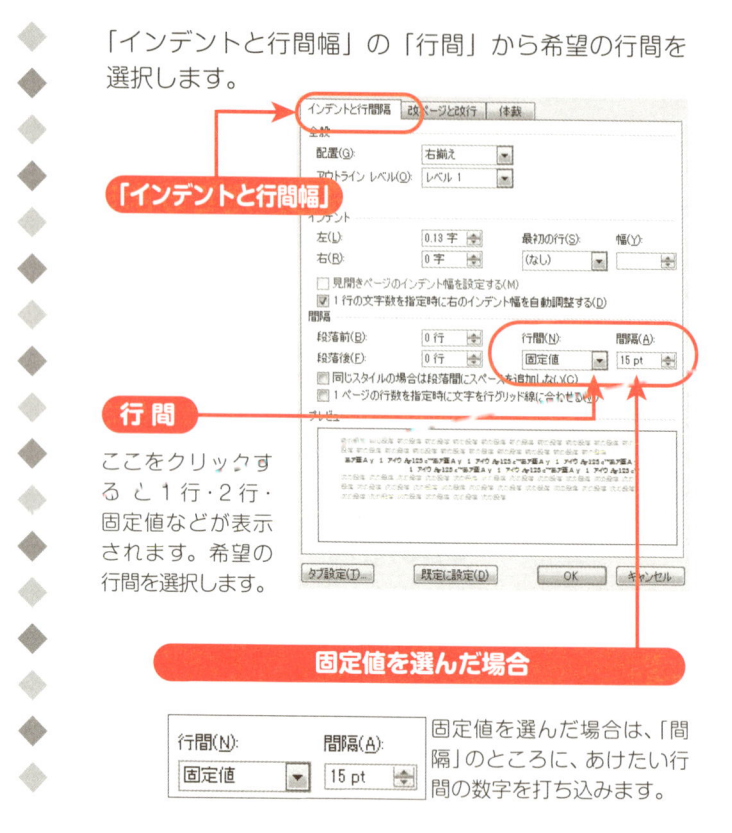

ここをクリックすると1行·2行·固定値などが表示されます。希望の行間を選択します。

固定値を選んだ場合は、「間隔」のところに、あけたい行間の数字を打ち込みます。

枠を調整する

枠を広げたり狭めたりして調整してみましょう。
自分で罫線を引いたり消したりすることもできます。

1. 表の枠を上下左右に広げる、狭める

画面上の枠にカーソルを合わせると ⸗ や ⇹ が出ます。

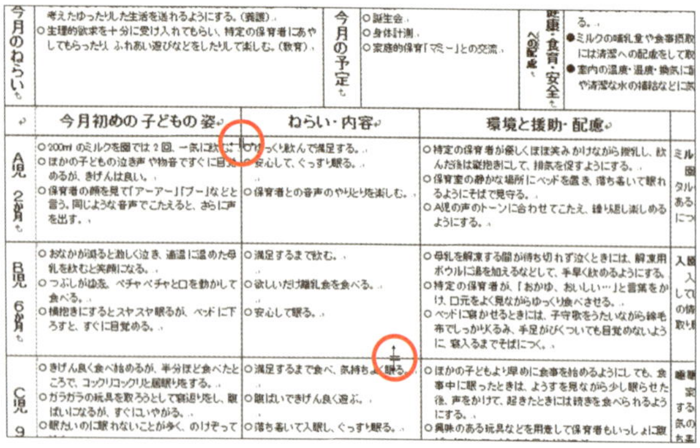

クリックしたまま上下左右に動かして変更します。

2. 枠を結合して、枠の数を減らす

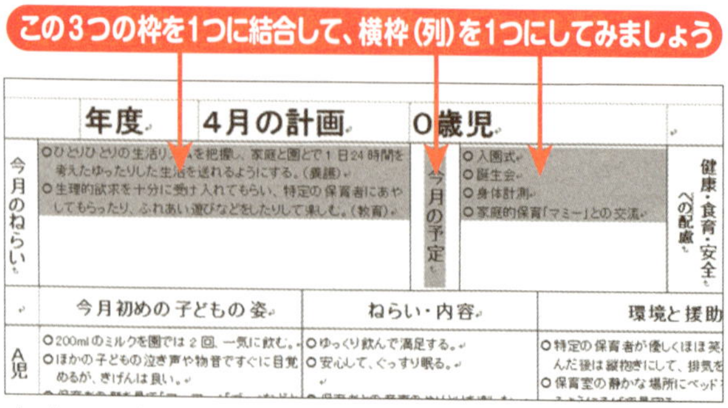

まず、マウスで結合したい枠の範囲をドラッグして、選択します。

キーボードの「DEL」(「Delete」) を押し、文字を消去します。枠は残り、文字が消えた状態になります。

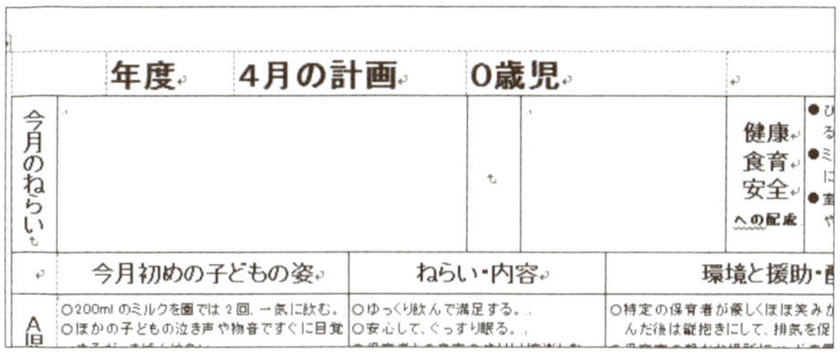

※「Back space」を使うと、セルまで消えてしまうので注意しましょう。

次に、結合したい枠の範囲をドラッグして選択し、「レイアウト」タブの「結合」から「セルの結合」をクリックすると横枠(列)の数が1つになります。

(Word2003の場合、メニューバーの「罫線」から選択)

3. 枠を分割して、枠の数を増やす

この枠を横に3分割して、横枠(列)を3つ(縦枠(行)は1つのまま)にしてみましょう

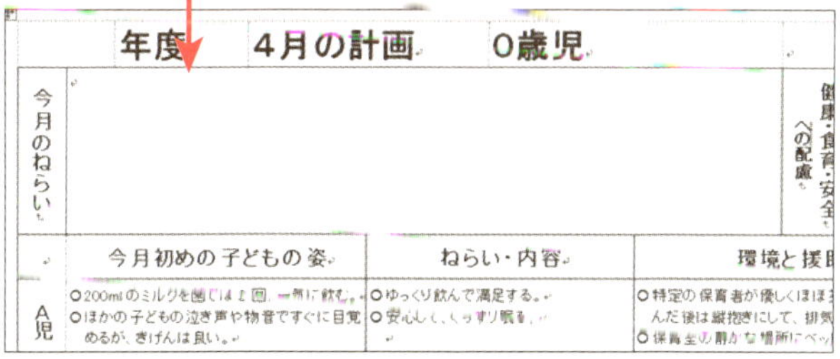

分割したい枠をクリックして、「レイアウト」タブ→「結合」→「セルの分割」をクリックし、下図のように「列数」と「行数」を入れ「OK」をクリックすると横枠(列)の数が3つに増えます。

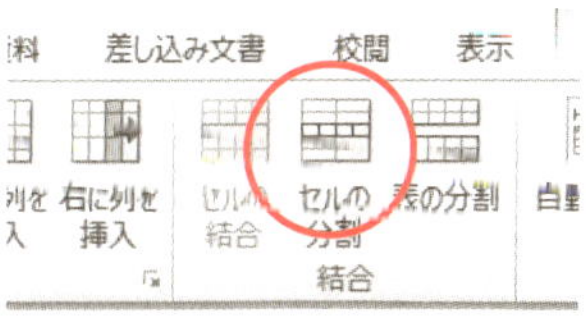

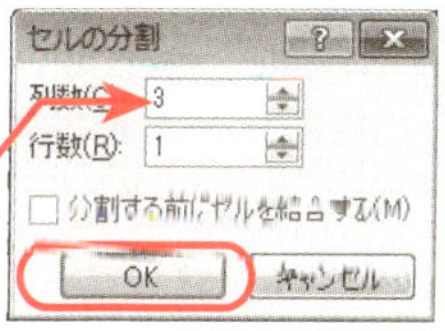

「列数」を「3」、「行数」を「1」と入力し、「OK」をクリックします。

4. 罫線を引く・消す

「デザイン」タブの「罫線の作成」の「罫線を引く」をクリックすると、カーソルがえんぴつになります。罫線を引きたいところをクリックし、そのままカーソルを動かします。

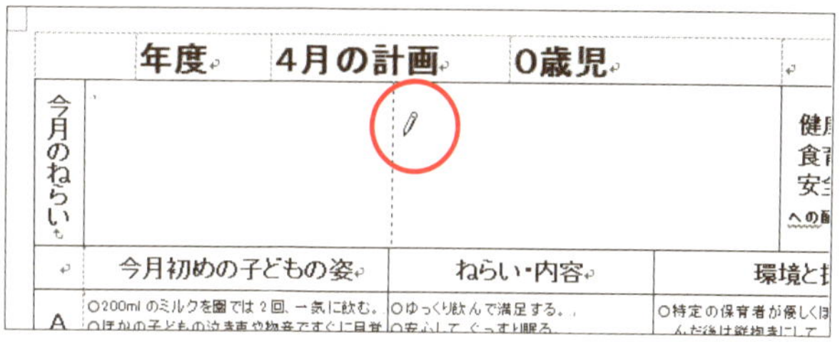

「デザイン」タブの「罫線の作成」の「罫線の削除」をクリックすると、カーソルが消しゴムになります。消したい罫線をクリックすると罫線が消えます。

5. 枠線を変える

この枠線を「点線」に変えてみましょう

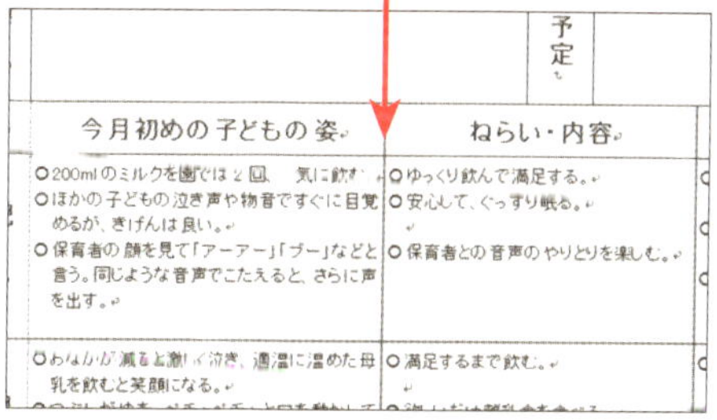

「デザイン」タブの「罫線の作成」の「ペンのスタイル」から希望の罫線を選択します。

ここをクリックすると、さまざまな罫線が表示されます。希望の罫線を選択し、クリックします。

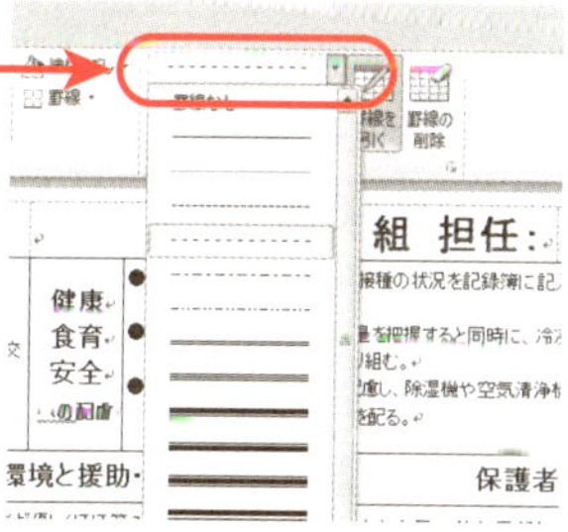

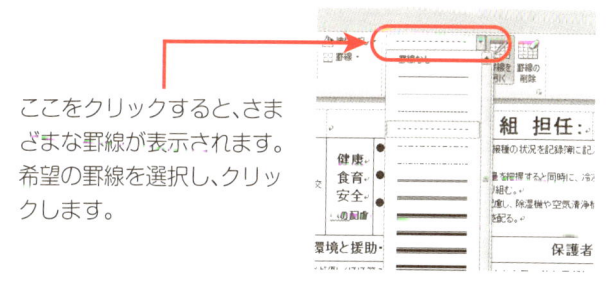

カーソルがえんぴつになるので、変更したい罫線をクリックすると、下のように点線になります。

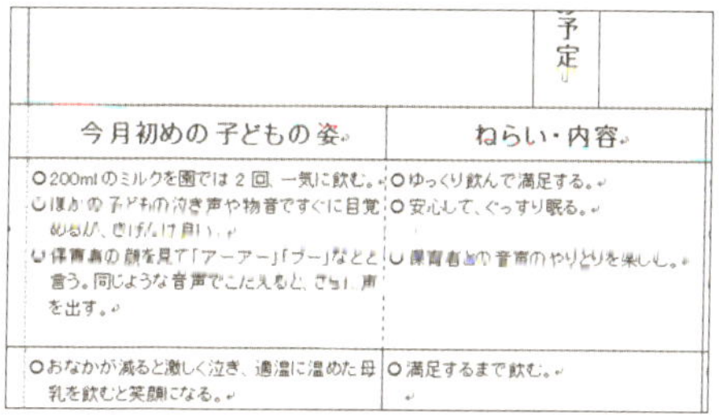

※CD-ROMはここから開封してご使用ください。
（本書の170ページを必ずお読みいただき、ご了承のうえ、お願いします。）

■監修・編著者

川原佐公（元・大阪府立大学教授）
月刊保育とカリキュラム編集委員
0・1・2歳児研究グループチーフ

■著者

- **古橋紗人子**（元・滋賀短期大学教授）
  月刊保育とカリキュラム編集委員0歳児研究グループチーフ
- **藤本員子**（四天王寺大学非常勤講師）
  月刊保育とカリキュラム編集委員1歳児研究グループチーフ
- **田中三千穂**（ふたば保育園園長・大阪樟蔭女子大学非常勤講師）
  月刊保育とカリキュラム編集委員2歳児研究グループチーフ
- **月刊保育とカリキュラム 2012年度編集委員の先生方**

※本書の指導計画、遊びの展開は、『月刊　保育とカリキュラム』2012年度掲載のものに加筆・修正し、まとめたものです。

STAFF
●本文イラスト／町田里美・たかぎ＊のぶこ・やまざきかおり（50音順）
●本文デザイン・編集協力／（株）どりむ社
●企画・編集／岡本舞・井家上萌・安部鷹彦・安藤憲志
●校正／堀田浩之
● CD-ROM 制作／ NISSHA 株式会社

保カリBOOKS㉙

0・1・2歳児の指導計画書き方サポート

2014年３月　初版発行
2022年１月　第12版発行
監修・編著者　川原佐公
発行人　岡本 功
発行所　ひかりのくに株式会社
〒543-0001　大阪市天王寺区上本町3-2-14
TEL06-6768-1155　郵便振替00920-2-118855
〒175-0082　東京都板橋区高島平6-1-1
TEL03-3979-3112　郵便振替00150-0-30666
ホームページアドレス　https://www.hikarinokuni.co.jp
印刷所　NISSHA株式会社

Printed in Japan
ISBN978-4-564-60841-4
NDC376　176P　26×21cm